だれが地域を救えるのか

作られた「地方消滅」

島田　恵司
大東文化大学准教授

公人の友社

【もくじ】

もくじ

もくじ

序　章

村や町が消滅の危機にあるという。そして、国が鳴り物入りで、また、地方への支援を始めている。並んだ施策は、これまでやってきたこととよく似たものが多い。地方に関心を寄せてきた人は、こうした施策がうまくいかないことをどこかで感じているに違いない(1)。

戦後70年間にわたり、国は地方に財源を投入し続け、道路や橋、ダムや港を作った。医療や福祉、教育にかかる費用は、国が助成し続けてきた。工場誘致のために工場団地の造成を奨励したが、工場は更に安価な労働力を求めて海外へと移っていった。農林業や漁業についても国からの補助は行われてきたが、働き手の所得はほかの産業、ましてや都会のそれにはかなわなかった。近年は商店街の衰退が著しく、国が振興策を打ち出しているが、肝心の商店主は跡継ぎを作る気を起こしていない。これらすべてがほぼ「ばら撒き」だが、本当にカネ（税金）をばら撒いたことさえあった。

国が地方を世話する施策は、山のように行われてきたのに、うまくはいかなかった。東京など大都市への集中が進む一方で、地方の衰退は止まることがなかったのである。

こうした中で分権改革が始まった。国主導ではうまくいかないので、地域が自分自身で考え実践するような仕組みを作ろうということだった（機関委任事務制度廃止）。さらにまた、分権を進めるには市町村の規模が小さすぎるというので、大規模な合併（平成の大合併）が行われた。加えて、税源が移譲されるという口実で地方財源が圧縮され（三位一体改革）、さらには県の仕事が大量に市町村に移譲された（地域主権改革）。「分権改革」は大きな成果を収めた、かのようである。

これらの挙句の果てが、「自治体消滅」なのである。もはや、受け入れるしかないのだろうか。それとも、これまでの施策に何か、間違いがあったのか。あるいは、そのどちらでもない、何かが地域で起こっているのか。


というわけで、私は旅に出ることにした。本当のことは、現場に行ってみなければ分からない。その場で人々の話を聞くことが謎を解く鍵になるのではないか、そう考えたのである。２０１３年４月から２０１４年２月までの約1年間、北海道から九州までの約60の自治体を訪問し１００ケ所余でヒアリングし、地域の状況を取材して廻った（２０１５年2月、一部追加取材）。飛行場や列車も使ったが、そこからはレンタカーを借りてできる限り山間部や沿岸部まで訪問することにした。移動した総距離は約1万５０００キロ、車の走行距離は約３８００キロになった。車の移動だけで日本列島を縦断するより長い距離を走ったことになる。

地域のあり方をもう一度、最初から考え直す時が来ている、と私は感じている。これから始まる私のレポートを読みながら、読者の皆さんもぜひ一緒に考えてほしい。

(1) 参考文献として、坂本誠著「『人口減少社会』の罠」世界２０１４年９月号、山下祐介著『地方消滅の罠』ちくま新書２０１４年、増田寛也編著『地方消滅』中公新書２０１４、参照。

第1章　合併自治体を行く

1　北海道の合併した市町村から

(1) 改めて感じる広さ

車の走行距離790キロ

最初の報告は、北海道である。私の旅は、函館市から入って、せたな町、伊達市、むかわ町、夕張市、そして札幌市に入るものであった。北海道全体からすればごく一部にすぎない。

それでも、車の走行距離は790キロ。東京―青森間が720キロだから、それよりも走った計算になる。大半が道南地域で、実際に行けたのはその一部だけ。北海道は本当に広い。

今回の目的の一つは、合併した市町村がどのような様子かを見てくることである。そのために、伺った自治体の、すべての総合支所（元の町村役場）を訪ねた。函館市が4支所、せたな町が2支所、伊達市が1支所、むかわ町が1支所。数としては多くないが、いずれも本庁からの距離は半端でない。例えば、伊達市の本庁と大滝総合支所（旧大滝村役場）は約28kmだが、これは函館市と下北半島の距離より少し遠いほどの距離である。

伺った自治体をそれぞれ紹介する前に、まず印象深かったことを報告しておきたい。廃止された町村

函館・戸井総合支所前の看板

線が、廻ったところ。星印が、廻った自治体と支所
（地図は北海道開発局のものを加工）

の区域から、かつての様子や継続する住民生活を感じることができるはずである。

函館市の合併町村

函館市と合併した戸井町、恵山町、椴法華村、南茅部町の４町村から見てみよう。旧４町村は函館市から太平洋側に突き出た亀田半島に位置している。戸井総合支所（旧町役場）の前に、「本州・北海道連絡橋大間・戸井ルート誘致推進協議会」の看板が今でも立っている。北海道と本州とを橋（つまり津軽海峡大橋）でつなぐ話があったことに驚かされる。青函トンネルができ、北海道新幹線が通るというのに、まだ協議会は活動しているのだろうか。少なくとも函館市との合併協議の段階では「本州・北海道連絡橋大間・戸井ルート誘致活動を推進する」（合併建設計画）となっていたのだが。

　次は、同じ函館市の南茅部総合支所である。ここには北海道唯一の国宝、「中空土偶」という縄文時代に作られた土偶がある。合併後に立派な縄文文化交流センターが

左：函館市南茅部総合支所にあったポスター
右：旧南茅部町のコンブ

せたな町の観光ポスター（左：合併前の旧瀬棚町時代、右：合併後）

作られ世界遺産登録を目指している。

南茅部総合支所に向かう途中、祭り風景に出会い、ちょっとびっくり。多くの地域では、祭りは土日に行うものだが、ここでは平日にやっていて屋台まで並んでいる。7月初旬のこの祭りの後コンブ漁が本格化するので、曜日に関係なく暦（こよみ）どおりの祭りを今も維持している。南茅部は、日本で初めてコンブ養殖を始めた地域だそうで、今も伝統が受け継がれているのである。

せたな町のポスター

この色あせたポスターは、合併で「せたな町」となった旧瀬棚町が合併前に作ったものである。ポスターの文字に「幸せたな～。」「また、瀬棚。待たせたな。」としゃれっ気たっぷり。普通なら却下されそうなダジャレのポスター、毎年、いろいろ考えていたそうで、現在も作っている。しかし、合併後はだ

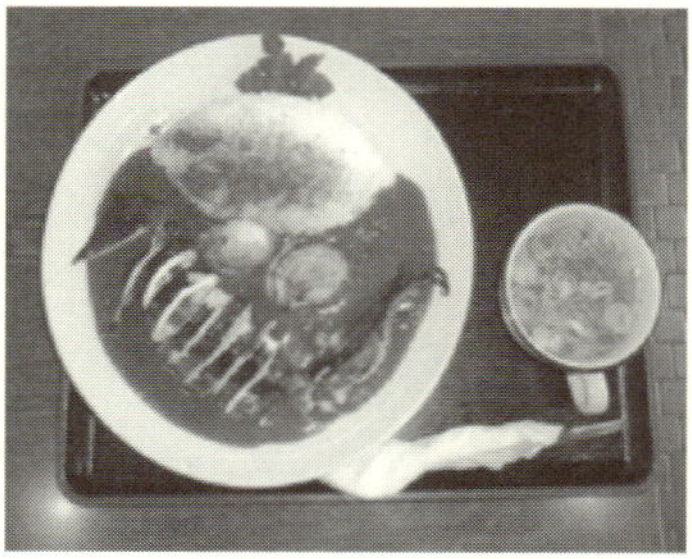

瀬棚支所前のお店のカレーは、
イカまるごとのシーフード

左：旧穂別町立博物館の首長竜・ホベツアラキリュウ、右：無造作に置かれたアンモナイト

いぶ大人しくなっているのがわかるだろう。

ここ旧瀬棚町は、日本最初の女医、荻野吟子さんが住んでいた町である。彼女に、ちなんで健康福祉活動が盛んな町だった。健康食にも関心が高いようなのだが、B級グルメ活動もやっていて、それぞれのお店で、工夫したカレーを提供している。

むかわ町の博物館

次に紹介したいのは、鵡川町と合併して「むかわ町」となった旧穂別町である。旧役場から500メートルほどのところに町立の博物館があり、そこに、たいへんな化石が展示されている。

驚いたことに入ってすぐのところに3メートルはあるかと思われる首長竜の全身の化石が飾ってある。さらにその周りには、直径1メートルほどのアンモナイトが、ゴロゴロと並んでいる。すべてこの地から発掘されたという。東京圏なら間違いなく、いつも子供たちでいっぱいだろう。「恐竜の町」というキャッチフレーズは、確かなものである。

このように、合併した町村は、相当に個性的な地域である。過去の蓄積は、そんなに簡単に消えるものではない。しかし、どのようにすればこうした個性を、社会全体にアピールすることができるのだろう。合併したあと、旧町村単位で何かをやろうとしても、行政はなかなか動かないし、カネも付かない。改めて、それぞれ合併前の町村が持っていた、地域経営力、政治代表性の大切さを考えさせられる。

（２）北海道の市町村合併

北海道の市町村合併の状況を見ておくことにしよう（１）。平成の大合併で、北海道の市町村数は２１２から１７９と33（15・6％）減少した。全国の減少率は△46・8％であり、他県に比べると合併した自治体は

道内市町村の合併状況

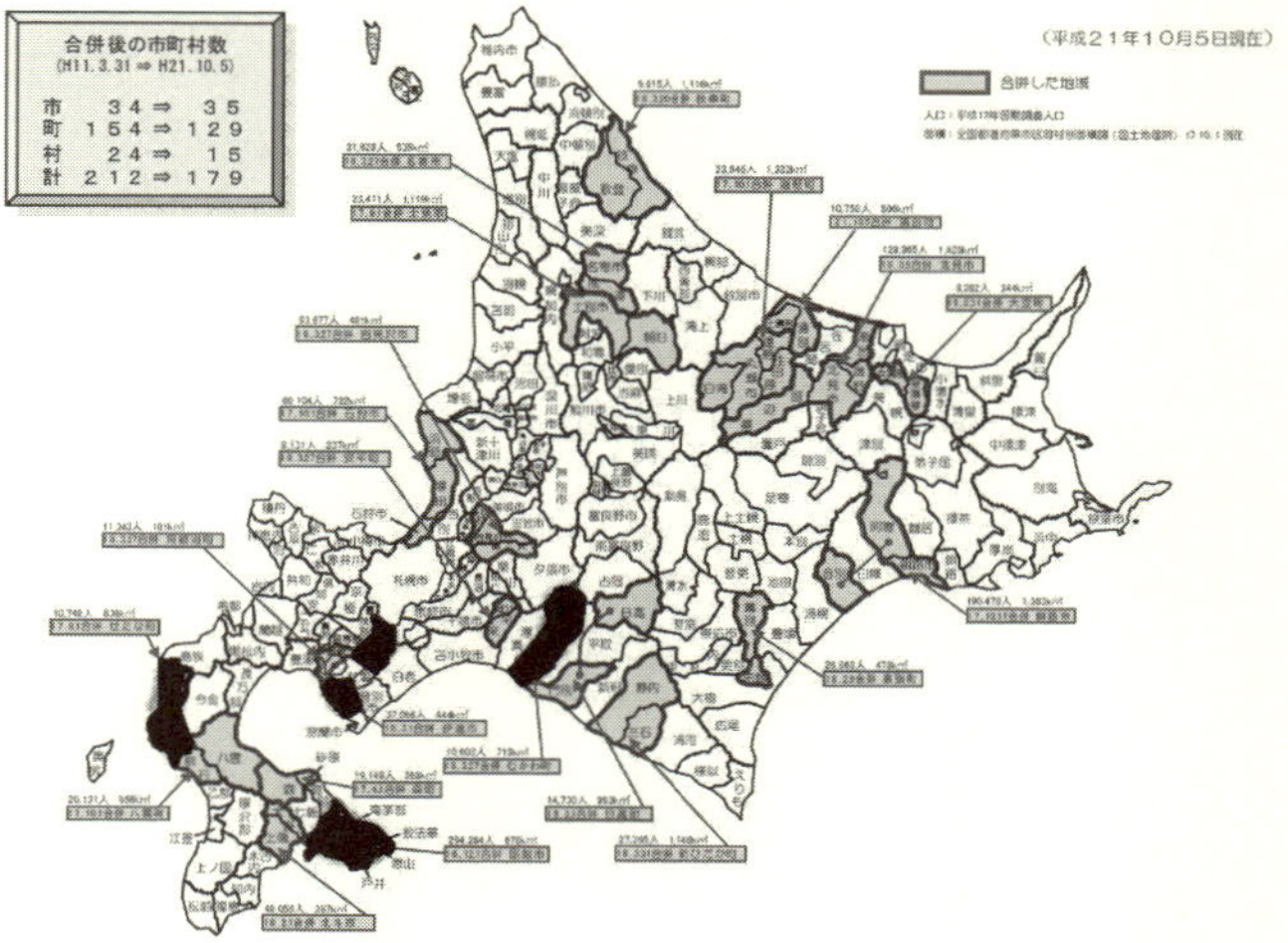

北海道の合併状況、黒塗り部分が訪問場所（北海道ＨＰより）

少ない方であった。

国が合併を進めた目的の一つは、人口1万未満の自治体解消とされていた。しかし、北海道には、現在なお、その1／4がある（全国484のうちの118：2014年版全国資料村要覧より）。どうして北海道では合併が進まなかったのだろう。平成の大合併以前の1市町村あたりの面積は、北海道が370平方キロで断トツの1位であった。それが合

北海道における平成の大合併の状況（合併順）

	新名称	関係市町村数	合併期日	合併前中心自治体面積㎢ *1	合併後積㎢	人口	人口密度	地域自治組織 *2
1	**函館市**	**5**	**2004/12/1**	**347.1**	**677.7**	**277,056**	**413.1**	地域審議会
2	森町	2	2005/4/1	311.4	368.3	17,656	48.7	
3	**せたな町**	**3**	**2005/9/1**	**379.0**	**638.6**	**9,417**	**15.2**	地域自治区（自治法）
4	士別市	2	2005/9/1	597.3	1119.3	21,640	19.6	
5	遠軽町	4	2005/10/1	210.1	1332.3	21,932	16.7	地域審議会
6	石狩市	3	2005/10/1	117.9	721.9	60,616	84.3	地域自治区（特例法）
7	八雲町	2	2005/10/1	735.6	955.9	18,514	19.7	
8	釧路市	3	2005/10/11	221.7	1361.9	182,263	135.1	
9	北斗市	2	2006/2/1	262.4	397.3	48,779	123.6	
10	幕別町	2	2006/2/6	340.5	478.0	27,557	57.5	
11	日高町	2	2006/3/1	564.0	992.7	13,508	13.8	地域審議会
12	**伊達市**	**2**	**2006/3/1**	**170.3**	**444.3**	**36,461**	**82.5**	地域自治区（特例法）
13	北見市	4	2006/3/5	421.1	1427.6	124,291	87.5	
14	枝幸町	2	2006/3/20	509.1	1115.7	9,057	8.2	地域自治区（特例法）
15	岩見沢市	3	2006/3/27	204.7	481.1	89,023	186.6	地域審議会
16	名寄市	2	2006/3/27	314.6	535.2	29,869	56.4	
17	安平町	2	2006/3/27	154.6	237.1	8,824	37.8	
18	**むかわ町**	**2**	**2006/3/27**	**166.4**	**712.9**	**9,476**	**13.5**	地域自治区（自治法）
19	洞爺湖町	2	2006/3/27	66.9	180.5	9,933	56.1	
20	大空町	2	2006/3/31	159.2	343.6	7,995	23.7	地域審議会
21	新ひだか町	2	2006/3/31	801.5	1147.7	25,133	22.2	地域自治区（特例法）
22	湧別町	2	2009/10/5	161.4	505.7	9,873	19.9	
	全体（平均）	55		328.0	735.2	48131	65.5	

*1　合併前　中心自治体面積とは、合併後、本庁舎が置かれた地域の合併前自治体の面積

*2 地域自治組織は、総務省 20130401 現在のデータ

総務省　市町村合併データをもとに、「全国市町村要覧　平成 24 年版」を使用して作成

＊ゴシックが、訪問した自治体

併の結果、北海道全体で平均438平方キロとなった。合併した自治体だけでみると、平均面積は735平方キロとなっている。東京23区を合わせた面積は618平方キロであり、一つの市町だけでそれより大きな自治体が誕生したのである。北海道の合併は、他県に比べて遅く、合併した自治体自体も多くはなかった。その原因には、面積の広さが関係していると考えられる。

ところで、私が訪れた自治体は、合併自治体のうち、どのような位置にあるのだろう。表は、合併の期日順に並べたものである。結果として、初期、中期、後期とそれぞれの自治体を訪問できた。いずれの自治体も、合併後に2～4倍の面積となり、東京23区全体並みの広さになっている。人口密度は、日本全体が343／平方キロ（2010年国勢調査）であり、これを超えるのは函館市だけである。

おそらくこのために、合併後も旧町村の単位で、地域自治組織という住民組織を作って合併後も地域のあり方について協議しているところが多い（22自治体中、11）。今回、訪れた自治体には、すべてに設置されており、その運営がどうなっているかも気になるところである。

（3）原発と新幹線に揺れる　――函館市

対岸の大間原発まで20キロ強

私が訪れた2013年7月、函館市は、原発問題に揺れていた。対岸の青森県大間町に予定されている原発の建設が再開される気配だからである（２０１１年３月現在進捗率37・６％：ＪパワーＨＰより）。函館市から津軽海峡を挟んで対岸の大間原発まで20キロ強しか離れておらず、しかも海であるため障害物が何もない。万一の場合、市の存続の危機になるというのに、建設再開の説明すらなかったという。市長は反対を表明し、市のホームページのトップにも「函館市は大間原子力発電所建設の無期限凍結を求めています」と出ている（２０１５年１月27日現在）。市役所に伺ったとき、市長は福島へ視察に行っていて、建設差し止めに向けて訴訟をほのめかす報道が流れていた（その後、函館市は２０１４年４月３日、国とＪパワーに対し建設差止を求め提訴した）。

北海道新幹線

もうひとつの市民の関心は、北海道新幹線の開通にあるといってよいだろう。２０１６年、新幹線が、ついに青函トンネルを通って函館までやってくるからである。函館の市電にポスターが貼られたり、「はこりん」なる電動レンタル自転車を始めたり（函館商工会議所ＨＰより）と、市内は浮足立った様子であった。

北海道新幹線の新駅設置をめぐって、道南の各自治体は、大きな影響を受けたと言ってよいだろう。新函館北斗駅は、現ＪＲ函館駅から18キロも離れた北斗市（旧大野町地域）にできるのだが、それが、市町村合併を含め、地域に大きな波紋をよんだと思われるからである。

もし、現ＪＲ函館駅が新幹線の駅になっていたら、旧大野町と旧上磯町は、北斗市として合併

（２００６年）するのではなく、別の方法を選んだかもしれない。結果として北斗市が誕生し、合併特例債によって新駅建設に向けての財源捻出が可能となった。

今回、北海道新幹線の新駅となるＪＲ渡島大野駅は、これまで１日２００人程度しか乗降客がなく、しかも無人駅だったそうである。それを約１万人の乗降客を見込んで、60億円近い費用で駅周辺を再開発するという計画である（「北斗市新幹線新駅周辺まちづくり計画」より）。しかし、新幹線の乗降客は、果たして新駅から外に出るだろうか。これまでも市街地から外れている新幹線駅は、在来線を使って他の駅に向かう乗換客がほとんどだったはずである。

それにしても、新幹線は実に人騒がせな乗り物である。１９９１年に合併した北上市は、平成の大合併の際、合併後のまちづくりのモデルとされたが、その合併は、東北新幹線の開通が一つの契機になったといわれている。その後も東北新幹線が延伸するたびに、青森県八戸市など沿線市町村の合併話が持ち上がった。しかし、長野新幹線のように、いざ開通してみると東京からの日帰り出張が可能な地域になってしまい、多くの支店が撤退するというマイナスの経済効果（いわゆるストロー効果）が生じている。また、新幹線ができることによって、在来線は第３セクター化され、本数削減などお年寄りや高校生など交通弱者への影響は多大なものとなる。バス路線すら乏しい北海道である、いったいどうするつもりなのだろう。ちなみに、東京─函館間の所要時間は４時間９分だという。４時間は新幹線と飛行機のボーダーといわれている。どの程度の人が、飛行機から移るだろうか。

一方、函館市は、新駅からは外れたものの、結果としては賢明な選択をしたように思える。新駅周辺整備に資金を使わず、函館としての特性を出すために様々な投資をできるようになったからである。

函館市は、2005年に「国際水産・海洋都市構想」という構想を策定し、その中核施設として国際水産・海洋総合研究センターを建設した（2014年6月開設）。ほかにも、5千人収容のスポーツ施設、函館アリーナの建設も予定し、すでに、合併特例債を使って、縄文文化交流センターも作った。しかも、現JR函館駅と新駅との間は、電化され快速電車が走ることによって、北海道新幹線とのアクセスも確保されることが決まった。

ところで、そもそも観光客が、北海道に来る理由は何だろう。それは、北海道独特の景色と食（それに宿と温泉か）ではないだろうか。駅から出ても全国チェーンが並んでいたら、観光客はどう思うだろう。そういえば旭川駅でも、駅前には全国チェーン店が並んでいて、駅から離れた地元のジンギスカン料理店や居酒屋が観光客で混雑している。新幹線の新駅には、どれだけ北海道ならではの飲食店やホテルを配置できるのだろう。

（4）函館市と合併した町村

学校再編計画

函館市役所を出発して、戸井、恵山（えさん）、椴法華（とどほっけ）、南茅部（みなみかやべ）と合併4町村の総合支所を訪ねた。

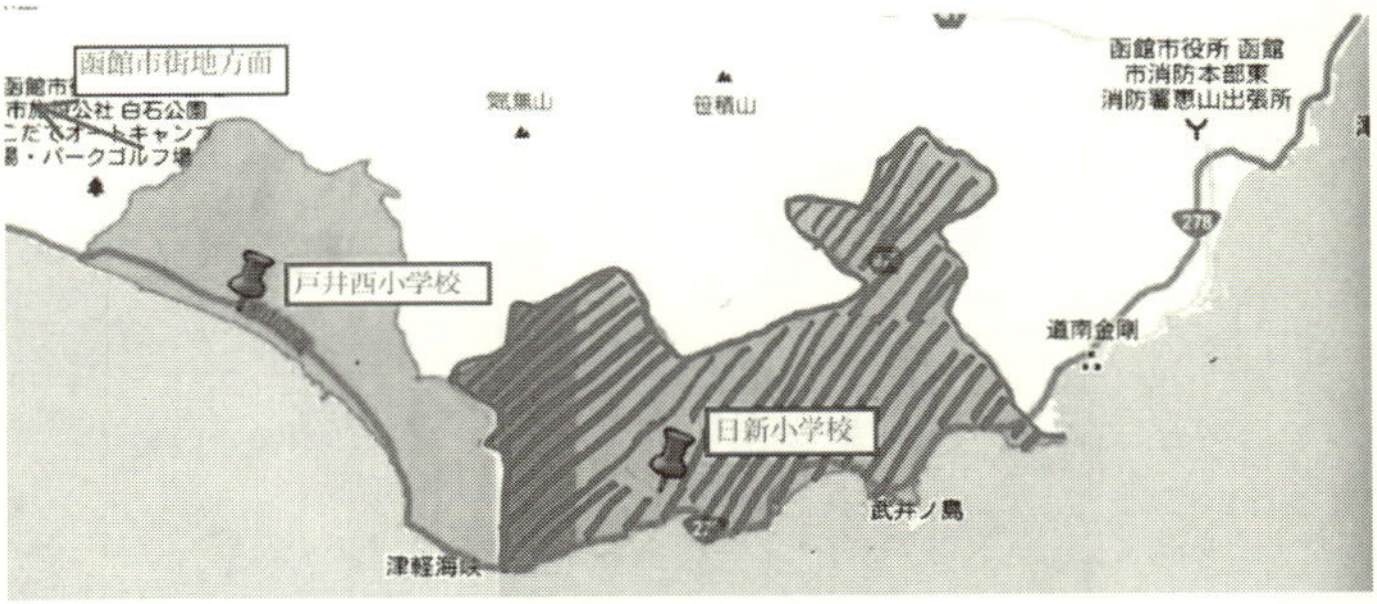

戸井西小学校の通学区域。ガッコムから作成
（もと図は google）

初めに見かけた小学校に立ち寄ると、ちょうど下校時間でバスが迎えに来ているところであった。函館市は、小中学校の再編を検討していて、計画が発表されていた（函館市立小・中学校再編計画、２０１２年３月）。それによるとこの小学校は、となりの日新小学校と統合されることになっている。

統合されると、通学区域は図のようなかたちでほぼ倍になる。グーグルで、学校間の距離を調べると７・７㎞、徒歩１時間38分と出た。こどもの足では2時間はかかるだろう、実際には通学バスを走らせるのだろうが。

小中学校の統廃合を行うと、若い親を中心に人口移動が起こる。かつて、佐渡市（10市町村から1市に）でヒアリングをした時、36の小学校を13（ほぼ1／3）にするというので、その懸念を質問すると「学校が近くにあった方がいいというのは、親のエゴだ」と市役所の職員に叱られた。少人数教育は子どもにためにならない、というのである。しかし、若い人が地域からいなくなれば、高齢化が進展してコミュニティの力は一気に衰える。介護保険など行政費用が嵩むことも覚悟しなければならない。それに、少人数教育の方が学習効果の高い教科も多く、教育に多人数が絶対というのは信仰だと私は思う。

話を元に戻すと、この後、戸井、恵山、椴法華総合支所を廻って南茅部の総合支所へ向かった。いずれの支所もご覧のように、立派な施設である。しかし、どこも2階部分はほとんど使っていない。

不思議に思ったのは、それぞれの支所に教育事務所が置かれていたことである。その理由は、教員住宅の管理のためであった。都会では考えにくいが、賃貸住宅がない地域では教員住宅の管理が市町村教育委員会の重要な仕事なのである。

上から
戸井、恵山、椴法華、南茅部の
各総合支所

ある総合事務所前の廃屋

ある総合支所前の廃屋

この行程の際、とても気になる光景があった。ある総合支所のほぼ真ん前の廃屋である。どのくらい経つかはわからない。しかし、つい行政の不作為を非難したくなってしまうのは私だけだろうか。役場に首長や議員がいたら、役場の目の前の廃屋をこのように放置することはないだろう。いまさらながら、役場の機能の重要さを感じるのである。

(5) 財政破たんを免れた町 ――せたな町

北海道の最西部、日本海に面した「せたな町」は、２００５年９月、大成町、瀬棚町、北檜山町の三町が対等合併してできた町である。役場は、中間に位置する旧北檜山町にあるが、町の名前は、北部の瀬棚からとった形になっている。旧「瀬棚町」と合併後の「せたな町」、言葉にするとまったく同じなのでややこしい。地元の人は、「ひらがな、せたな」「漢字、瀬棚」と言って区別していた。

新町の名前の由来は、瀬棚郡であったことからなのだろう。もっとも大成町は久遠郡であった。

北海道は、郡を跨いだ合併が多かった。平成合併22のうち８もある。全国的には、郡内合併が多かっ

せたな町のカントリーサインにもなっている三本杉岩

たはずだが、郡は明治時代に作られた制度であり川の流域と関係が深い。明治時代は河川交通が重要だったのである。その後の交通状況の変化と郡区域があまり合わなくなっているということなのかもしれない。

せたな町は、農業と漁業という第一次産業主体のまちで、激しい人口減にみまわれている。２０００年当時、３町あわせて人口約1万2千人が、２０１３年現在9・1千人。２０１０年の国勢調査をみると、高齢化率は37・6％だが、年少者率は10・6％である。小学校は11から9、高校も3から1へと統合されている（中学校は3のまま）。

合併直後に町は、財政の非常事態宣言を発し、緊縮財政に努めてきた。そのため合併特例債も上限76億円のうち、約27％しか使っていない。それも廃棄物処理場の設備導入や消防庁舎の改築など、行政機能を維持するための最低限のことだけである。あわせて職員も、３２４名の職員を２６６名と58名削減し、支所職員は全体で半分以下としている。しかし、それでも２０１６年度からは、地方交付税の合併算定替という合併特典がなくなっていくので、さらなる行革を予定しているという。

合併後の地域自治区は

せたな町を訪れた理由の一つは、地方自治法上の地域自治区が置かれていることである。全国でも15市町（２０１４年4月現在）、北海道ではせたな町とむかわ町の２つにしか置かれていない。旧市町村住民が参加し協議できる公式な組織であり、しかも恒久的なもの。その運用状況を知りたかったのである。残念ながら活動状況は芳しくなかった。合併特例区から地域自治区に変更したのも、区の名称を残すためで、住民参加や地域自治を促進するためというものではなかったという。

旧三町は、それぞれ特徴のある町である。旧大成町は本庁から車で一時間もかかる。今でも漁業の町で、イカが年間１千トン以上も獲れている。札幌と函館に運ばれているということであった。イカそうめんなど、観光地で食される活イカは、大成町のものかもしれない。

前述したように旧瀬棚町は、日本初の女医、荻野吟子を象徴とする健康と福祉のまちづくりを進めてきた町で、医療センターや介護施設などが整備されている。旧北檜山町は、農業の町で、広大な農地が広がり、酪農も盛んであった。こうした各地域の特徴をハイブリッドすれば、すごいものができるだろう。地産地消の漁業と有機農業・酪農、それに高齢者が住みやすい健康と福祉のまちとなれば、理想郷といってもよいくらいである。しかし、残念なことに農協（ＪＡ）は二つに分か

荻野吟子の名前が付いた
旧瀬棚町診療所

れたままで、漁協は1995年に8つが合併したものの未だにしっくりいっていないという。健康と福祉のまちについても、残念ながら町全体の取組みにはなっていない。

(6) 移住者の多いまち ――伊達市

次に訪れたのは、洞爺湖の近く、噴火湾(内浦湾)に面した伊達市である。せたな町からは実に300キロ、途中の観光地には目もくれずにやってきた。伊達市という名称から分かるように伊達藩との関係がある。もっとも同じ市名の伊達市は福島県である。

伊達市というと福祉で成功したまちというイメージが、私にはある。少し前であるが、全国から高齢移住者を受け入れて成功した町として、テレビで紹介され、たまたま録画していた私は、このビデオを何度か学生たちに見せていたからである(2)。

ビデオの内容は、市が、ウェルシーランド構想と称して、短期移住、安心集合住宅の建設、デマンド・タクシーなど、移住者のための総合的な施策を展開し、その結果、高齢者対策事業に関わる若者の雇用まで増えていったというものであった。成功した原因は、何だっ

塀がなく、電柱もない「田園せきない」。
土地代は一区画 500 ～ 900 万円くらい

たのか。

その代名詞とも言える地域が伊達市郊外にある。市が構想の一環として開発に関わった「田園せきない」（４・５ha、53区画）である。実際に伺ってみて驚いたのは、開発地としての完成度の高さだ。一つの敷地は、１２０～２５０坪という広さ、東京近郊からすると４～８倍というところだろうか。隣同士の間隔は５～10メートルと離れ、塀がなく、家の前に芝生や花壇が広がり、まるでアメリカ映画に出てくる高級住宅地である。

ちょうど住民の方が歩いていたので、インタビューしてみた。購入した人は、関東圏の人が多く関西出身の人もいるという。道外の人は退職者が多いというが、子持ちの若い人もいて、そうした人は伊達市内や周辺地域の人が多いとのことであった。カナダ人も住んでいた。

地域の何が魅力か聞くと、やはり「自然だ」とのことだったが、この住宅環境に惚れ込んでのことと見受けられる。建物はもちろん、物置や既製のガレージ、樹木の保存なども建築協定で色や形を規制しているために驚きの環境が生まれている。

伊達市は、もともと移住者が多いそうで、人口約３万６千人のうち、教員など転勤族が留まる率が高いのだという。雪が少ないこと、比較的温暖なこと、交通も比較的至便なこと、なども魅力となっている。

町は、その名前が物語るように、東北の伊達一族が切り開いた歴史があり、それをコンセプトにまちづくりをしている。ただ、この町に人が集まるのは、それだけではないだろう。私にはむしろ、

観光物産館の甲冑。夏の伊達祭りには観光客も多い

行政、民間とも、したたかなところに特徴があると思えた。

たとえば、「田園せきない」の開発についても、伊達市は都市計画上の市街化区域が狭く、本来、開発できない市街化調整区域を開発するための一手段だったというのである。つまり、権限を持つ北海道庁の許可を得るには、一定規模以上の開発が必要だったため、開発を市の都市構想（ウェルシーランド構想）と結び付けて、大々的に宣伝したのである。伊達市は、２００６年3月に大滝村と合併しているのだが、合併特例債事業はもっぱら旧伊達市側の事業に利用し、相方である旧大滝村地区では過疎対策事業を当てている(3)。合併事業は対等に、と考えるのが普通だと思うが、大滝地区は過疎地域で有利な過疎債を発行できるのだから、それを使う、というのである。堂々と公開していて隠すところはない。

住民の動きも活発である。合併の際、市の名称から伊達の名前が消えそうになり、大きな反対運動が起こる。実に市民の１／３が署名したという。その結果、新市に名称が残り、しかも市民参加条例が作られることになる。市民の参加状況を評価する第三者機関が設置され、毎年、市行政のあり方を審議し提言を出している。

民間の活発な動きといえば、伊達市を紹介するインターネットのホームページ「むしゃなび」を

旧伊達市の人口増減率（2000年-2010年）

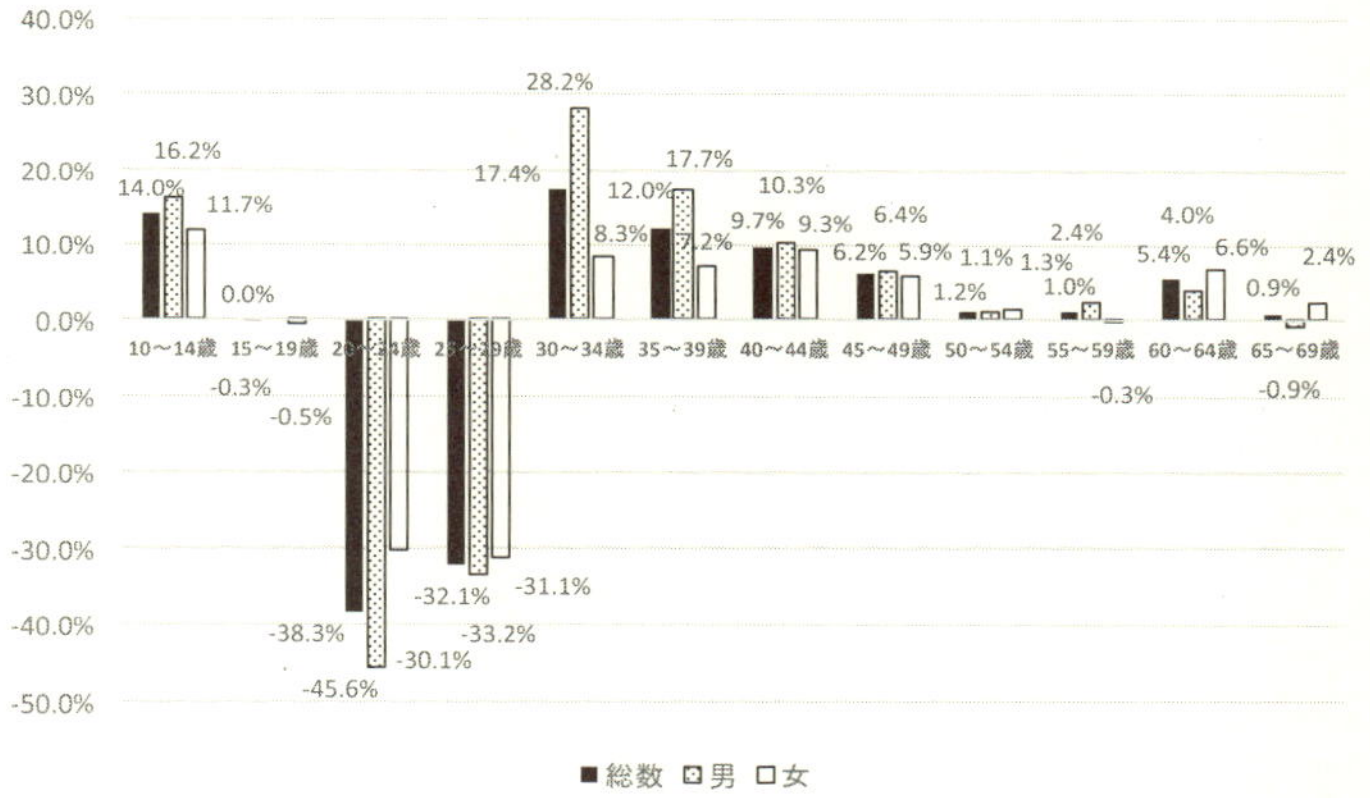

欠かすわけにはいかない。この情報量のすごさ！伊達市のことを知りたければ、これを見ないわけにはいかない。主宰する（株）アップデートのＹさんは前述のＮＨＫの番組にも登場し、移住者に地域を案内するコンシェルジェとしても活躍されていた。実は、私の取材はこのホームページからメールを送る方法で始めたのだが、なんと30分以内に返事が返ってきた。驚くべき対応の速さ。普通の役場では真似ができないだろう。

　さらにここには、他の地域にない大切な話が二つある。一つ目は、障がい者が地域で暮らすノーマライゼイションを実践していることである。２００名を超える障がいのある人たちが、地域で普通に働き、暮らしている。ホテルの朝食での働きぶり、見事であった[4]。もう一つは、シュタイナー教育を行っている「いずみの学校」とそれを支える「ひびきの村」である。１９９８年、中心となっている方がここに移住し、2001年からいずみの学校に入学する子どもたちと親たちが移り住んだという。競争や立身出世ではない、新しい価値観を受け入れる土壌がどうもこの地にはあるようである。

住民参加が盛んな地域は、行政の質も高い。私はそう思うのだが、いかがだろう。

ところで実際に、伊達市の人口推移を見てみることにしよう。伊達市は2006年に大滝村と合併しているので、旧伊達市だけを取り出して2000年から10年後の人口増減を検証する。グラフは2000年と2010年の国勢調査を比較したものである。20歳代は男女とも30％以上の大きな減少が見られる。高校卒業後に他地域に転出していることがわかる。しかし、30歳以降、特に働き盛りの30～40歳代は10％を超える増加となっている。このため10～14歳の子どもたちも増えていて、他には見られない人口構成となっている。市の方針や民間の活動は、間違いなく人口増に結びついていると言えるだろう。

(7) サクランボのまち　――むかわ町

伊達市から、洞爺湖そばの壮瞥町役場を通り、飛び地になっている伊達市大滝総合支所を廻って、さらに苫小牧を通り過ぎて、むかわ町にやってきた。「サクランボのまち」といっても、この町の名産がサクランボというわけではない。むかわ町の名産については、あとで述べることにしよう。

「ブドウの都市、リンゴの都市」という言葉をご存知だろうか。京都大学の上田篤教授がいったことで、日本の都市は「ブドウ」、ヨーロッパの都市は「リンゴ」のような形になっているというのである(5)。ヨーロッパの都市は、芯となる教会や庁舎、広場が真ん中にあり、住宅は周辺へと広がっている。しかし日本の都市は、芯がいくつもあってブドウのようだという。そのたとえからすると、むかわ町は、芯（タネ）となる市街地が二つあるので、サクランボのまち、ではないか、ということなのである（私の造語）。

むかわ町は、２００６年３月、鵡川町と穂別町が合併してできた町である。市街地が二つあるのは当然である。日本の都市は、明治以降いくつも自治体が合併してできたために、芯がいくつもあってブドウのようになっているというたとえは言い得て妙、といえるだろう。

むかわ町のそれぞれの旧役場間の距離は、35キロあって、車でも1時間はかかる。こうなると二つの市街地や、それぞれ周辺の住宅とどのように公共交通網をつくるのか、が大きな課題となる。

むかわ町では、すでにデマンドバスの運行など対策が行われている。ただ、北海道庁が作った「苫小牧都

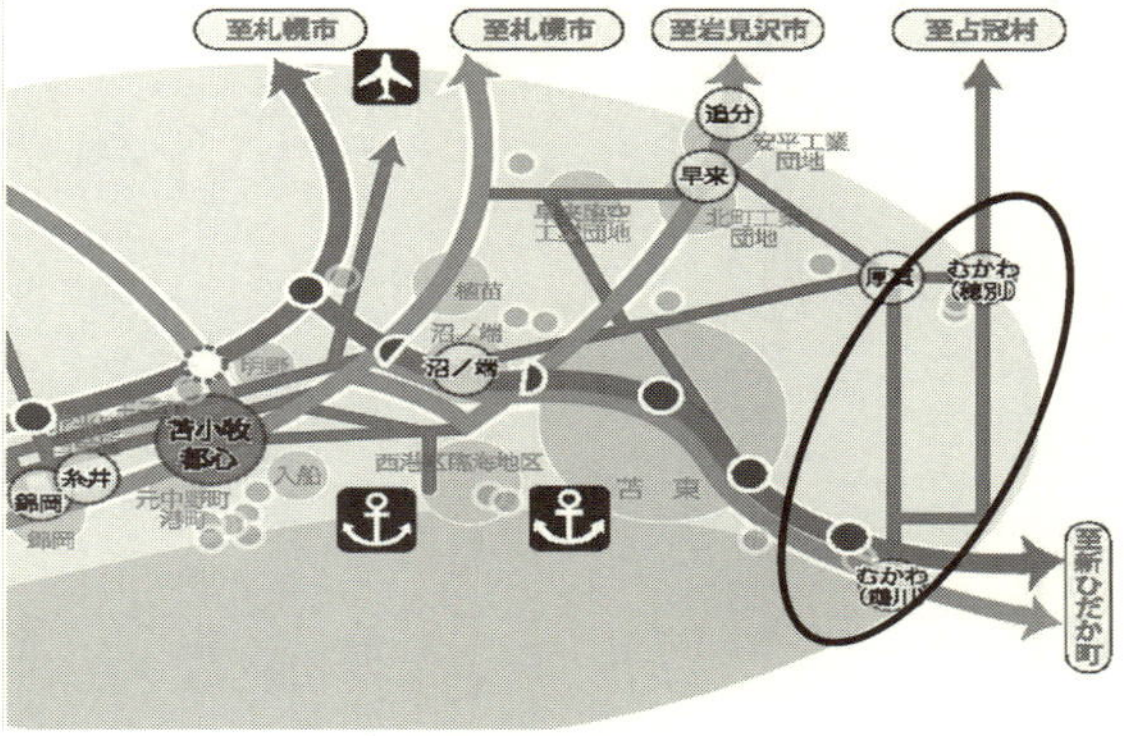

苫小牧都市圏の都市交通マスタープラン（図は加工）では、苫小牧の都市圏に位置する。右の楕円が、むかわ町。

旧穂別町博物館
大迫力のモササウルスの模型

市圏の都市交通マスタープラン」(6)を見ると、穂別総合支所とむかわ町役場の間は、広域公共交通軸にはなっておらず、別々に苫小牧と広域公共交通軸を結ぶことになっている。本庁と支所の間の連絡も住民にとっては重要である。合併した今、穂別地区と鵡川地区は一体の町であり、支所の維持は、本庁から離れた住民にとって死活問題になるだろう。

話は飛ぶが、むかわ町の名産品を紹介しておきたい。ここは大変に資源の豊富なところである。一番感心したのは、おみやげの種類が豊富なこと。町にある道の駅「四季の館」（ここには温泉もある）には、オリジナル商品が所狭しと並んでいる。中でも注目なのはシシャモ。私たちが普通に食べているカラフトシシャモ（カペリン）とは違う本物のシシャモである。数年前に養殖に成功し、むかわ町が本拠地になっているそうである。冷凍もほんとにうまい！ほかにもたくさんの地元産品があり、いくつものドレッシングを独自開発している。ハスカップのジャムは採れたての実を使ったものであり、ハスカップの羊羹もある。商品開発力には、目を見張るものがある。

むかわ町のもう一つの芯、旧穂別町にも行くことができた。ここは、文化と芸術の発信地である。化石の街であることはすでに紹介したが、それだけではない。

住民活動も活発で「田んぼdeミュージカル」という住民たちによる素人映画を4作も作っている。なかには、合併問題を題材にした「いい爺いライダー・The Tanbo」という作品もある。穂別地球体験館では、「穂別シスト」という宝探しゲームも行われている。私は、初めて知ったがフランス生まれの町歩きゲームだという(7)。

この町は合併後、二つの地域に地域自治区を作っていて、継続して、それぞれの地域協議会も活動していた。町も住民活動の振興に熱心で、毎年、講師を招いて住民活動の進め方の講演会を開いたり、住民組織に対して1グループあたり年100万円の活動費を援助したりしている。町の動きと、住民活動がうまくかみ合えば、と思う。

(8) コンパクトシティを目指すまち　――夕張市1

むかわ町の取材の後、国道274号線（通称、穂別国道）を通って夕張に向かった。20数年ぶりの訪問である(8)。

今回の夕張視察の目的は、市が目指しているコンパクトシティの内容と現状を聞くことである。夕張市といえば財政破たんの町であり、2007年に財政再建団体（2009年より自治体財政健全化法による財政再生団体）になったことで有名だが、今回はその話が目的ではない（もちろん関係はある）。大変な広さの夕張市が、町全体をコンパクト化して小さな都市に作り変える計画を進めているとい

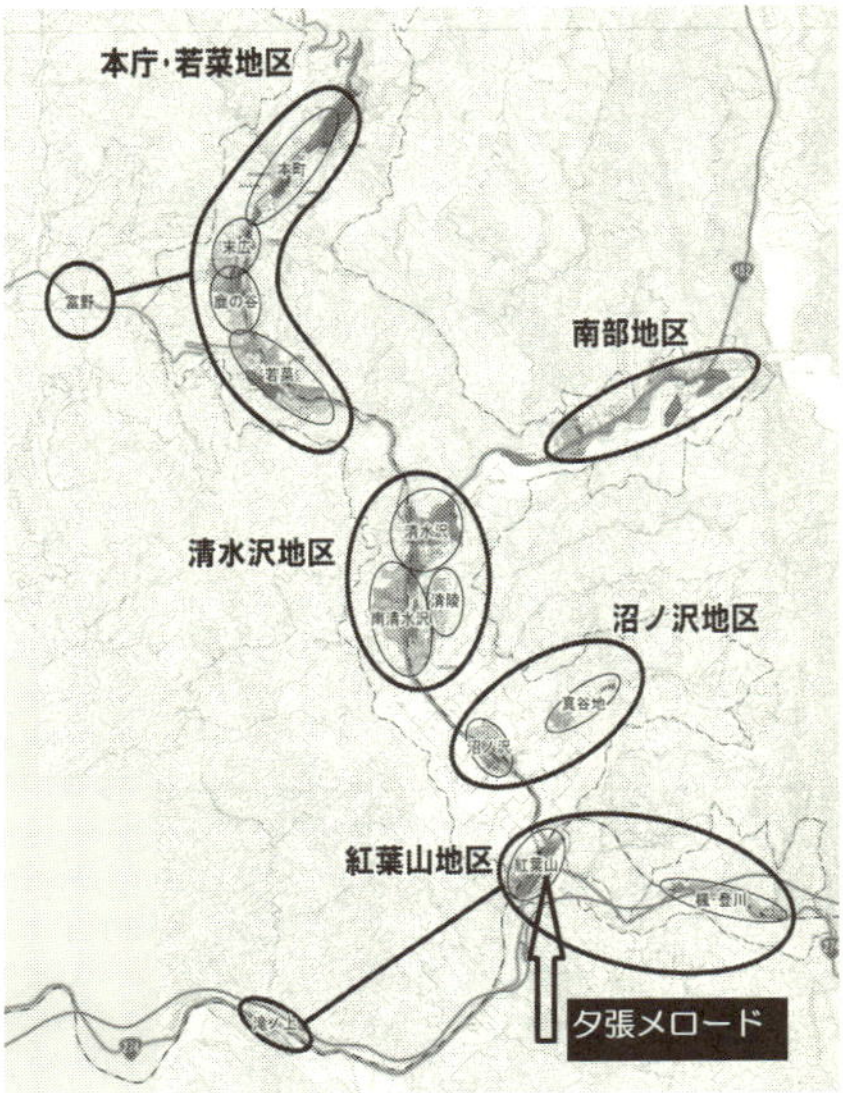

夕張市地図
（「夕張市まちづくりマスタープラン」より加工）

うので、その話を聞きに行くのである。

初めに、夕張市の地図を確認しておこう。東西25キロ南北35キロ、面積は約763平方キロと東京23区よりも広い。夕張市の特徴は、単に広いだけではなく、人々が分散して住んでいることである。主な地区だけ5つあり、それぞれの地区の間も遠く離れている。

夕張市の玄関は、南に位置する紅葉山（もみじやま）地区にある道の駅「夕張メロード」だろう。2011年にオープンしたばかりで、道の駅とはいうものの店内は地元の人たちも結構多い。地元スーパーの役割も果たして

左：夕張市役所、土曜日でも電気が点いていた
右：加森観光が経営する夕張石炭博物館

いるようであった。

夕張メロードから真っすぐ北に行くと、夕張メロンを栽培している沼ノ沢地区があり、次に夕張市のヘソに位置する清水沢地区があり、そして、あの「幸せの黄色いハンカチ想い出広場」（道から少し外れる）があり、さらにその先の本庁・若葉地区に市役所がある。夕張メロードから市役所まで17・7キロ、車で約30分。その少し北に、夕張石炭博物館があり立抗櫓が見える。

一旦、おヘソの清水沢地区に戻って、東に向かうとシューパロ湖（シ・ユーパロとは、本当の鉱泉の湧くところというアイヌ語が語源だという）がある。

このとき、1961年に造られた大夕張ダムが「シューパロダム」に付け替えられる大作業が行われていて、2013年7月15日に「さようなら大夕張ダム」の集いが開かれた。ちなみに工事費は1千700億円だそうである(9)。

地図の上では、シューパロ湖が夕張市の中央に位置し、東側は森林帯で東端には夕張岳がある。夏には登山で賑わうと聞いたが、当時は途中の道路が通行止めだった。そのためか通常ならそうした登山者が泊まるホテルはシューパロダムの工事関係者が多いと聞いた。シューパロダムの建設が町に一定の経済効果をもたらしていたということである。

（9）炭鉱の町　――夕張市2

森の奥に見える北炭新炭鉱口

新聞記事（石炭博物館）

1981 年事故の慰霊碑
花が添えられていた

夕張は炭鉱のまちである。

はじめに夕張最後の炭鉱となった北炭夕張新炭鉱跡を見に行こう。１９８１年に、直接の死者、救護隊を含めて93名がなくなった事故が起こっている。

夕張の夜、居酒屋に飲みに行き経営者である高齢の小母様と話をした。かつては、炭鉱夫の皆さんがたくさん、飲みに来てくれたそうである。三交替なので、二番方が終わるのが夜11時、それから朝まで呑んでいったそうである。81年の事故の時、この店のお客さんのうち14人がなくなったと話されていた。「炭鉱夫っていったって、いい人ばかりだったよぉ。やくざのような人は一人もおらんかったよぉ。」と小母様。心からの親愛の情が伝わってくる。

それにしても、いつ死ぬかもしれない日々の仕事、救護隊の10人も本当に亡くなってしまった。ヤマの男は、すごい人たちである。

　この周辺は清陵という地区で、多くの市営住宅（元炭鉱住宅）がある。古い建物で改修もされず、空き家も多くはブルーシートで簡単な手当てが行われているだけであった。もちろん、住んでいる方もたくさんいるのだが。

　清水沢から東に行くと、シューパロ湖の近くに三菱大夕張炭鉱がある。例のシューパロダムが造られているあたり。大夕張鉄道の南大夕張駅跡が残されていて、ラッセル車がかざられている。

　この近くに、廃止になった体育館があり、その裏にも、炭鉱事故の慰霊碑が建っている。こちらは、死者65名を出した１９８５年５月の事故の犠牲者のものである。三菱石炭鉱業の社長と所長の名前を読み取ることができた。このあたり（南部地区）にも、百戸程度の市営住宅が今もある。

左：南大夕張駅跡、本当の駅舎はもっとダム寄りにあったという
右：1985 年事故の慰霊碑

このほか真谷地などにも、それぞれ炭鉱があった場所に市営住宅がある。つまり、炭鉱の坑口近くに炭鉱住宅が建てられ、それが市営住宅へと引き継がれているのである。

夕張の歴史を知るには、やはり石炭博物館（石炭の歴史村）に行く必要がある。夕張の歴史はもちろん、炭鉱労働の様子、労働者の生活ぶりも知ることができる。圧巻は、坑道を使った「まっくら探検」だ。一人で行くのは、ちょっと勇気がいる。ちなみに私以外にもう一人見学者がいたのだが、その人はさっさと先に行ってしまった。

博物館前の佐藤忠良の彫刻

その石炭博物館の前に、巨匠・佐藤忠良の彫刻がある。一見、石炭とは無関係な裸像に奇異な感を抱いたがとんでもなかった。幼少期、夕張で過ごしたという佐藤忠良である、胸に響く碑文が書いてあった。

鎮魂の像
石炭によって発展し、百年の歴史をつくってきた　夕張
その中で郷土の礎となった
あまたの炭鉱殉職者に捧ぐ

佐藤忠良

（10）コンパクトシティとは何か　――夕張市3

夕張市は、2012年3月「夕張市まちづくりマスタープラン」（以下「プラン」とする）を策定した(10)。その内容は、市の中心部である清水沢地区に都市施設を集中させ、ＪＲ石勝線を都市骨格軸とするコンパクトシティに、都市構造を大転換させるというものである。

夕張市は、現在、市の北部の本庁・若葉地区に市役所や病院、ホテルなど市の中枢機能が集中している。プランでは、現状を二段階で転換する。まず各地区内で集住し、ついで南北と東に広がった街を南北軸にまとめるというものである。

相当に大胆な提案である。市はどうしてこのような計画を作ったのだろう。

プランは、その理由を詳細に説明する。まずは、大幅な人口減である。1990年約2万1千人いた人口が、2010年で1万1千

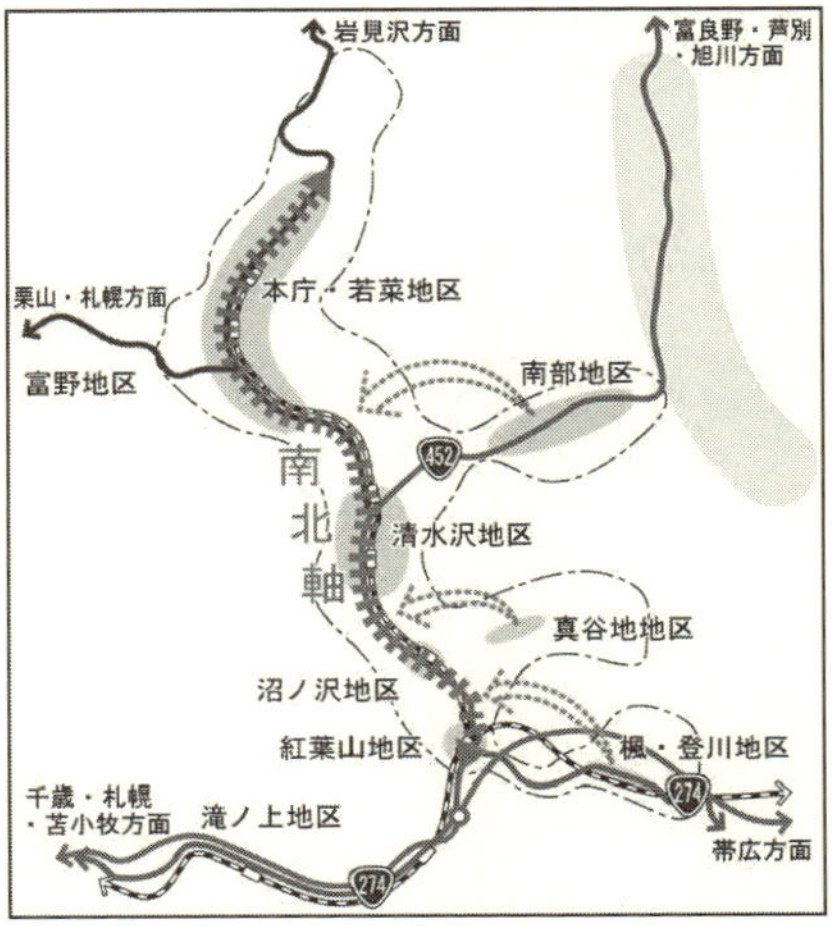

夕張市のコンパクトシティ案
（夕張市まちづくりマスタープランより）

中央にある小学校。小中学校は一つずつに統合された

人と約半減した（その後、人口はさらに減少し９４４０人：２０１４年12月）。最大時（１９６０年）11万人いた人口は、１／10になっている。

４０００戸の市営住宅

高齢化が進み、高齢世帯の割合は１９９０年の2倍以上になっていて、居宅サービスを続けることも難しい。住民の職業をみると、メロン農家の多い沼ノ沢地区を除くと農業は少なく、観光などのサービス業や飲食店、さらに製造業が増えつつある。職業と住居との関係でいえば、住む場所自体はそれほど大きな問題ではないのかもしれない。

夕張市にとって大きな問題は、市営住宅である。市が管理する公営住宅は、約４０００戸、このうち入居しているのは、約２５００戸に過ぎない。約4割が空き家である。古い市営住宅には風呂がなく、公衆浴場である。歳をとって介護保険の入浴サービスを使う人が増えていて、公衆浴場利用者がさらに減少しているという話も聞いた。入浴サービスと公衆浴場はともに市の公共サービスなのに、トレードオフの関係になっている。

コンパクトシティ化とは都市構造の転換であり、当然、住民合意がカギになるのだが住民の関心はそれほど高くないという。市は、プラン策定にあたって2年の歳月を費やし、策定委員会の会議はすべて公開し、議事録も公開している。さらに、それぞれの地区で説明会を開き、その質疑応答もプランに載せている。しかし、地区説明会への参加も芳しくなかったという。

　プランの大胆な内容とは裏腹に、市が当面実施するのは、もっぱら市営住宅対策であった。それも同じ区域内への集住化だという。国も認めた財政再生計画の中でも、市営住宅を5年間で新たに１００戸建てると書かれていて、２０１３年7月には60戸分を建てていた。そこには、「特定入居」と呼ばれる他の市営住宅からの住み替えも認めている（一般には公営住宅内の住み替えは認められない）。

　この年新たに建設した「歩（あゆみ）」という市営住宅に行ってみた。洒落た外観というだけでなく家の前に家庭菜園のスペースがあって、雪下ろしも必要のない屋根にするなど、なかなか見栄えのする住宅であった。

　まちづくり計画としてコンパクトな町を目指すのは、人口減少となった今、常識とも言えることだろう。多くの都市が合併でできたために「ブドウの都市」となっている日本の場合、一つの自治体のなかに市街地が分散しているのが普通である。それを一カ所にまとめれば、確かに行政効率は上がる。それに、スーパーや病院が郊外にでき、都市が無計

新しい市営住宅「歩」
家はシックな色使い　前には菜園と駐車場

画にスプロール化していることはエネルギー消費の面からも問題がある。

都市に限らず自治体にとって行政効率が重要な課題となっている。どこでも人口減少となった上に、これまで作ってきた公共施設の管理負担が圧し掛かっているからである。ただ、無理に人々の移住を起こせばコミュニティは壊れ、かえって行政の役割が大きくなり行政費用が膨れる可能性もある。行政が、集住化など住民の移住を強く主導するとなると多くの問題が生じると思えてならない。

もっとも、夕張市の場合、ほかの自治体とはその成り立ちが違う。国策として明治期に炭鉱開発が行われ昭和期には最大時10万人以上の人が暮らし、その後、石炭から石油へと国のエネルギー政策の転換によって炭鉱は閉山となった。人口の急減は、そのことが直接の原因である。市営住宅や市立病院も、もともとは炭鉱会社が所有していたものであり市が引き受けざるを得なくなった経緯がある。

２００６年に夕張市が財政破たん宣言したとき、世論は市が行ったレジャー施設などの建設を強く非難した。そして国の指導で財政再建に入り、夕張市は全国一の最高税率で最低の行政サービスのまちと

左：集住化が提案されている団地。この棟の居住者は３人。右：移転先の風呂付き住宅。

なった。しかし、炭鉱で働いて人々を吸収する方法は他に見当たらなかった、とも考えられる。ちょうど常磐炭鉱の町・いわき市に、常磐ハワイ（スパリゾートハワイアンズ）ができたように。あの感動的な映画「フラガール」（蒼井優主演、李相日監督）の世界である（主人公の親友が常磐から夕張に引越す印象的なシーンが思い出される）。

このとき夕張のコンパクトシティ施策について、実際に話し合いが進んでいる地域は一つだけ、であった（２０１３年夏）。そこは、12棟の市営住宅に２１６室あるのだが、入居率は30％程度に過ぎないという。風呂なしで公衆浴場利用の団地である。市の提案は、半分の６棟程度に集まってもらい、その棟は風呂付とするというものであった。歯抜け状態になった集合住宅を管理するのは、浄化槽などの維持費だけでも大変、と市はいう。

このように聞いて、正直言って、プランに書かれた内容に比べて実施施策の小ささに、肩すかしに遇った気分になった。しかしそれは、私の認識の甘さであった。その晩、町に出て評判を聞くと、反対意見が結構あった。そこで実際に、現地に行ってみることにした。たまたま、通りがかった人にインタビューすると・・・。

住民のなかには、集住化を説明する市職員に怒鳴りつける人もいる、というのである。傍から見れば、寒い冬など大変そうにしか思えない公衆浴場も、住民は楽しみにしているというのである。そこには、都会人には伺い知れない、炭鉱で暮らしてきた人たちの生活習慣があった。

やはり、集住化は、簡単な話ではない。

(11) 財政破たんと人口減と夕張の光　――夕張市4

前にも述べたように夕張市は、激しい人口減にみまわれたまちである。1990年には2万人いた住民は、現在9440人（2014年12月、住民基本台帳人口）。これすら外国人を含んだ人数である。この間に、2006年に財政破たん宣言、2007年には財政再建団体になるという事態があった。これによって、夕張を去った人がいた一方、残って踏ん張っている人たちがいる。

職員数は415名が147名に

夕張市の職員は、財政破たん前は、総勢415名の体制であった。それが147名（2012年4月1日現在）64・6％減、1／3になっている。どの年齢層が退職したかを見てみよう。そうした数字はホームページからは見つけられないので、各年の年齢階層別人数を使って推測してみる。

破たん宣言をした2006年と、職員数が最も少なかっ

夕張市・職員数の推移

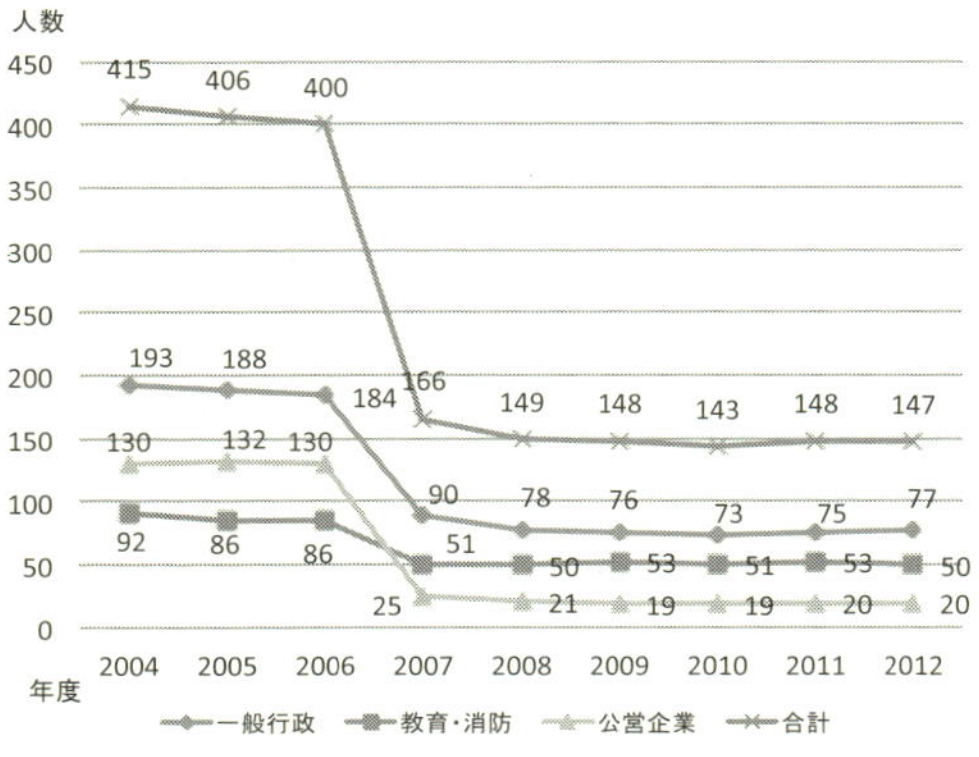

夕張市・2006年度の各年齢層の4年後の割合

年齢層	20～23	24～27	28～31	32～35	36～39	40～43	44～47	48～51	52～55
2006年度の各年齢層人数の4年後（2010年度）人数【減少割合】	-40.0%	-54.3%	-37.1%	-39.5%	-43.3%	-53.1%	-58.5%	-64.8%	**-85.3%**

「夕張市の給与・定員管理等について」より作成

た2010年を比較した。各年齢層とも4～6割という大幅な減少だが、特に52～55歳の年齢層が4年後に85・3%も少なくなっている。この年齢層は管理職層であり、当然、市役所の中枢を担っていた人たちであろう。その職員が一気にいなくなることは、市行政にとって深刻な打撃であったに違いない。これを支えたのが、全国から派遣された職員であった。住民に聞くとその評判も上々。有名になった若い現市長も東京都から職員派遣できていた方である。

住民はどうだったのだろう。2000年の国勢調査で1万4791人だった人口は、2005年に1万3001人（12・1%減）になり、2010年には1万922人（2005年から16・0%減）

夕張市における人口増減率（財政破たん前と後）

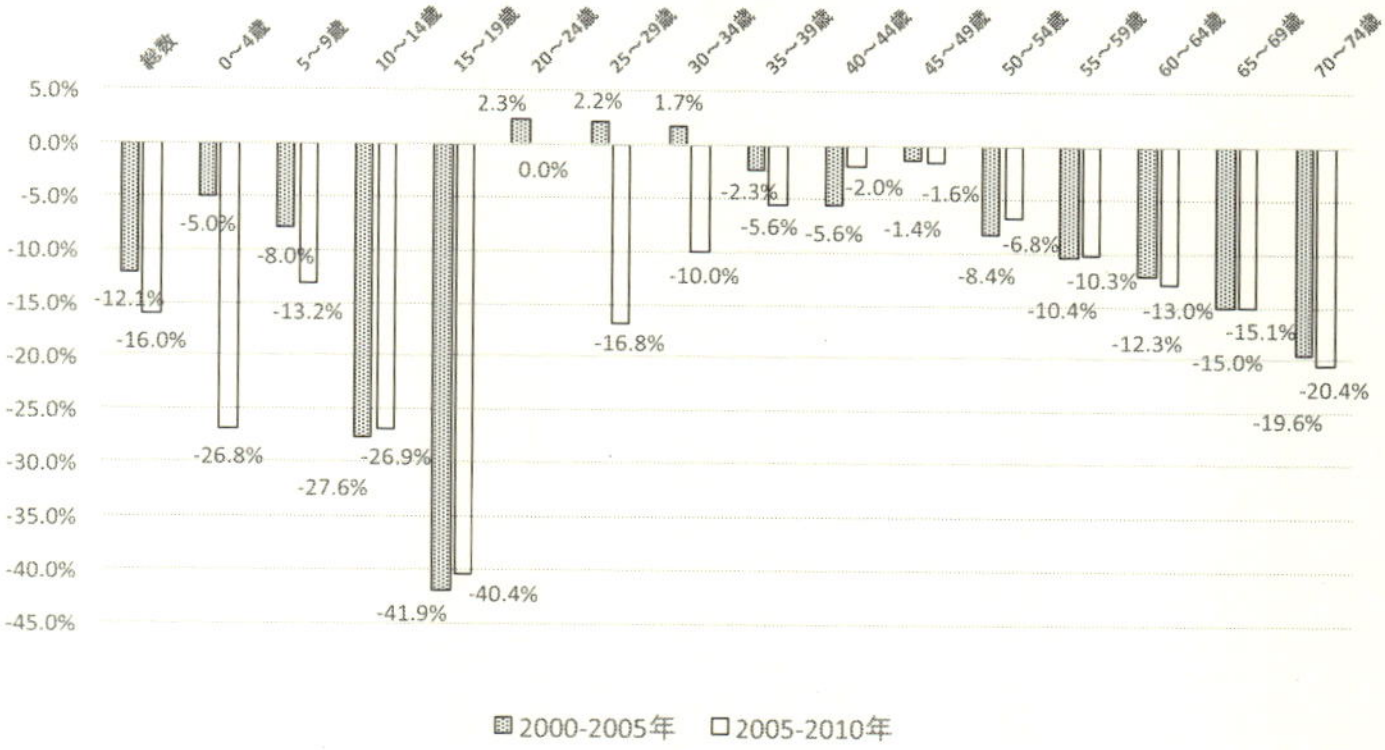

となった。

どの年齢層が転居していったのか、同じように年齢階層別の人数の推移を調べた。

このグラフは、財政破たん前、2000年から2005年の人口減少率と、破たん後の2005年から2010年の人口減少率を比べたものである。人口減少の流れは、破たん以前からあったものの、より減少が激しくなった年齢層がある。

20代後半（25～29歳）と30代前半（30～34歳）が、10～16・8％もの減少率となっていて、激しく減少していることがわかる。10歳未満の低年齢層の減少も大きいことから、小さな子どもがいる若い親の世帯が、転居したと思われる。当然、高齢化率は上がっていて、市の高齢者保健福祉計画（第5期2012年3月）によれば、2011年に43・6％であり、将来毎年上昇し、2017年度には48・1％（約半分！）に達するとされている。

「夕張・命のバトン」

住民の意見を聞くために、夕張夢再生館の方々にお話を伺った。夢再生館は、福島原発による被災者の皆さんを呼んで、夏の一定期間、北海道で保養してもらうボランティア活動をしている。自分たちが大変な状況にあるというのに、福島支援をしようという、その心意気にただただ、頭が下がる。

夕張では、財政破たん後（2008年）、藤倉市長時代にゆうばり再生市民会議という、市民が話し合って市の施策を考える会が作られた。その話し合いから生まれたのが「夕張、命のバトン」というアイデアだった。

「命のバトン」は、見たところただのプラスチックの透明の筒である。その中に、高齢者が万一、体調を崩し意識を失った場合に備え、持病などの情報の紙をいれて、冷蔵庫に保管しておくのである。なぜ冷蔵庫？と初めは思ったが、どこの家でも冷蔵庫は目立つところにあってすぐに見つかる。名案である。いまや全国に広がりつつある。

この他にも、高齢者対策のアンケートを98％回収したこと、市の診療所（希望の杜）が相当数の訪問診療を行っていること、特養やケアハウスなどの施設もかなり充実していることなどを伺った。夕張市は高齢者施策の先進地となっていた。

夕張には希望の光が見えている、と思わずにはいられない。

⑿　北海道の観光

人口減少は避けられない、ということで、町や村の基本構想・基本計画を見ると多くが「交流人口増」を謳っている。普通に言えば、観光客を増やそう、ということである。北海道の場合、観光業が盛んなだけに、特にその傾向は強いようである。しかし、どのように観光業へのテコ入れを図るか、それが問題である。

北海道の場合、自然、食材、温泉と三拍子そろった地域が多く、いわゆる観光ネタについては、大変豊富である。温泉街も、登別、湯の川、定山渓、洞爺湖、層雲峡・・・有名なところがたくさんあり、大きなホテルや旅館が立ち並んでいる。

北海道は、アジアの国々に大人気で、北海道に来る外国人観光客の大半が台湾、中国、韓国などから来る人だそうである（84・0％、北海道「訪日外国人来道者数」2011年度）。山や湖や海が、一度に見られる景観が人気なのだとか。アジアの人々は、団体ツアーによるバス移動、大型ホテル滞在が主流といってよいだろう。

しかし、日本人の道外からの観光客は、大半が個人旅行である。カップル、数人の高齢者（特に女性）が多い。アジアの人々もやがては個人客へと移行していく、と私は思う。

個人客の特徴は、客が自分で現地情報を調べることである。その意味では、個別地域の情報発信

左：大滝総合支所から長万部に向かう途中にあった滝
すごい滝だが観光名所にはなっていない
右：道南の大沼国定公園　ラムサール条約登録湿地であり、大自然を期待していたが、足こぎボートに興ざめ

ご存知、昭和新山
写真を撮るだけで駐車代410円。土産店は、いくつか閉まっていた

力がカギになるといってよいだろう。当然、インターネットである。道内の町村の中には、何年間もホームページを更新していないところもあった。そういうところに限って「交流人口の数倍増」などと計画に掲げていたりする。

その意味からすると、民間による情報発信は重要である。前に紹介した、伊達市の「むしゃなび」は、事務所に伺うと、たった一台のコンピュータによる情報発信だった。

伊達市案内「むしゃなび」を作っている（株）アップデートの事務所

観光に関するもう一つの流れは、リピーター作りである。たとえ多額の投資をしようと陳腐化してしまう施設は、後で大変なことになる。夕張が典型例だが、大型の宿泊施設も時代遅れの感がある。何度も訪ねたくなる、にはどうしたらよいのだろう。

食は大切である。食べ物には何度でもリピーターやってくる。人はなぜか「また食べたい」と思うので、そこでしか食べられな

旭川市立旭山動物園
来場者数は少し減ったものの 163 万人（2012 年）
行動展示が有名だが職員の手書き説明がすごい

いものの開発が重要である。北海道では、ラーメンとカレーが多かったが、安易ではないかと思われた。北海道は食材が豊かなだけにもったいない。食についての問題は、レシピに特許がないのですぐに真似されることである。

その点、自然は、真似というわけにはいかない。そこにしかない、風景、自然を守ることが基本、といってよいだろう。

個人客中心の時代には、ツボのようなものがある。それは人、である。地元を紹介できる人と旅行者との出会いの場面が重要だ、ということである。個人旅行は、団体旅行と違って、天候やルート、食事処、特産品、名所、すべてを自分で調べる必要がある。インターネットでもある程度は分かるが、地元でしか分からないことが必ずある。それを教えてくれる人、と会えることが、旅行の面白さであり、醍醐味だと私は思う。

ということは、つまり、地元を愛してやまない人がどれだけいるか、が活性化の要だといってよいのではないだろうか。

(1) 平成の大合併については、拙著「消された町村―平成大合併の結末」自治総研２０１４年12月号参照。

(2) 伊達市についてのテレビ放映は、次の通り。ＮＨＫ教育テレビ「ＥＴＶ特集：こうして町はよみがえった～移住先進地・北海道伊達市～」２００７年12月16日放映

(3) ２０１１年第２回大滝区地域協議会議事録、10月31日開催、５頁

(4) 障がい者の伊達市における地域生活については、太陽の園編『施設を出て町に暮らす』ぶどう社１９９３年、参照。

(5) 上田篤著『都市と日本人』岩波新書２００３年

(6) 北海道建設部まちづくり局都市計画課策定・２０１２年３月

(7) シストについては、http://ciste.web.fc2.com/

(8) 夕張市の財政破たんについての書籍は数多い。読売新聞北海道支社夕張支局編著『限界自治　夕張検証』梧桐書院　２００８年、橋本行史著『自治体破たん・夕張ショックの本質』公人の友社　２００７年、参照。

(9) 夕張市の負債残高は２８３・５億円（２０１５年１月30日現在）、市の借金時計より、http://www.city.yubari.lg.jp/contents/municipal/zaisei/s_tokei/

(10) コンパクトシティについては、拙著「人口減少時代における集中・集住化政策―行政施策の成否と住民自治」大東文化大学紀要53号２０１５年３月発行、参照。

2　平成の大合併とはどのようなものだったのか

平成の大合併が地域にどのような影響をもたらしたのか。そのことをみていくに当り、ここで、平成の大合併の経過と状況を確認しておくことにしたい。

平成の大合併は、国が市町村合併を推進し始めた1999年4月に始まったことになっている。実際にはしばらくはほとんど動きがなく、2003年秋以降本格化した。そして、合併に関する国の特例措置がなくなる2005年から2006年にかけて加速度的に進み、2010年4月に合併に関する法律が改正され収束を迎える[(1)]。結果として1999年3月末に3232あった市町村は、2015年4月現在1718（53・2％）と約5割まで減っている。三大都市圏の合併が少なかったので影響が小さかったと思われがちだが、全市町村のうち約三分の二にあたる2104（65・1％）がこの間に合併を経験しており、自治制度を揺るがす事態となった。

国が合併を進めた公式の理由は、「地方分権の推進」「総合行政の推進」であった。つまり、地方分権を進めるには一定の自治体の規模が必要であり、また、市町村で総合的に行政を担うには専門の職員集団を抱える必要がある、とされたのである。合併前の市町村の規模は、１９９８年当時、１市町村当りが人口３８，８５１人、面積１１６・９平方キロであったが、現在（２０１４年１月１日現在）、人口７４，７６０人、面積２２０・０平方キロとなっている(2)。市の人口規模は、地方自治法上５万人とされており、数値から見る限り国の目標は達成されたといってよいだろう。

しかし、合併前に市町村が直面していた実際の課題は、地方分権や総合行政といった抽象的な問題ではなかった。これから各地の状況を見ていくとわかるが、このとき各地域はすでに人口減少が進み、さらに国からの財政締め付けによって行政サービスを維持することが難しくなっていたのであった。昨今、消滅自治体などと地方の人口減少が急にクローズアップされて

平成の大合併・件数と関係市町村数の推移

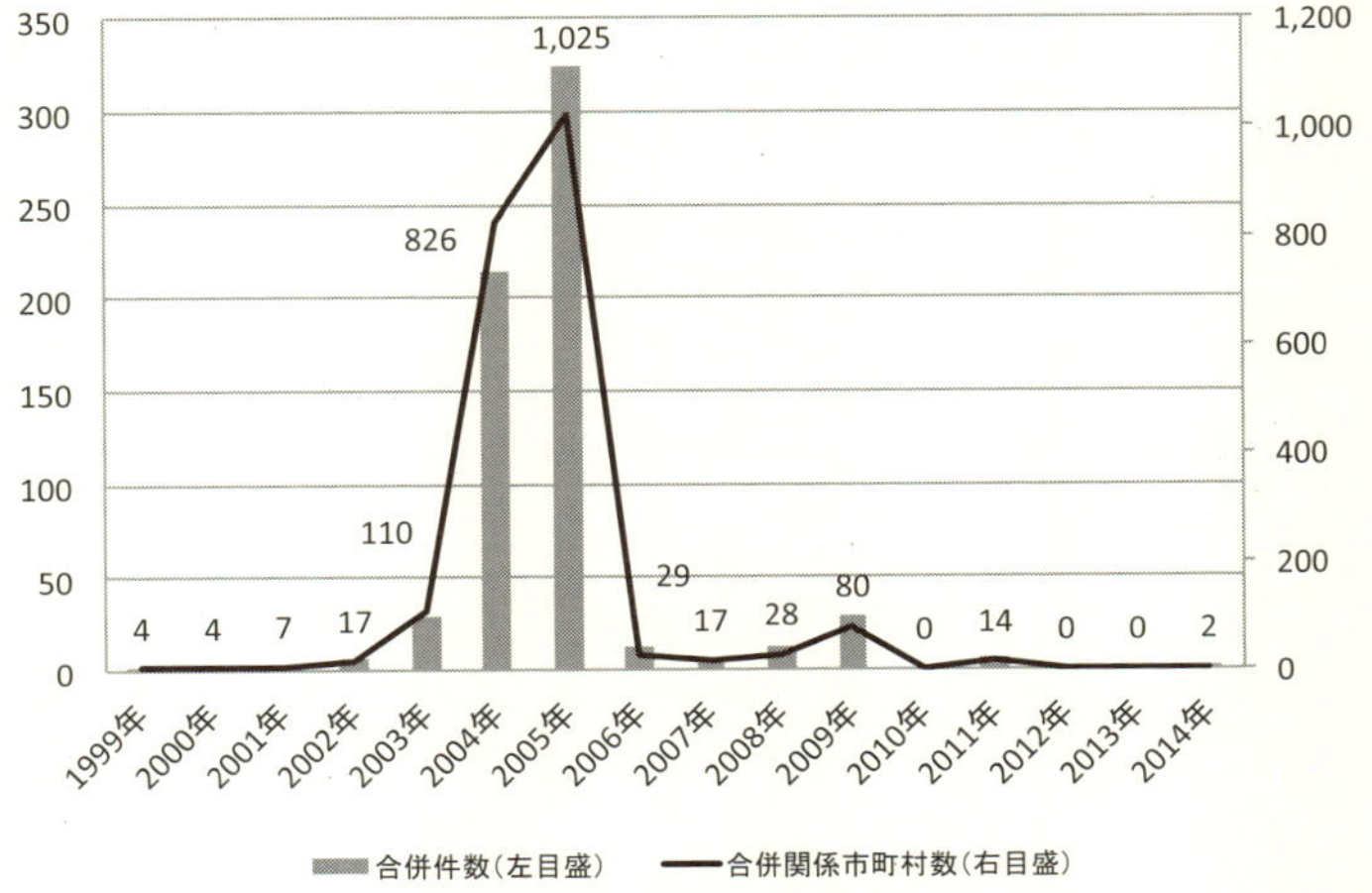

数字は合併した市町村数

いるが、実は当時からのことである。

国は1999年から、市町村合併特例法や補助金などによって、合併した場合の優遇策を設けありとあらゆる促進策を講じた(3)。このとき多くの県も、合併した場合の補助金や人的支援など推進策を講じるとともに、一方で国立社会保障・人口問題研究所が作った「地域別将来推計人口」による人口減少のグラフを市町村の幹部に突きつけ、あるいは住民負担増となる計画策定とその公表を迫るなど、硬軟交えた策を施している。

決定打となったのは、2004年から始まった三位一体改革という名の地方財源の大削減であった。地方交付税など国の財源に頼らざるを得ない市町村は、雪崩のように合併へと向かっていく。人口減少を迎えていた地域にとって、市町村合併がどのような意味を持ったのか。本書の課題の一つは、合併後の市町村の姿を探ることにある。

平成の大合併の特徴は、都道府県によって大きな差が見ら

平成の大合併　合併減少率の多い県と少ない県

		1999.3.31				2015.4.1				
順位		計	市	町	村	計	市	町	村	減少率
1	長崎	79	8	70	1	21	13	8	0	-73.4%
2	広島	86	13	67	6	23	14	9	0	-73.3%
3	新潟	112	20	57	35	30	20	6	4	-73.2%
4	愛媛	70	12	44	14	20	11	9	0	-71.4%
5	大分	58	11	36	11	18	14	3	1	-69.0%
6	島根	59	8	41	10	19	8	10	1	-67.8%
43	奈良	47	10	20	17	39	12	15	12	-17.0%
44	北海道	212	34	154	24	179	35	129	15	-15.6%
45	神奈川	37	19	17	1	33	19	13	1	-10.8%
46	東京	40	27	5	8	39	26	5	8	-2.5%
47	大阪	44	33	10	1	43	33	9	1	-2.3%
	全国	3,232	670	1,994	568	1,718	790	745	183	-46.8%

れることである。大きな合併を行った上位6件を見ると、市町村数は三分の一以下、70％もの減少となった。一方で、三大都市圏にある神奈川県、東京都、大阪府では、ほとんど合併は行われなかった。

前述のように北海道の市町村の合併減少率は、下から4番目であった。それでも、地域に与えた打撃は、小さくなかった。

(1)「市町村の合併の特例に関する法律（略称、市町村合併特例法）」。最初に、市町村合併特例法が作られたのは１９６５年で10年間の時限法であったが、10年ごとに更新されてきた。当初、合併の障害となる議員定数の特例など最小限のものだったが、１９９５年に「推進」の文字が入る小改正があり、１９９９年に大改正があって財政上の特例など特例制度が導入されて促進の法律に転じる。促進的要素は２０１０年改正でなくなった。

(2)「全国市町村要覧」平成10年版および平成26年版より、それぞれ算出。根拠となる数値は、それぞれ１９９８年3月31日現在と２０１４年1月1日現在の住民基本台帳人口の合計から。

(3)市町村合併の根拠となる法律の規定は、地方自治法第7条（市町村の配置分合及び境界変更）にあるが、実際の詳細な手続きや特例は、市町村合併特例法（脚注1）によって決まっている。財政上の特例（合併算定替、合併特例債）や議員や職員の特例、さらに住民による合併発議や合併後も地域に審議会（地域審議会）を置くことができる特例もこの法律に規定がある。

3　過疎先進地・島根

(1) ずっと過疎だった

島根県は、過疎の先進地である(1)。1960年代、日本の高度成長期、日本全体の人口が増え続けていたこの時期に島根県はすでに、深刻な人口減少に苦しんでいた。過疎問題についての古典、今井幸彦著『日本の過疎地帯』(岩波新書、1968年)にも「人口減少・第一位島根県」(101頁)とある。島根県はその後も過疎が続いており、過疎地域の占める面積の割合では、85・4%と秋田県、大分県に続く第3位であるが、過疎地域のある市町村は実に100%すべて、であり堂々の第1位である(2)。

その島根県は、平成期に59あった市町村を19に減らすという大合併を行った。島根県では昭和期に行われた大合併において、すでに旧役場跡など周辺地の過疎化による弊害が指摘されていたにも関わらず、である(3)。県や市町村は、合併した今、どのような状態になっているのだろうか。

島根県の過疎市町村の指定状況

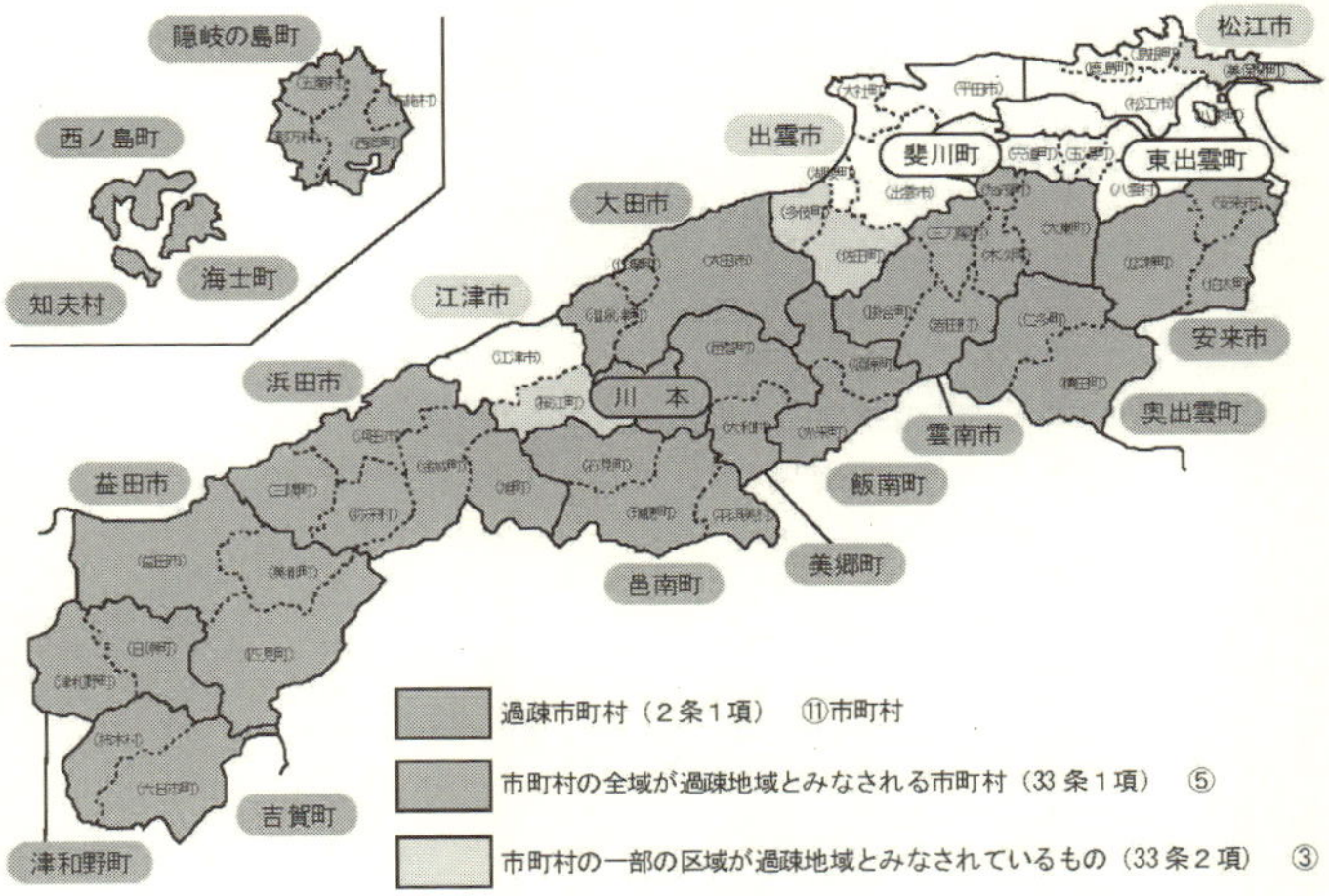

2008 年島根県作成
（その後、斐川町は出雲市、東出雲町は松江市と合併している）

（2）過疎の最先端研究

島根県に伺って驚いたのは、県自らが過疎対策を先頭を切っておこなっていることである。市町村単位どころか、さらに細かな地区単位、公民館単位における対策に乗り出していた。

島根県には、過疎地域への対策を専門とする日本で唯一の素晴らしい研究所がある。島根県中山間地域研究センターである。今回、島根県で最初にここを訪問した。

同センターは、36ｈａという広大な土地にあって、農林業の実験施設や宿泊施設まで備わっている。実に近代的な施設である。農林業の各種試験や鳥

島根県中山間地域研究センター（飯南町上来島）
中国地方５県が関わっている。（同ＨＰより）

獣害対策、コミュニティや家計の調査や地図情報システム（ＧＩＳ）を使った地域分析まで、中山間地域に関するあらゆる研究が行われているといってよいだろう。

しまねの郷づくりカルテ

同センターが行っている最先端の地域分析を教えてもらった。島根県全域を２２７（市町村は19しかない）の公民館単位に分けて、人口や高齢化の推移、産業や交通、住民活動状況まで把握して、行政として対策を行う、というのである。地域を分析したデータを「しまねの郷づくりカルテ」といい、島根県しまね暮らし推進課と中山間地域研究センターが共同で作成した(4)。このカルテが優れているところは、地域の具体的な目標がわかることで

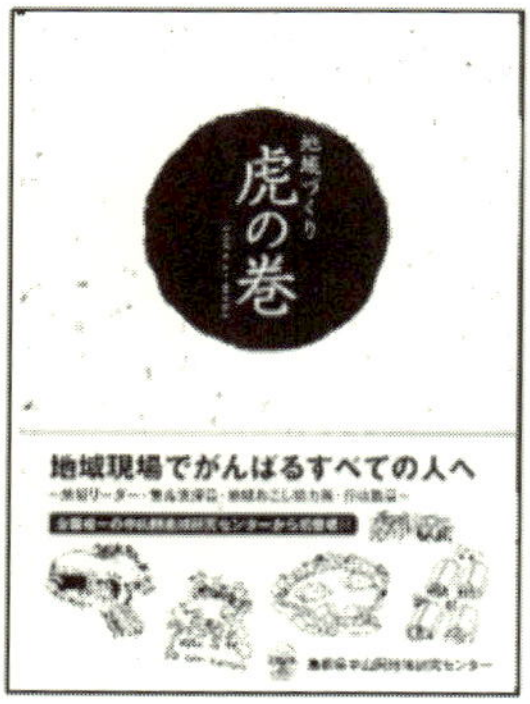

島根県中山間地域研究センターが作成した「地域づくりの極意」が記された書、２０１３年5月刊

ある。例えば、20歳代の夫婦が何組地域に移住すると人口が維持できる、ということがたちどころに判明する。

私がもっとも感心したのは、同センターが行っている住民への研修である。年に数回、県内各地の地域リーダーが集まる研修会がある。その内容は、サルやイノシシなどの鳥獣害対策など極めて実践的なものである。研修後に、地域に帰ったリーダーは住民を集めて、最新の方法を伝授する。まるで空海による密教の布教のようだ、と私は思った。空海が密教の布教に成功したのは、実は温泉や飲料水の掘削や堤防・橋の建設など土木技術を人々に一緒に教えたからだ、と聞いたことがある。住民にとって実益のある情報であれば、ツマラナイと思われがちな研修にも、人々は参加するだろう。

（3）県が地域を直接支援する

研究センターの研究は、島根県の施策方針に基づいて行われている。県は、何を目指して何を実現しようとしているのか、聞きに行くことにした。

島根県には「しまね暮らし推進課」という一風変わった名前の課が存在する。２０１２年に新設されたこの課が過疎対策についての県の中枢部署である。島根県は、全国で最も早く１９９９（平成11）年に中山間地域活性化基本条例を制定している。２０１２年から第三期（２０１２—２０１５年）に入っているが、第二期（２００８年〜）から市町村単位ではなく公民館程度の地域について活性化施策を進めてきた、という。ここから県として本格的な地域へのテコ入れが始まったといってよいだろう。ちょうど島根県における市町村合併がひと段落したころである。

中山間地域対策プロジェクトチーム

県は、2012年度から県庁の中に部や課を横断する「中山間地域対策プロジェクトチーム」（以下、PT）を作った。環境、福祉、農林、商工、教育の各部局に跨る実践的なチームである。月1回、2〜4時間かけて議論しつつ、例の「郷づくりカルテ」に基づいて地区ごとに人口状況、暮らしの条件（交通、買い物、医療、教育など）を評価した。その結果、自立している地区(D)、お手本となる地区(C)、潜在力はある地区(B)、そして緊急に対策が必要な地区(A)の4段階に分けたところ、緊急性のある地区が227のうち74あったという。

これをもとに、県は地区ごとに県が直接支援する取組を始めている（過疎（中山間地域自立促進特別事業2012―2015年度）。一地区について、単年度300万円を上限に最大3年間という破格の交付金が配られる(5)。各地区の事業内容をみると、空き家対策、生産物販売が多いが、中には、石見銀山街道ガイド養成（美郷町）、固有種・平田カブの復活（雲南市）など独自の工夫もみられる。さらに県は

島根県「郷づくりカルテ」の分類

	段階	内容	地区数
A	緊急性	「人口」「生活条件」共に厳しい地区	74 地区（うち石見 56 地区）
B	潜在力	「人口」は厳しく「生活条件」は厳しくない地区	26 地区（うち石見 14 地区）
C	お手本	「生活条件」は厳しく「人口」は厳しくない地区	54 地区（うち石見 28 地区）
D	自立	「人口」「生活条件」共に厳しくない地区	73 地区（うち石見 37 地区）

2008年から地域活動に専従者を置くことができる制度も始め201名（専任105、兼任96：2014年度）が集落の支援を行っている[6]。また都会の若者が地方の地域に入って活性化のお手伝いをする、国の地域おこし協力隊もフル活用しており69名（2014年度）が各市町村にいる。

島根県施策の最大の特徴は、県職員であるPTのメンバーや研究センターの研究員が、地区に直接出向いていることである。227地区のうち、2012年に11地区、2013年にはさらに5地区を加えた。地域活性化の主人公はもちろん地域住民だが、PTメンバーは行政のプロとして行政に関わるノウハウの伝授・提供を行うという。実際、各市町村を廻ってみると、メンバーの名前が何度も出てくるのに驚いた。

島根県は「本気！」なのである。

（4）島根県の市町村合併

島根県は、平成の大合併で大きく変貌している。

市町村の数、範囲とも随分変わっており、59あった市町村（8市41町10村）は19（8市10町1村）になった。5町1村合併によって誕生した市（雲南市）が一つだけあるが、平田市が出雲市に合併したため、市の数は変わらない。10あった村はわずか1つ（知夫村（ちぶむら）：隠岐の島前（どうぜん））だけとなった。

市町村合併に国が本格始動したのは、1999年8月当時の自治省が、各都道府県知事宛に通知を出したときから、といってよいだろう。その通知で国は、県の責任で市町村合併のパターンを提示するよう求めた。通知は単なる「要請」であったので、パターンを作らないこともできた。実際、福島県、長野県、兵庫県の三県は作成していない。

しかしほとんどの都道府県は、まるで国の下部機関のように国の通知に従って作っていく。ちょうど分権改革の最中にあって、国と地方の関係が「上下・主従」から「対等・協力」の関係に変わった時であっただけに、都道府県が国に追従したことにはかなりの批判があった。県の本音はどこにあったのだろう。

それはともかく、島根県の場合、県が示したパターンが実際の合併とほぼ一致している。ただ、島前の三町村と本土では唯一、川本町だけが、自立の道を選んでいる。

ここで少し全国との比較をしてみたい。前に

島根県における「平成の大合併」の状況

（　）内は合併前の市町村名

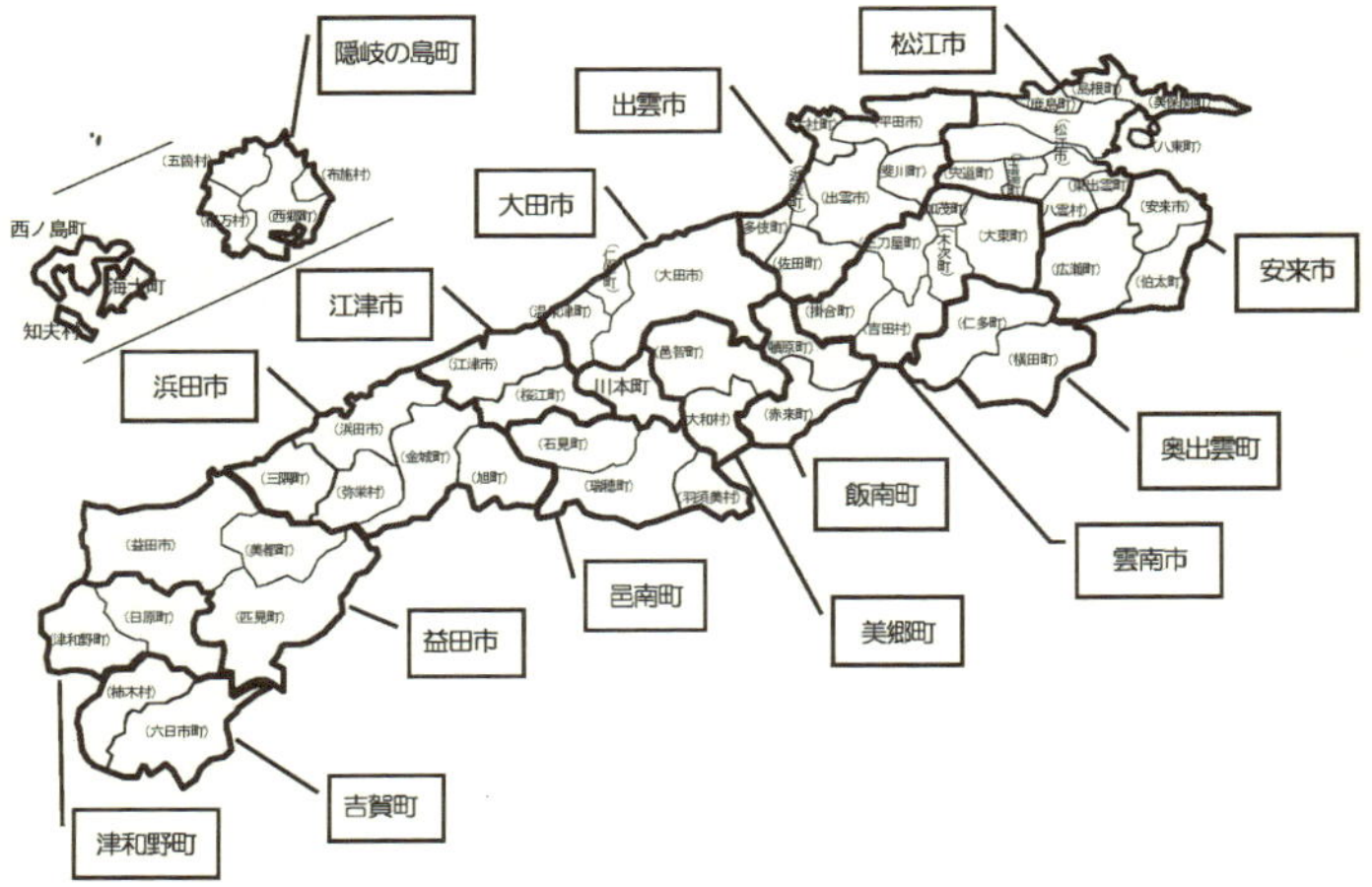

みたように島根県の減少率は67・８％で、全国47都道府県のうち第6位であった。合併の時期はどうか、全国の合併推移と島根県のそれを比べてみると、早い時期、しかも２００４~5年に集中し一気に収束を迎えている。何かの力が一度に動いたことを伺わせる。

「アメとムチ」

全国の動きを見てみよう。前述したように平成の大合併は、１９９９年から始まったわけだが、なかなか進まなかった。１９９９年の市町村合併特例法改正で、財政上の特例など大幅な合併推進策を導入したものの市町村は動かなかった。国はその後、次々と施策を打ち出していく。

２００２年11月に、国の審議会（地方制

島根県・平成の大合併・合併件数の推移

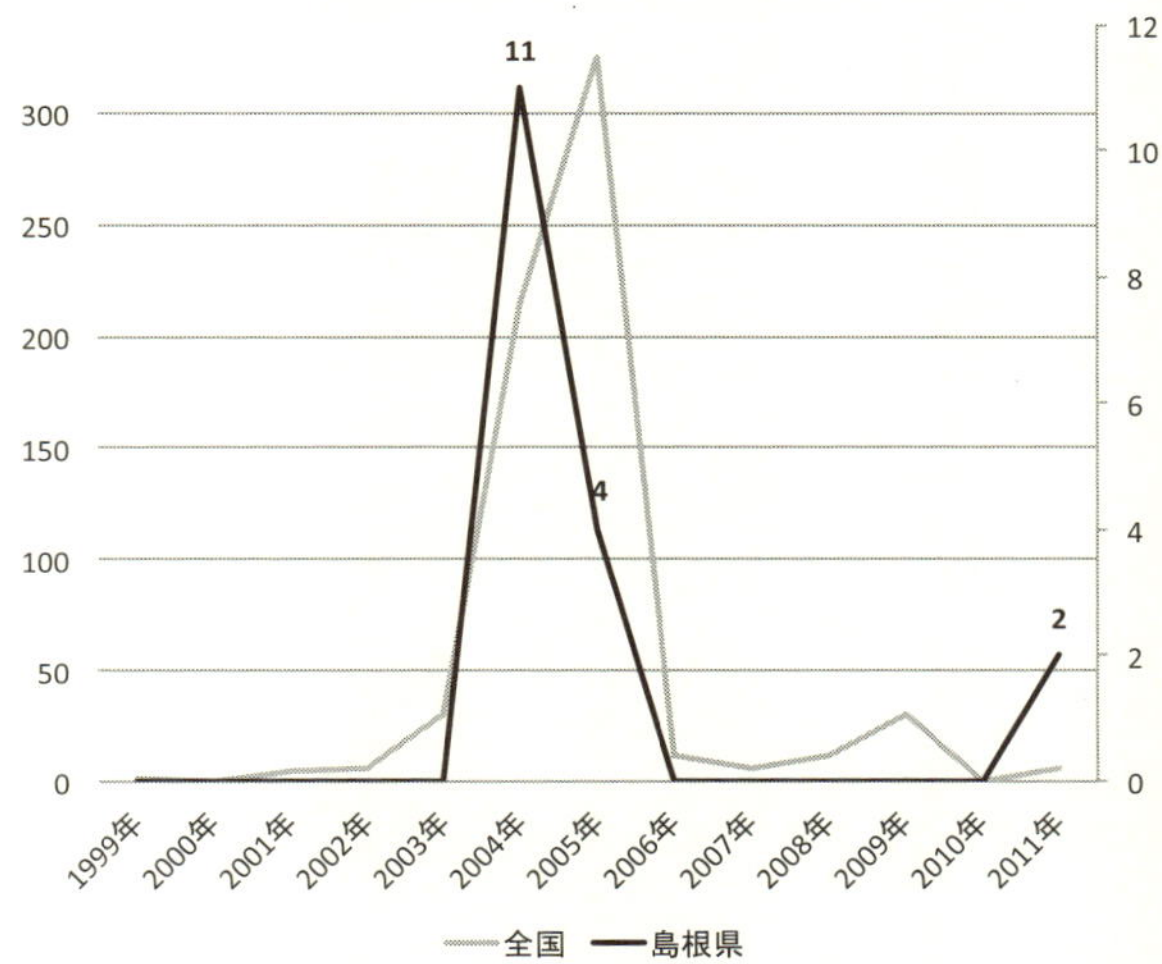

全国の合併件数は左軸、島根県は右軸。総務省データより作成

度調査会）で合併しない小規模町村を窓口機能だけにする（特例町村制）という提案（西尾私案）が出され、2004年3月には新しい合併特例法を国会に提出、さらに同年地方交付税を12％もカットする（三位一体改革）。財政上行き詰った市町村は、合併特例措置の期限が切れる2005年度末を前に合併していった。強烈な、「アメとムチ」による合併策が行われたのである。

しかし、合併の特例制度は合併後の一定期間で切れる(7)。そうなれば、大きく広がった区域を少ない職員で運営しなければならない。当然、住民サービスは低下し、首長や議員も減るので自治の機能も弱まってしまう。県は市町村合併にどのような対応を取ったのだろう。

島根県が発行した「平成の市町村合併の記録」を苦労して手に入れた。県内の市町村合併が一段落した2006（平成18）年3月に、島根県の市町村課が発行したものである(8)。

興味深いのは、この記録にある、当時の澄田信義知事と小林淳一地方課長の文章である。

知事「合併協議が大きな危機に直面した地域もありました。そうした場面では、私自身が、市町村長の皆さんに、直接お会いし、あるいは電話で、地域の将来を見据えて踏みとどまって合併協議を続けることを訴えたことも少なからずありました。」

「県としましても、市町村合併を県政の最重要課題と位置付け、合併市町村交付金や電算システム統合への無利子貸付金、合併市町村間を結ぶ道路整備などの財政支援、また、すべての合併協議会の事務局に職員を派遣するなど、最大限の支援をしてきました。」

（傍線、筆者）

この文章から県が市町村合併を強く要請していたことが分かる。県の合併支援は、国の制度ではフォローできないものであり、合併の障害になる実態を知る立場にあるからこそのものであった。コンピュータシステムは、自治体ごとにメーカーがバラバラであり、統合するとなると大変な費用がかかる。また、市町村の制度は細かな部分でことごとく異なり、どちらかに合わせるのは容易なことではない。当然、対立が生じるわけだが調整するには、第三者である県職員が必要とされていたのである。

もっとリアルなのは、当時、合併問題の直接の担当責任者であった小林地方課長の文である(9)。当初、県内市町村の合併への不信は、相当に強かったことを証言している。

地方課長「（県内の合併への関心は高くなかった）この状況を変えたものが、平成12年12月の…『合併パターン』の作成である。」「県としても水面下では各首長等との意見交換を重ねた。」「県と全市町村が合併をテーマに水面下といえども具体的な議論をしたのは、これが初めてであり、またこのパターンの公表により県民、マスコミ等が合併を現実のものとして感じ始めたのも事実である。」（傍線、筆者）

島根県が出した合併パターンがほぼそのとおりの結果になったことは、この証言からも裏付けられる。島根県の市町村合併は、県の指導によって進んだことは確かである。

ただ、島根県は国の方針にただ従っただけではなかった。国は、平成の大合併の終盤で合併後の旧市町村の姿を想定して、「地域自治組織」を置くことができる制度改正を行った。この提案は島根県発であったことも、小林地方課長は証言している。

地方課長「本件の合併議論が国の制度改正につながったものがある。岩谷義夫旧旭町長は、合併後の旧市町村単位での、いわば地域内分権を制度的に担保するため『自治区』を提唱し・・・特例法等の改正がなされた。・・・国に対して、積極的に提案、発言していくことの好例としても語り継ぐべき事柄である。」

これは、浜田市が合併で採用した「浜田那賀方式自治区制度」のことである。合併した町村に合併後も一定の自治を認めた制度であり、国の制度よりさらに一歩進んだ内容となっている。島根のヒアリングの中で何度も聴いた言葉である。過疎という深刻な地域課題を抱える島根が、合併に当たって国や県に求めた唯一の注文であった、といってよいのかもしれない。

さて、県が主導した市町村合併は、その後どのような結果をもたらしたのだろう。

（５）合併をめぐる自治体の「人とカネ」――市町村で聞いたこと１

合併自治体が抱える大きな課題は、人の配置とカネの使い方といってよいだろう(10)。私は、役場は地域にとって「城」だ、と考えている。町村長という地域代表がそこにいるだけでなく、地域への予算配分もここで行われる。さらに、災害時には司令塔的な役割を果たすことになるので、役場の判断が地域の命運を握るといって過言ではない。

グラフは、訪問した市町の支所、すなわち旧役場の職員数がどのように変化したかを示したものである。合併しなかった川本町と分庁方式という本庁を置かないやり方を採用した飯南町以外は、軒並み５割から９割も削減されている(11)。

島根県で訪問した自治体は、財政運営について比較的健全な運営をしているところが多かった。国は、合併のアメとして合併後の建設事業に百億円単位使えるよう合併特例債というものを用意した。しかし、島根県の合併市町村はその利用には慎重のようだった。ただ、出雲市だけは、庁舎建設や出雲大社周辺整備に４５９億円の合併特例債を発行しており（発行可能額の92・４％）、今後、厳しい状況になると思われた。また、どの自治体も、合併後10年間の合併算定替えの期限が来ることに戦々恐々としていた。合併算定替えは、合併特例債と同じように国が用意したアメだが、地方交付税を合併前と同様に交付する制度である。ところが、この特例期限が切れると国が配分する地方交付税の減額は、当初の予想より相当に多額になるというのである。例えば、邑南町の地方交付税は68億円（２０１１年度決算）から11億円も減少し、益田市では89・5億円から12億円、出雲市では２５２億円から50〜80億円とそれぞれ大幅に減少すると予想していた[12]。

地方交付税は、いくつかの市町村が合体すると減る仕組みになっている。市町村長や議員数など合併すれば少なくて済むと考えられるからである。職員も相当に減らされると想定されており、国が出している地方交付税は安くあがる。総務省はこうして合併によって節約される地方交付税の総額を全国で1・8兆円と試算しているほどである[13]。

会社と違って市町村の場合、合併しても全体の面積や住民数が変わるわけではない。

島根県訪問市町村における支所人員の削減状況

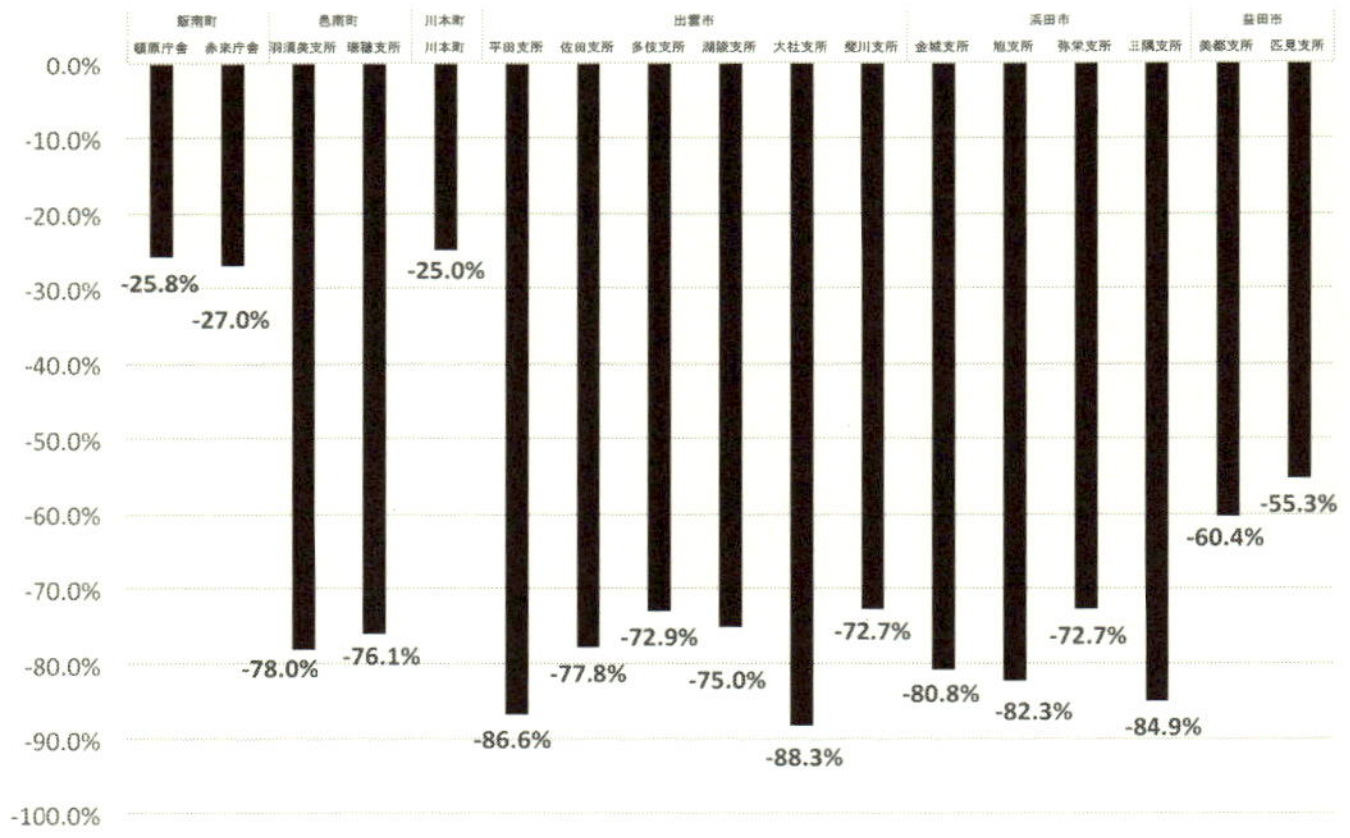

2013 年 4 月時点の人員と合併直前職員数（決算カードより）を比較。飯南町は分庁方式で旧役場は支所でないため総定員減数を単純に 1/2 にした。川本町は非合併であり、2001 年定数と比較した。

にもかかわらず、地方交付税が減額となれば、それだけサービスを落とさざるを得ない。市町村合併によって住民にサービス低下を強いることを国や自治体はどれだけ説明しただろう。２０１５年になって、国は「地方創生」という地方支援策を始めたが、なんというチグハグさか。国民は、国の本当の「顔」を見破らなければいけない。

（6）高速道路の無料化　――市町村で聞いたこと2

島根の各地で伺った話の中から、交通に関することをいくつか紹介しておきたい。一つは、中国横断自動車道が開通した影響である。

松江市と広島県尾道市と結ぶ尾道・松江線のうち、吉田・掛合（かけや）インターと三次東（みよしひがし）インターの間が、２０１３年3月30日に鳴り物入りで開通した。しかも、この区間は料金タダ、無料なのである(14)。

東京周辺では、高速道路ができると「誘発交通」といって、全体交通量が増える。「高速ができたから車で出かけてみよう！」という人が結構いるからである。しかし、こちらではそうはならない。新設自動車道が周辺交通量を奪うかたちとなって、並行して走っている国道54号線の利用が極端に減ってしまった。この高速が飛び越えていく飯南町では、店やガソリンスタンドの売り上げがガタ落ちになっていた。高速道路は無料なので半端な減り方ではなく、観光バスなどもまったく来ない、まるで新幹線が開通した後の、在来線の駅のようであった。

県の総合計画（第2次実施計画）を見ると、道路建設については、作ることだけに視点があるようで、新設による市町村への影響は書かれていない。確かに、島根県は東西交通など多くの不便がある。道路建設を急ぎたいところだが、山が多くて平地が少なく市町村道でさえ高速道路並みの建設費が

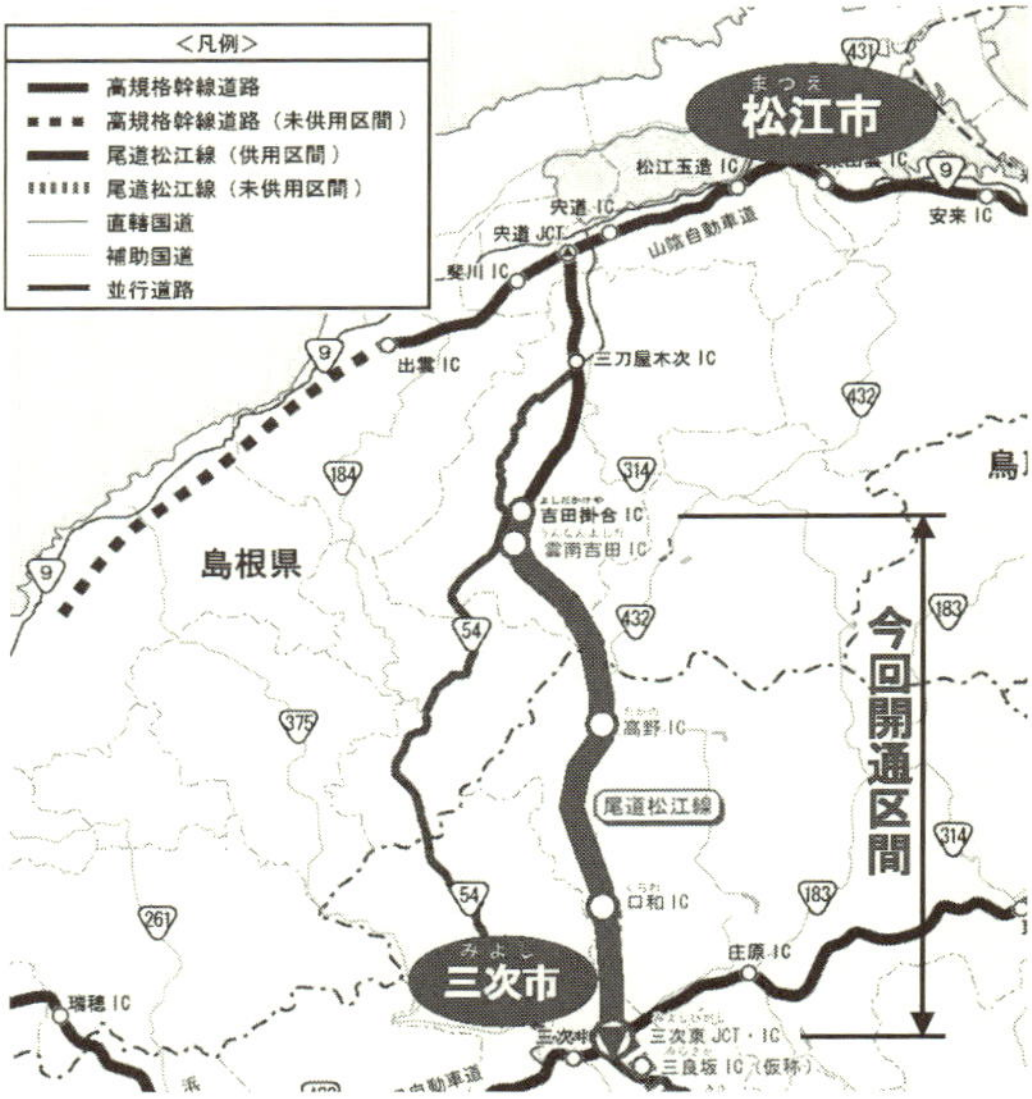

一部開通した中国横断自動車道。西日本 NEXCO より

中国自動車道と並行する国道 54 号線。まったく通過する車がなかった。

かかるという。どうしても国費に頼りがちなるが、そうすると地元の意見は聞き入れられないということになる。しかし、道路ができて地域が疲弊するようでは本末転倒ではないか。

このような地域がある一方で、路線バスがあるために悩める地域もあった。本数が少なく住民の不満が多いので、市町村や自治会がバスや乗り合いタクシーを始めようとすると、そのバス会社が反対するというのである。

これは、道路運送法に基づく地域公共交通会議が壁になっている。この会議は、地域の利害関係を調整するのが目的で各自治体に設置されている。ところが実際には、住民意見が反映されることはほとんどない。運送会社の利益を守って、住民の不便が増すようでは、住民の地域離れを後押しすることになりかねない。地域ごとの裁量を保障し住民の自発性を促すような施策が進められるべきだろう。

（7）復旧と職員不足　――島根の自然災害

山陰地方の自然災害について、触れておきたい。全国的にはあまり大きく報道されないが、島根県は戦後なんども厳しい自然災害にあっている。私が訪れたのも、そんな豪雨の中であった（2013年9月）。昼間なのに暗く、車のワイパー全開でも効かないような状況になってしまう。島根県では、直前の8月末にも豪雨があり、江津市桜江（すぐ近くを通過した！）では、観測史上、最大の降水量を

川本町付近、江の川の支流

記録していた。なんと一時間92ミリ、約10センチの雨であった。

この日の雨のために、島根県は激甚災害指定を受けることになる。しかし、役場で江の川の水位に話が及ぶと、平然と「かつては14ｍのところまできた」と話されていた。島根県では、これまで、ほぼ10年ごとに豪雨と豪雪（昭和38年のサンパチ豪雪）に見舞われている。そのたびに、被災した地域から多くの人々が移住を余儀なくされたといわれている。他県にも当てはまることだが、過疎と自然災害は切っても切れない関係にある。もっとも自然災害そのものはどこにでも起こりうることであって、火山・地震・雪・雨、すべてから免れる場所など日本のどこにもありはしない。

島根県中央部に位置する邑南町では、このとき激甚災害に指定されることになり、本庁に災害対策本部が設置され、豪雨の中、国交省の出先機関からも応援がかけつけていた。ヒアリングによれば、このときの邑南町の災害発生個所は、２０００カ所以上だったという。かつては、職員が自分たちで、災害発生現場に行って測量し図面を引いて復旧工事を見積もり、業者へ

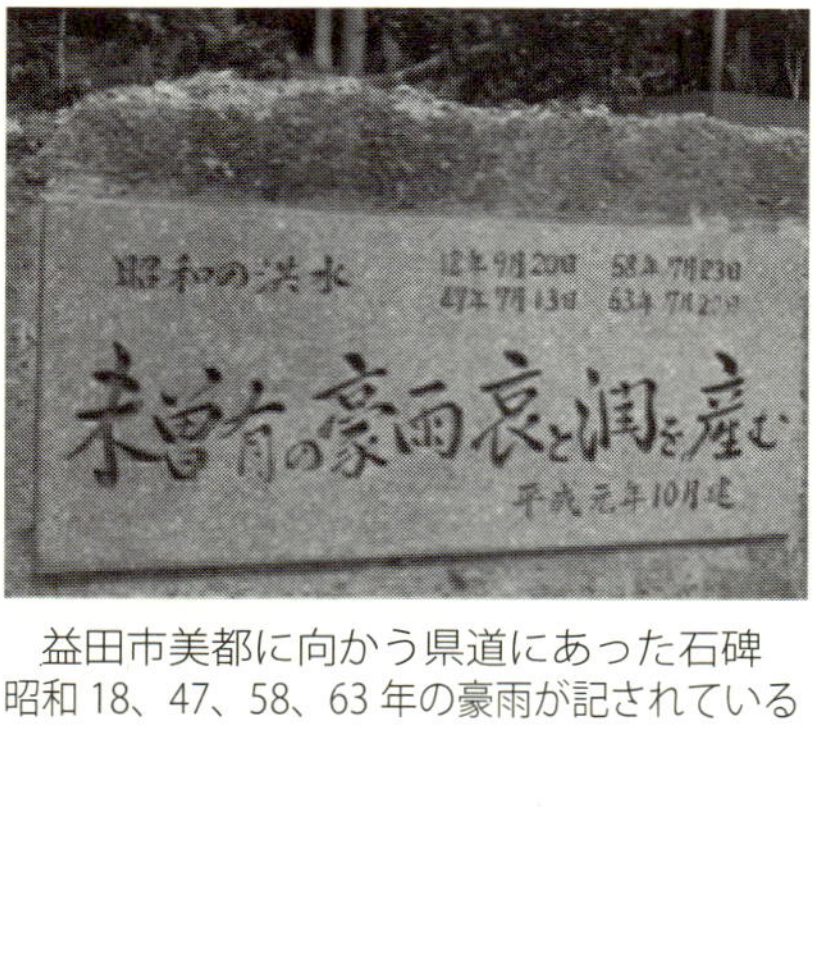

益田市美都に向かう県道にあった石碑
昭和 18、47、58、63 年の豪雨が記されている

豪雨による崖崩れ（浜田市内）

の発注も行っていたそうである。しかし、今は、応援も含めて現場に行って測量するだけで、後はすべてゼネコンなどに外注しているという。災害が起こる場所は、実は、その裏や近辺に、さらなる災害の可能性のある個所、真の原因となった個所などがある場合が多いのだそうである。そのため、単に測量するのではなく、再発可能性を勘案して復旧工事をする必要がある。しかし地形や過去の災害を知っている市町村職員でないとそんなことはできない。

昔のような作業をするには、大変な人手が必要だがそのような人員はもういない。支所の人員は、半分以下である。

北海道で、東日本大震災の際、津波被害を受けたむかわ町で聞いた話がある。津波が来るというので、町職員が一軒一軒訪問しながら避難を呼び掛けていて、どうしても逃げない漁師と言い争いになったというのである。時間をとられ、実際３ｍの津波が来て、危うく死にそうになる。大災害では、市町村職員たちの見えない活躍がある。というのに国は市町村職員の人員削減を求め続けている。

（8）激しい少子化と高齢化　――集落の状況

島根の集落がどのような状況にあるのか、今一度、見てみることにしよう。次のグラフは、県しまね暮らし推進課のＨＰにある資料を加工したものである。

２００４年から２０１０年の６年間に、19戸以下で高齢者50％以上の集落が増えていることがわかる。４０１集落から４５３集落に増えているとされており、６年間に約13％もの増え方である。

私が訪ねた島根県のある集落の国勢調査を調べてみると２０００年から２０１０年の間に、15歳未満の年少人口は81→48で40・７％減、15―65歳の生産年齢人口は３３５→２５８で23・０％減、しかし、高齢年齢人口は維持。地区全体の人口も６７２→５５６、17・３％減と２割近い減少であった。激しい少子化と高齢化、そして人口減少。県が、危機意識を持つのは当然である。中山

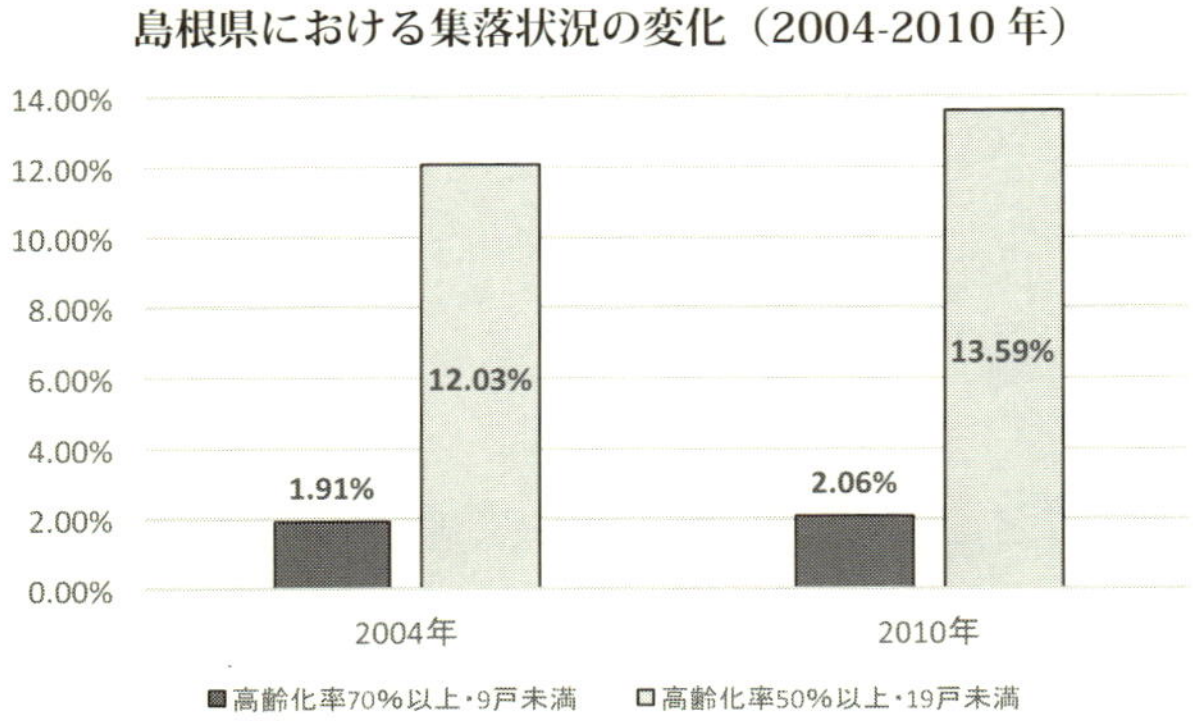

島根県中山間地域活性化計画の表を加工

益田市旧美都町Ａ地区の人口階層

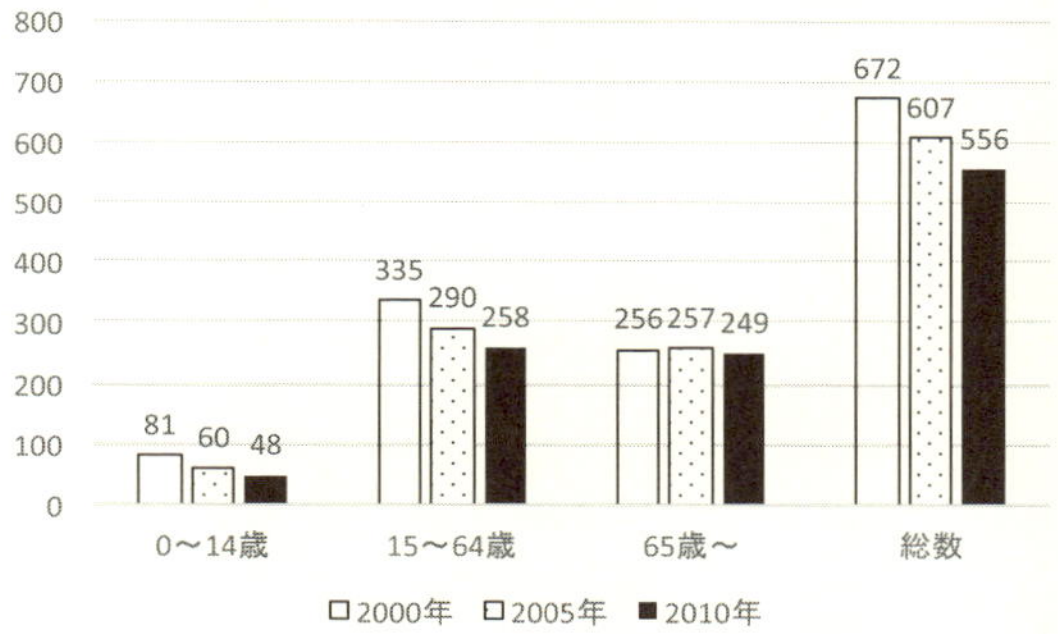

間地域の集落が危機にある、そのことは間違いない。

島根県邑南町・旧羽須美村付近を通った際、偶然見かけた石碑を紹介する。藤社（これで「ふじこそ」と読むらしい）集落の後に建てられた碑である。

「人はみな　一度は過去を
　ふりかえる
　昔の灯影今はなく
草木の下にねむれども
ああ　なつかしき　わが故郷」

(9) どっこい、村は生きている　――浜田市弥栄地区

集落は危機にあるのだが、島根における集落対策は格別と言ってよい。集落が存続できるかどうかは、移住してくる人がいるかいないか、にかかっている。高校を卒業すると、ほとんどの人は地域を出ていき、戻ってくることはない。しかし、古くからの村の対策によって、頑張っている地区がある。浜田市に合併した旧弥栄村である。

最近、集落に移住してきた方に会うことがでた。仮にTさんとしておこう。38歳には見えない若さ、引き締まった身体、精悍な顔立ち。話をしていて好印象であった。

かつては、関西の大都市で看板業をしていたという彼は、お連れ合いと4歳の娘さんと一昨年、移住して農業の研修をしていた。看板業といっても、今の看板業は枠を組み立ててシールを貼るだけで、かつてのように大きな絵を描く技術は必要なく、新しい仕事を求めにやってきたという。農業の厳

浜田市旧弥栄地区・産業づくり事業の経緯（弥栄村の年表）

1973年	弥栄村総合振興計画	・「おむすびより柿の種を」
1974年	役所直営の農産物販売	・野菜の集荷と広島での販売
1978年	農協へ引き継ぎ	・広島市内に支店開設　翌年、支店閉鎖
1979年	村づくりキャンプ開催	・共同体、役場、集落一緒に
1983年	村・「体験農園」整備	・国の農業構造改善事業として
1986年	村・「コンベンションビレッジ弥栄村計画」策定	
1991年	財）ふるさと弥栄村振興公社、設立	
1992年	「若者定住対策事業」	・25年住めば家屋敷地、無償払い下げ
1998年	農業研修制度開始	・村外の若者対策
1999年	「ふるさと交流館」建設	
2005年	浜田市と合併	

弥栄村ふるさと体験村
研修も宿泊も食事もできる。「うずめ飯」はお薦め。

しさは半端でないと言いながら、これからは山作業や大工もやりたいと意欲を見せていた。

弥栄地区は、昔から移住者の受入れに積極的に取り組んできた。弥栄村が、都会人のために体験農園を整備したのは30年も前のことである。そして、「25年間住んだら家も敷地もタダであげる」という制度を20年以上も前に作っている。弥栄村の年表を見るとわかるように、村役場は、数十年も前から広島市で直営の販売所を作ったり、村外者のための体験農場を作ったりと、まだ誰もやっていない時代から最先端の施策を行ってきた。１９９８年以降、村外の若者を対象とした農業研修生の受け入れが行なわれており、これまで14年間で26名もの研修生を受け入れている。平成の大合併で合併した今でも、弥栄支所がその仕事を引き継いでいる。

出版した本
帯に知事推薦とあるように県も後押し

有限会社やさか共同農場

弥栄には、40年も前に、移住者たちが作った農場がある。「有限会社やさか共同農場」であり、２０１２年に毎日新聞社が主催する全国農業コンクールでグランプリを受賞した(15)。40年前、実は彼らはもともと関西の日雇い労働者の支援活動をしていた。当時、いわゆる大都会のドヤ街で暮らし、劣悪な労働条件で働く出稼ぎ労働者は、主要には山深い中国山地からやってきていた。いくら支援を続けても、次から次へとやってくる。「過疎化にブレーキをかける」目的で彼らはこの地にやってきた。村人には当然、奇異に映ったにちがいない。官憲筋の聞き込みもあったという。しかし、彼らは懸命に働いた。近隣の村幹部の家に酒を持って度々訪れては、熱心に自分たちの意見を述べたという話も聞いた。

今では共同農場は、田畑20ｈａ以上の耕作と味噌工場を経営しており、村内最大の企業となった。代表の佐藤隆さんは「地域の人と一緒に行動（協働）することで共同農場の明日がある」(16)と述べている。謙虚さと諦めない気持ちが成功を支えたのだろう。

いつまで続けられるか

問題は、こうした施策が合併した今、いつまで続けられるか、ということである。浜田市では、前述のように旧町村にも一定の自治を持たせる「浜田那賀方式自治区制度」が行われている。自治区長は、副市長と位置付けられ、各自治区には住民代表による地域協議会が置かれている。しかし、合併当初50名いた支所の職員は30名程となり、最終的には20名に減らされる予定と聞いた。給食センターなど旧村内の行政施設も廃止が提案されている。もはや旧村時代のように自由に施策を決められる状況にはない。

自治区制度の胆は「自治区予算」にある、といってよいだろう。旧市町村が持っていた基金を原資とした地域振興基金と合併後の投資的経費の配分枠が、自治区ごとに割り当てられている。旧弥栄村の場合、合併前に20億円近くあった基金の利用方法を合併後も地区で決められること、それこそ地区にとっての最重要課題といってよいだろう。だからこそ、農業研修制度は今でも支所で続けられているのである。

ただ、基金は半分程度に減っており、全国の地域自治区も減少傾向にある。継続できるかどうかは、新浜田市の執行部の意向如何にかかっている、といって過言ではない。

(10) 過疎地域と大都市の高齢化

次のグラフは、島根県のある合併町村の将来人口予測である(17)。今十分に見える人口も、若い人が減っているために急激な人口減になっている。高齢化率は２０４０年に、実に62％となる。人口ピラミッドをみると10年で大きな変化があることがわかる。小学生は、２０１５年で46人が、２０４０年で14人、中学生は7人となる計算である。

今後の人口予測

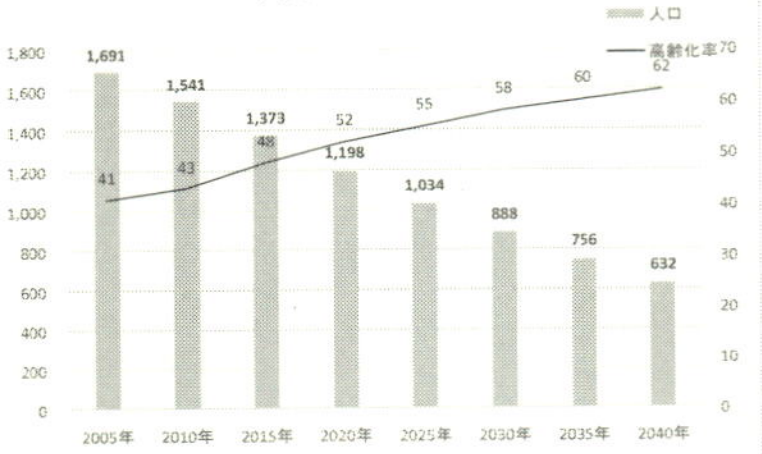

小・中学生人口の将来予測

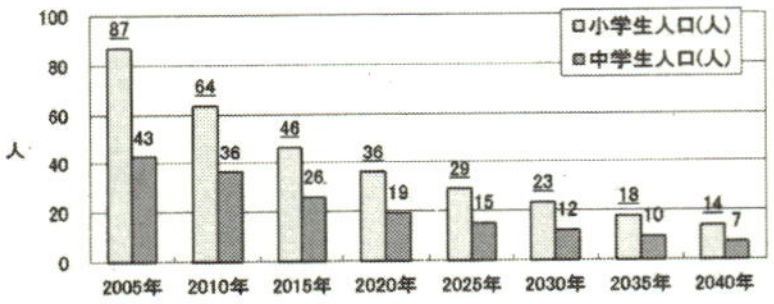

2010 年人口ピラミッド（国勢調査）

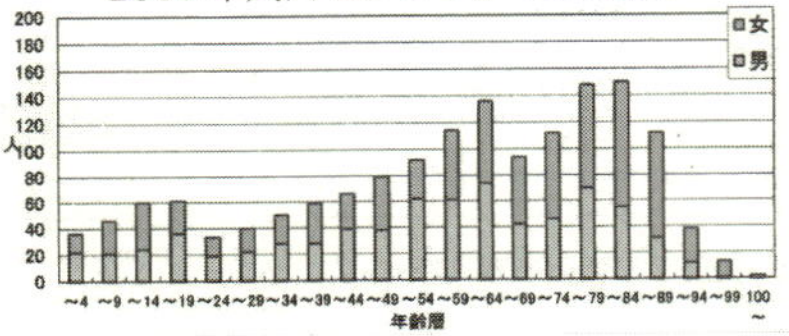

2025 年人口ピラミッド予測

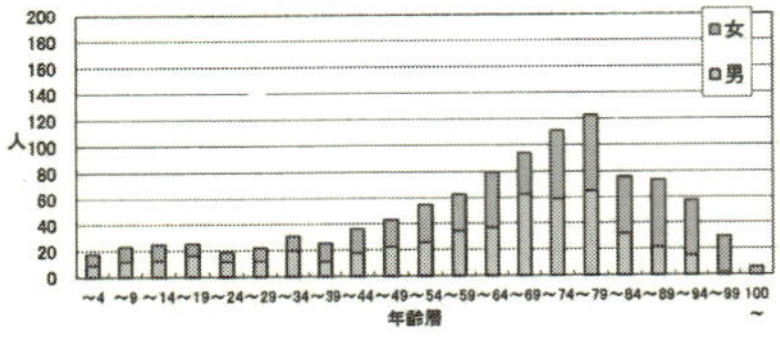

　このようなデータをいきなり突き付けられたら、多くの人は驚くに違いない。平成の大合併のとき、市町

都道府県別の高齢者（75 歳以上）人口の推移

	2010 年時点の高齢者人口（万人）	2025 年時点の高齢者人口（万人）	増加数（万人）	増加率	順位
東京都	123.4	197.7	74.3	+60%	1
神奈川県	79.4	148.5	69.2	+87%	2
大阪府	84.3	152.8	68.5	+81%	3
埼玉県	58.9	117.7	58.8	+100%	4
千葉県	56.3	108.2	52	+92%	5
愛知県	66	116.6	50.6	+77%	6
佐賀県	11.4	14.3	2.9	+26%	43
高知県	12.2	14.9	2.7	+22%	44
山形県	18.1	20.7	2.6	+14%	45
鳥取県	8.6	10.5	1.9	+22%	46
島根県	11.9	13.7	1.8	+15%	47
全国	1449.4	2178.6	759.2	+53%	

出典：厚労省都市部の高齢者対策に関する検討会報告書（2013 年 10 月）参考資料

村の中には、国や県にこうした数値を見せられて合併を決断したところが多いと聞く。しかし、高齢化については東京周辺も同じようなものである。増加人数でみると大都市の方がはるかに大変な状況にあることがわかる。

島根県は過疎であるばかりでなく高齢化の進展も早かったため、対策も早くから進められていた。下の表は、２０１０年の数値を基に、島根県と高齢化対策が遅れている埼玉県とを比較したものである。島根県はすでに高齢者が多いため、医師数、看護婦数、老人福祉施設数のいずれも、埼玉県のそれよりはるかに多く（老人福祉施設数は4倍近い）、備えは進んでいると言えるだろう。考えてみれば、人口減少や高齢化は近い将来日本全国どこでも起こることであって、過疎地であればその対策を早くから始めることができる、ということでもある。

埼玉県と島根県の比較

	2010 年現在				2030 年	
	75 歳以上	医師数	看護婦数	老人福祉施設数	75 歳以上	増加率
島根県	1659.7	25.1	98.1	0.865	2381.0	43.5%
埼玉県	755.3	14.3	48.4	0.228	1945.8	157.6%

県人口を 1 万人として換算。（予測は国立社会保障・人口問題研究所による）

(1) この節および広島の節の参考文献として、小田切徳美編『地域再生のフロンティア』農文協２０１３年、中国新聞社編『中国山地（上・下）』未来社１９６７―８年、中国新聞社編『新中国山地』未来社１９８６年、参照。

(2) 全国過疎地域自立促進連盟ＨＰ　データバンク「平成２６年４月５日現在の過疎市町村（７９７市町村）にかかる人口・面積」より http://www.kaso-net.or.jp/kaso-db.htm

(3) 過疎法の国会審議に参考人として呼ばれた内藤正中島根大学教授は「(昭和) 28年の町村合併促進法に基づ（く）・・・町村合併が行われ・・・かつての旧村・・には役場があり農協があり・・・そうしたものがすべて広域的な形で街のセンターに集められ・・・結果的には、旧村の役場所在地あるいはそこから離れた部落におきましてまず人口減少が起こってくる」と述べている（第61回国会衆議院地方行政委員会会議録53号１９６９年7月23日21頁）。

(4) http://satodukuri.pref.shimane.lg.jp/karute「これを見れば地域がわかる」とある。２０１３年秋から一般にも公開されている。

(5) 過疎債のソフト事業であり70％は交付税措置される。30％のうち２／３は県負担のため、市町村は10％。

(6) 県は２００８年当初、里山プランナー制度という形で集落支援員制度を始め、現在は多くが国の制度によっているという。ただし、市町村によっては過疎債ソフトを活用しているものもある。

(7) 合併特例の一つである合併算定替は10年で終わり段階的に減らされる。合併自治体の多くの期限が２０１５年にピークに達するので、合併した市町村がどう対応するのかが、近年、地方自治の一つの焦点になっていた。

(8) Ａ４版、全体で２１９頁。合併前の市町村の状況や、国と県の合併への取り組み内容、各市町村の合併協議の経過、全国の状況、それに資料として合併に関する県内の新聞記事などが載っている。本庁の県政情報センターにはなく、隠岐支庁から取り寄せなければ見ることができない。

(9) 小林淳一氏は、その後2012年から島根県副知事に就任している。

(10) 一般に、市と町村の仕事の違いは、福祉事務所と都市計画の有無と考えられる。合併によって市になるところした事務が県から移管されることになる。訪問した自治体に市になったところはなかったので、事務の大きな変化はない。ただ、島根県では2008年から町村に対しても福祉事務所の移管が進められており、現在すべての町村に福祉事務所がある。

(11) もっとも川本町は、合併前から人員削減を行っており、総数の削減率は他の市町村と変わらない。

(12) いずれも2011年度決算と、合併算定替えが終了する合併15年後の地方交付税額を比較したものであり、当該自治体から聞いた試算である。

(13) 総務省市町村合併に関する研究会「市町村合併による効果について」2006年3月、41頁

(14) 高速道路の建設にあたり、高速道路会社ではなく、国と自治体の負担で建設される新直轄方式という方法だったため、無料となったと説明されている。

(15) 有限会社やさか共同農場編『やさか仙人物語』新評論2013年。以下の叙述の一部は同書と、代表の佐藤さんの話をもとにしている。

(16) 脚注15、270頁。ちなみに、やさか共同農場の代表は2014年4月から子息の佐藤大輔氏に交代した。

(17) 取材先で入手した資料。

4　分権改革の先進地・広島

(1)　分権のための合併——広島県

広島県は、「地方分権」のために市町村合併を推進した県といってよいだろう。単に、合併の謳い文句として「分権型社会に対応する行政体制の整備」（広島県市町村合併推進要綱２０００年11月）を掲げただけではなく、同時に、県から市町村への権限移譲を徹底して進めた。広島県は、自らこれを「広島型分権改革」と呼んでいる(1)。

広島県は合併によって、13市67町6村、計86あった市町村が、14市9町、計23市町（73・3％減）と三分の一以下となり、村はゼロとなった。普通、基礎的自治体のことを「市町村」というが、広島県に村はないので「市町」という。しかもこれを「シチョウ」ではなく「シマチ」と読むのは、「市長」と区別するためである。

広島県が市町村合併に熱心であったことは、合併時期からも伺うことができる。全国と合併時期を比較すると早い時期から合併を進めたことが分かる。

広島県・平成の大合併・合併件数の推移

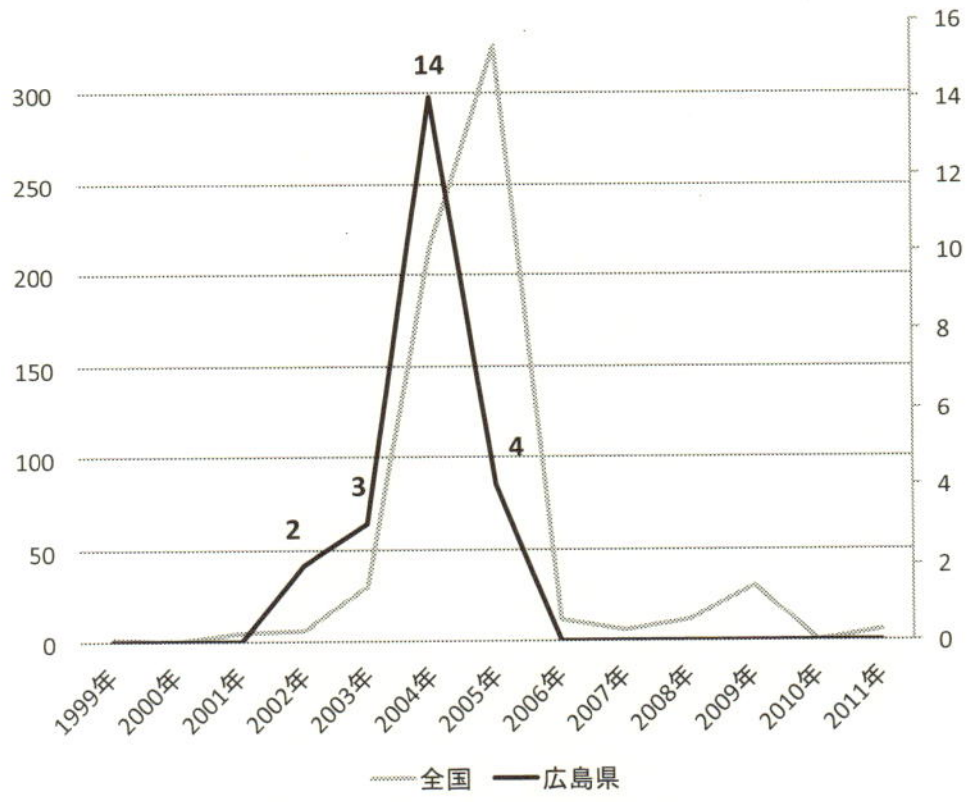

全国の合併件数は左数値、広島県は右数値（総務省データより作成）

「市町村への権限移譲」と「市町村合併」の関係を示した図

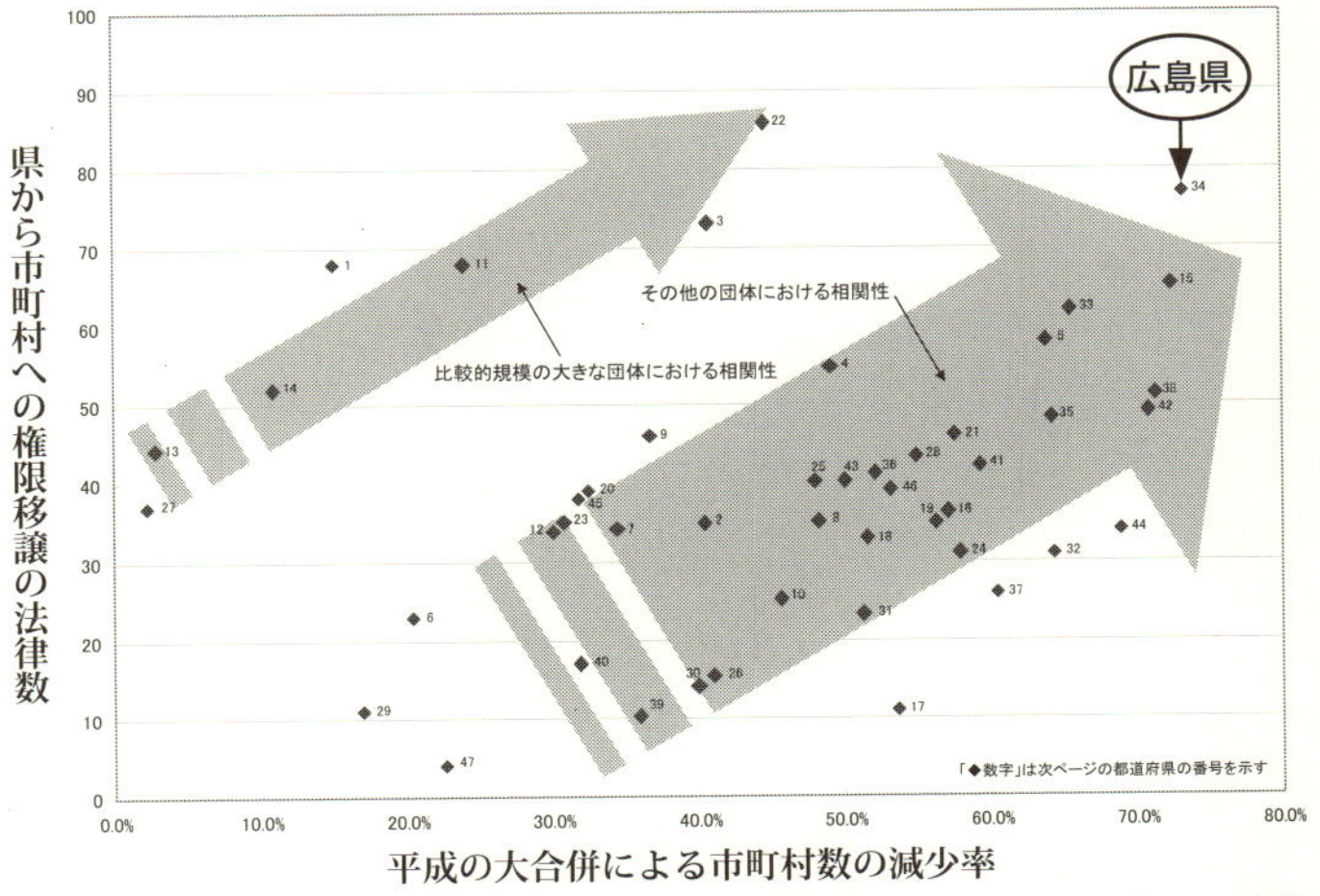

地方分権改革推進委員会・第一次勧告・別紙１（2008 年５月 28 日）を加工（右端、34 番が広島県）

権限移譲についても、普通は都道府県の仕事とされているものの多くが広島県では市町で行われている。例えば、旅券（パスポート）の申請・交付や農地転用許可は、全部の市町が行っているし、福祉事務所もふつう、町村の地域は県が事務所を置いているが広島県ではすべての町が行っている。県道や河川の管理も市町にどんどん移譲している（2014年4月1日までの実績）。こうした広島県による先進的取り組みは国に高く評価され、国はこれを見本としつつ分権改革の一環として2011年に47法律について全国一律に都道府県から市町村への権限移譲が行われることになる(2)。

グラフは、国の地方分権改革委員会が資料として作ったものである。市町村合併の進展と、県から市町村への権限移譲に相関関係があるように見える。このグラフによれば、広島県は合併の進展と権限移譲がいずれもほぼトップに位置付けられている。果たして、広島県は分権改革の優等生と言えるのだろうか。

（2）住民組織が地域を管理する　――川根振興協議会・安芸高田市

地図は、広島県における合併状況である。広島県の人口密度を見ると、瀬戸内海側の諸都市への集中が著しく、山間部は厳しい過疎にあることが分かる。広島県では、山間部の過疎状況にある町村も今回すべて合併した。人口密度が1㎢当り100人未満の庄原、三次、安芸高田といった地区もすべてが「市」、都市になっていることに注意したい。

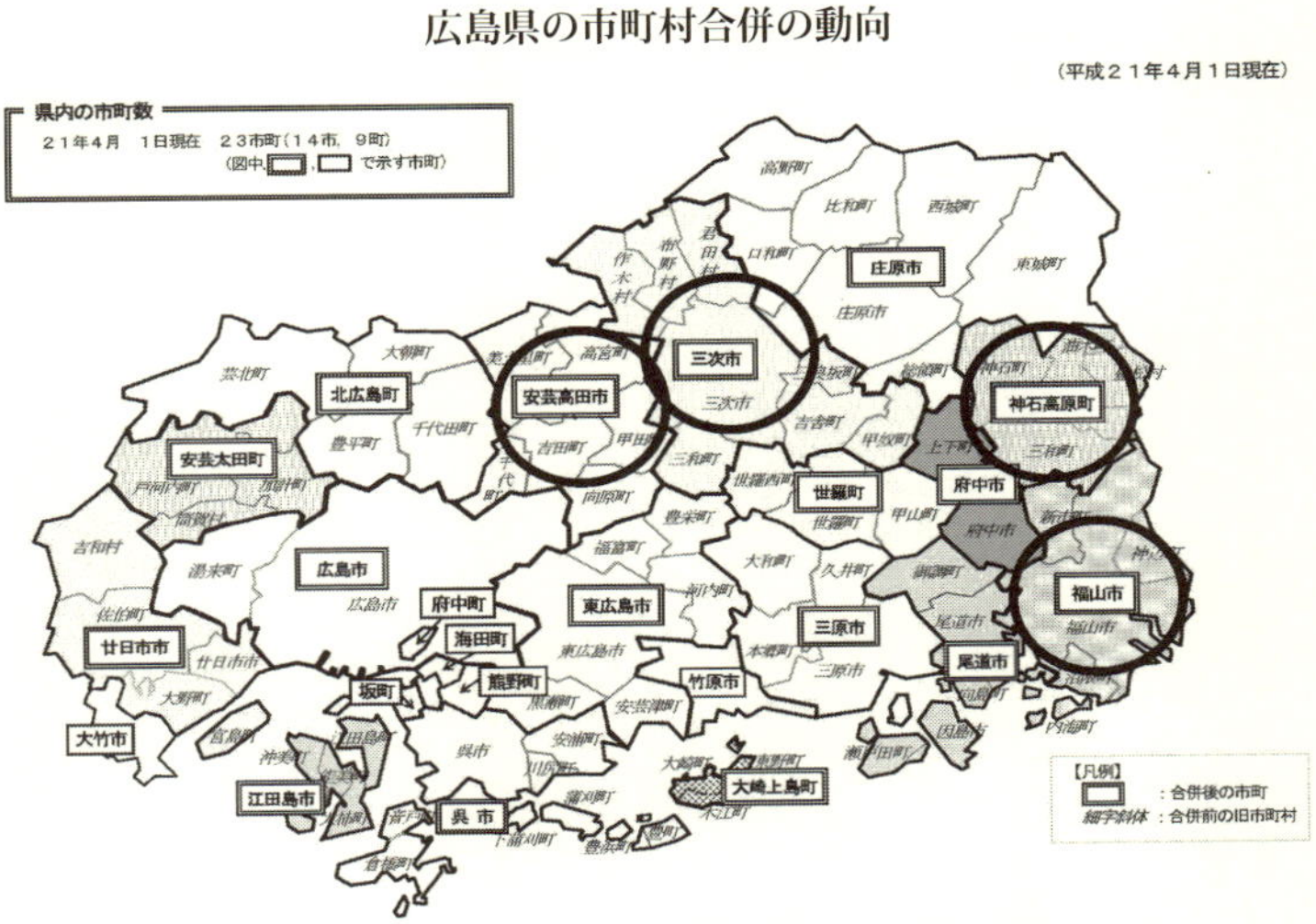

広島県の合併状況、○印が訪問した自治体

県庁で話を聞いた後で、合併した市町を廻ることにした。広島には住民自身によるむら・まちおこしで有名なところがいくつもある。初めに伺ったのは、安芸高田市である。2004年に、吉田町、八千代町、美土里町、高宮町、甲田町、向原町の六つの町で合併している。合併後、市内に32の地域振興組織ができて住民が自分たちで地域の課題を担っている。町内会・自治会とは別組織で、主に小学校単位、大字単位（つまり、明治の大合併前の村）で作られている。

なかでも有名なのが、川根地区の川根振興協議会である。合併前の旧高宮町に8ある地域振興組織のうちの1つで、宿、店、ガソリンスタンド、有償運送事業（タクシー）を経営し、さらに、デイサービスや祭りまで、住民たちでやっているという。もっとも川根振興協議会は、他の地区と違って歴史が古く1972年に作られている。この年の7月、大洪水がこの地区を襲い、復興に尽力する中で地域に定着していったという。1992年に宿泊施設が作られ、1999年には、地域が提案した「お好み住宅」という若者移住のために住宅が建設されている。農協撤退後に自分たちで運営する店（万屋）、ガソリンスタンド（油屋）も2000年から始まっている。

川根地区には、19の集落があり502人（228世帯・2013年4月1日現在）が暮らしている。高齢化率は43・0％。協議会が運営する宿・川根エコミュージアムは、廃校となった中学校跡を作り直したもので、運動場だった中庭には演奏

左：川根エコミュージアムの庭、右：協議会のガソリンスタンドと店

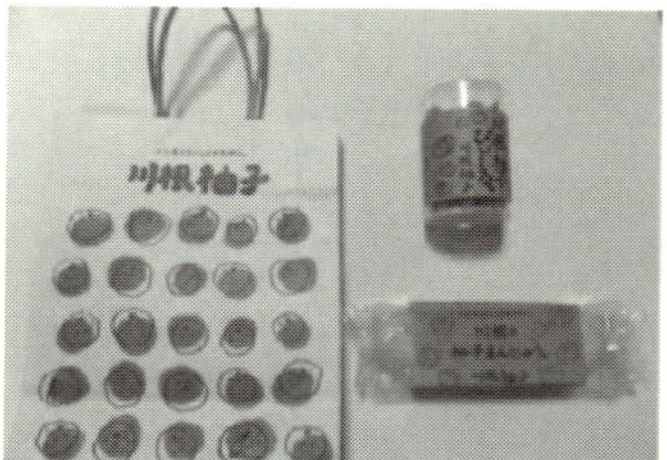

ゆずの加工工場と　ゆずの加工品（ゆずのピール、まんじゅう）

会や演劇ができるステージがあった。ゆずの加工場もすぐそばにあり、協議会の兄弟分の川根柚子協同組合が経営している。

川根振興協議会が行うタクシー事業（有償旅客運送事業）は、協議会のメンバーが代わり番で、運転手となってお年寄りたちを送迎する事業である。川根地域内なら１００円、それでも月平均５万円の利用がある。住民の足として定着しているといってよいだろう。ちょうど、私が視察している間にも、郵便局に送ってもらっていたおばあさんたちがいた。

同じような動きは他の地域にもあって、同じ安芸高田市旧美土里町にある生桑（いけくわ）振興会でも、２０１２年１月に店とガソリンスタンドをオープンさせた。ただ、実際の運営は難しく、店の方はコンビニと提携することになり、２０１３年４月にヤマザキショップとして再オープンしている。やはり、どの地域でも同じような運営ができるということではないようである。

ただ川根振興協議会も今、大きな曲がり角に立っている。市が川根地区にある小学校の廃校を提案しているのである。以前から計画があったものの、ついに統合準備委員会が設置されることになった

美土里町生桑地区の店「ふれあい市」。左が店。右が GS。

左：川根小学校、右：若者定住促進住宅（お好み住宅）

（２０１４年１月現在）。計画は、旧高宮町にある３校の小学校１つに統合するというものである。川根地区にある小学校には、２６名の児童がいるがその多くが若者定住促進住宅（お好み住宅）から通っている。統合されれば子どもたちは離れた学校にバスで通学することになる。何のためにここに住むのかという話になりかねない。

国は、児童数の減少に比べて学校数が減っていないことを問題にする(3)。しかし、地域において小中学校の存廃は、地域経営の根幹に関わっている。学校を廃止すれば地域が消滅する可能性さえある。学校統廃合は地域のもっとも重大な政治課題といってよいだろう。

（3）合併市としての安芸高田市

前述のように安芸高田市は、２００４年３月に六つの町が対等合併してできた市である。吉田町が中央にあるので、ここに新しい市の庁舎ができており、第二庁舎と「クリスタルアージョ」という市民ホールが新設されている(4)。

市の出先機関のうち、旧八千代町と旧高宮町（川根地区がある）の

安芸高田市役所
ピカピカの建物が
「クリスタルアージョ」

庁舎に寄ることができた。いずれも旧役場を利用したもので、施設は立派だがなかはガラガラ。職員は、八千代庁舎には7名、高宮町には8名しか配置されていない。議会や行政委員会もないので来庁者も少なく、周辺には事業所や飲食店もない。

５つの支所には、２００８年までは地域振興課、市民生活課、業務管理課の３課があったが、２００９年の制度改革で、すべて廃止し住民窓口だけ、となっている。５支所全体で１１２名いた職員は約三分の一の39名（２０１４年１月現在）である。

直接的な原因は、合併後10年が経過し合併特例措置の合併算定替えが減り始めるためである。安芸高田市では、合併前の試算では、地方交付税の減少は23億円だったそうだが、最近、再試算してみると32億円になったという。市の地方交付税総額が約96億円、じつに

旧八千代町役場と内部、

旧高宮町役場

1／3も減少するというのである。収入が減るので職員数を減らすしかない、ということである。住民活動の基盤である地域振興組織にも影響があるかもしれない。振興組織全体に、市から補助金として年間約4,200万円でているだが、どういう議論になるのだろう。

(4) NPOがガンバル　——三次市旧作木村（さくぎむら）

かつて「過疎を逆手に取る会」という住民団体が名を馳せたことをご存じだろうか。代表だった方は作木村の住民だった。平成の大合併で作木村は三次市に合併している。どのような状況にあるか訪ねることにした。

最初に地区のことを少し紹介しておくことにしよう。安芸高田市の川根地区から、旧作木村に向かっていくと迎えてくれたのは、江の川（ごうのかわ）であった。島根県に伺った時、恐ろしいほど増水していたあの川である。この川は、広島県を源流として、島根県を通って日本海にそそいでいる川なのである。川であるにもかかわらず、ここには「港」という地名があり古くから交通の要衝であったことを物語っている。今では「道の駅」ならぬ「川の駅」があり、ここが住民活動の拠点の一つとなっていた。

「江の川」は大変な暴れ川で、いわゆる「47豪雨」（1972（昭和47）年の豪雨）では、この地区に死者を含む大変な被害をもたらした。出水高（川の水量増水）は、作木村では6・9メートルを観測し、堤防はおろか山際近くまでごっそりと流されたという。その後、国、県、村は、一体となって、以前には行われたことのなかった周辺の土盛り（嵩上げ）を行う。13年の歳月と53億円の費用をかけ、作木村港地区は見事に復興を遂げている[5]。

さて、今回の訪問目的は、合併後の様子を聞くことである。最初に伺ったのは三次市作木支所、旧作木村役場である。支所の前に、作木村の閉村碑と村の歴史を示す碑がある。旧作木村役場には、合併前55人の職員がいたが合併してすぐに17人になり、今は8人になっていた。

ほぼ完全に窓口だけの機能となり、係は「地域づくり係」という何でも担当する係が一つだけ。

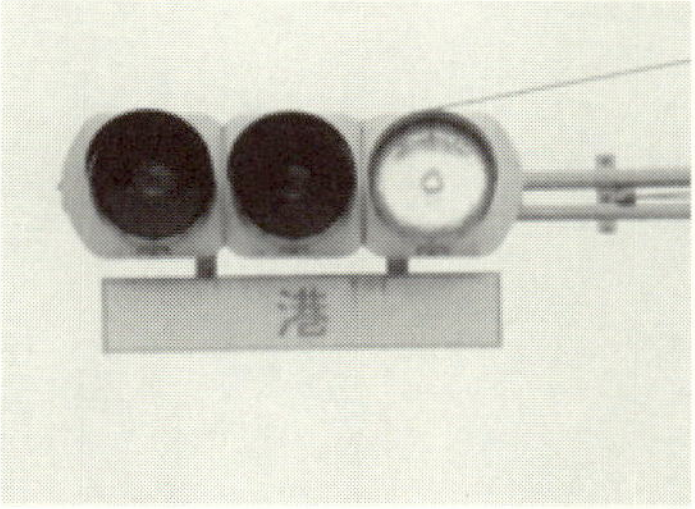

上：静かな江の川、中：港の信号機、下：川の駅・常清（じょうせい）

左：江の川・沿岸の復興した家並み、右：47豪雨当時の作木村港地区（三次河川国道事務所ＨＰより）

住民が申請と証書の受け取りの二度、支所に行くこともあるという話であった。合併した途端に、旧役場を窓口だけにしたというのが、三次市の合併の特徴といってよいだろう。前述した島根県浜田市弥栄地区と比べると違いが顕著である。人口はどちらもほぼ同じ（弥栄地区１５００人程度、作木地区１６００人程度）だが、作木支所は職員32名、農業研修生の受け入れ事業など独自事業も行っていた。こちらでは地域内の集落の把握さえ、支所としては行っていなかった。

ふるさと信託機構構想

作木支所を後にして、ＮＰＯ法人ひろしまね、のＡさんにお話を伺った。市民活動家として全国を飛び歩いている有名人である。Ａさんの活動は１９７０年代の作木未来会議からのことだそうで、その後、過疎を逆手に取る会、わかたの村、などなどと、どんどん活動域を広げておられる。「ひろしまね」という名称で分かるように、このＮＰＯは広島県と島根県にまたがって活動している。今目指しているのは、「ふるさと信託機構構想（仮称）」だという(6)。人口減と高齢化とともに、山林の荒廃がひどく、もう親族でさえ山林など

左：作木村の碑、右：現在の作木支所、中央の車は私のレンタカー

土地の境界が分からなくなってきているというのである。家屋だけではなくて山林も信託できるようなＮＰＯが必要だという主張であった。合併によって地域に自治体がなくなり、農協もなくなって地域経営を考える組織がなくなってしまった。そのために、町内会・自治会とは違うもう少し大きな住民組織に法人格を与えて地域運営を担ってもらうべきだ、という意見がある[7]。地域組織の必要性は、切実さを増しているということなのだろう。

　ところで、作木地区の特徴はかつて行政が行っていた多くの事業をＮＰＯに委ねていることである。ＮＰＯの名前は「元気むら・さくぎ」。

　ＮＰＯ法人「元気むら・さくぎ」や三次市の資料によると、三次市から指定管理者制度によって委託されている施設は、川の駅・常清、グループホーム、冬季限定宿泊施設、カヌー公園、常清滝（観光名所）周辺管理など7施設におよぶ。そのほかにも配食サービスなどの地域支え合い事業、過疎地有償運送事業（さくぎニコニコ便）などもこのＮＰＯが行っている。ＮＰＯの正規職員は15人、臨時職員も17人（ボランティア運転手除く）いて、市の作木支所の職員数よ

左：川の駅・常清（じょうせい）にある「元気むら・さくぎ」の事務所
右：NPO が管理するカヌー公園

り多い。予算規模は、なんと1億円を超えている(8)。ＮＰＯが作成した資料には「新たな公共を担う」とあるが、支所はいまや「窓口だけ」であり、公共的機能が行政からＮＰＯに移っていると言って過言ではない。

ところが、２０１３年11月、さくぎニコニコ便で不幸な事故が起きてしまう。事故で運転手さんが亡くなり、乗客はドクターヘリで運ばれた。しかし、ＮＰＯはこの後も事業を継続することを決断している。一方、国は補助金の返還を要求するという(9)。国は地域住民の交通手段を奪おうというのだろうか。地域の公共性とは何なのか、誰が担うべきなのか、を考えさせられる事態である。

(5) 三次市の合併

三次市は、２００４年に8市町村で合併している。面積は７７８平方キロ、というので東京23区より広い。人口は約5万6千人である。

三次市の中心市街地を訪れて驚いたのは、あちこちで大きな建設工事が行われていることであった。市の本庁舎も東館はそのままだ

北西端の旧作木村から東端の旧甲奴町
（こうぬちょう）まで車で２時間半くらい

が、本館の方が建設真っ最中であった（２０１４年1月現在）。

続いて三次駅前に行くとここも工事中。さらに調べてみると、この他にも１０００人を収容できる市民ホール、美術館、さらに、少し離れた三良坂駅前も土地区画整理事業を行っていた。

三次市のホームページから中心市街地の整備方針を見ると、市街地全体で大掛かりな工事を行っていることが分かった。

いま全国の自治体が、公共施設を整理統合する話を進めている。人口減少時代に突入し、維持だけでも大変な時代になったからで、２０１４年になって国も公共施設管理計画の策定を自治体に要請した[10]。三次市は、どうしてこのような大規模工事ができるのだろう。

もちろん、市町村合併による合併特例債である。聞くと、合併で発行が可能となった合併特例債は、２６１億円でこれまでに88％を使ったという。２００億円以上となるわけだが個別の事業費は教えてもらえなかった。三次市は、確かに中国地方山間部の中心地域である。島根県中南部の飯南町でも、南側の住民は三次市へ通院する人が多いといっていた。２０１０年の国勢調査によれば、三次市の昼夜間人口比率は101・6で、周辺部から通勤・通学する人が多いことが分かる。しかし、中心部だけに投資するようなことになれば、周辺部はさらに疲弊することになりかねない。

中心市街地にかかる事業費をインターネット上で調べてみると、新市役所建設25・7億円、市民ホール39・7億円、JR三次駅舎5・5億円、駅南北通路5・7億円、その他駅周辺整備事業に約50億円を使っており、100億円を遥かに超えている。このうち特に駅前周辺の開発については、多くの問題があるように思える。駅舎や駅前開発の費用は地元自治体持ちであるにもかかわらず、肝心の列車については増発の予定がなく利用者が増える可能性はほとんどない[11]。周辺地域の交通弱者のことを考えるならバス路線の見直しや自家用旅客有償運送の利用を考えるべきではないだろうか。

上：三次市役所東館
中：工事中の三次市役所本館
下：三次駅前の工事（交通センターあたり）

（６）４町村合併のまち——神石高原町

私の２０１４年の広島訪問は、広島県の県庁所在地である広島市を出発して、中国山地の方へ向かい、最後は福山市を訪ねるという道のりであった。広島市は人口約１２０万、福山市は50万人近くなので、人口約２９０万の広島県はこの二大都市に人口の約６割が集中している。車で行って驚いたのは、島根県境に近い三次市から広島市まで１時間程度だったことである。地形上も急峻な山が少なく道路も作りやすかったのだろう。

三次市の次は、２００４年に油木町、神石町、豊松町、三和町の神石郡の４町村が合併して、人口１万人になった神石高原町（じんせきこうげんちょう）である。平成の大合併において「人口１万人」は、特別な意味を持つ。国が示した通知で人口１万人未満町村の解消が目標とされ、特例町村制度という窓口だけの自治体となることが議論された時も、小規模自治体の具体的な意味は人口１万人未満と考えられたからである(12)。４町村は、合併によって目標値をクリアした。

合併前の４町村は、財政上極めて厳しい状況にあった。合併した２００４年度の決算を見ると歳入総額が１４６億円にもかかわらず地方債残高は２１３億円、財政力指数は０・18であった。実質公債費比率は18％を超えると借金をするのに県許可が必要となるが、町は２００７年度のデータでも21・６％と県内最悪の数値であった(13)。町は合併後、町資産を売却し公共施設のほぼすべてを指

左：団地の家並み、薪ストーブの煙突も。右：近くには、来見（くるみ）小、中学校と保育所がある

定管理者制度によって委託する。職員数も２２８から１８０に減らし事実上、58歳定年制度を導入したという。

集落支援員制度と地域おこし協力隊制度

この町の特徴は、積極的な集落支援と国制度である集落支援員制度や地域おこし協力隊制度の大胆な活用である。小学校単位に自治振興会（集落は２１８というので平均7集落に1自治振興会）という住民組織が31あり、それぞれに１００万円単位の助成を行っている。集落支援員は、大半の自治振興会にいて振興会の活動を支えている（報酬については国から特別交付税で交付される）。広島県内の市町では、集落支援員制度の活用がほとんどないので珍しいことである。

町内に、都会からやってきた若い人たちが一戸建ての家を建てている場所があるというので、その場所を訪ねた。名称は「星の里・いせき」という住宅団地である。あまりにも売れ行きがよく当初より少し増やしたほどだという。80区画だが斜面地もあるため、実質72区画だという。そのうち58区画が売約済みで10区画が契約進行中というので、ほぼ完売といってよいだろう。

売却条件は、定住と町内会加入。さらに外壁からの距離など建築内容を定めた団地協定にも入ることが条件になっていて、結果として景観は一定程度、保たれるようになっている。関西からも、購入希望者があったという。

なぜ、好評なのか。それは、なんといっても安さにあると思う。土地代は100坪程度で、約300万円。仮に40坪の建物を建てるとしても2000万円程度だという。しかも、住宅建築費用に町から補助金（100万円上限）が出て、木材は無償提供される。さらに15歳未満の子どもがいると10％割引。おまけに、すぐそばに、小学校、中学校・・保育所もある。至れり尽くせりといってよいだろう。この住宅団地は、福山市の中心部まで車で40分程度のところにある。実際、購入者はこれまで福山市に住んでいた人、福山市に通勤する人が8割に達するそうである。

この場所は、土地はもともと町所有だったようであるが、開発は民間業者に委ねている。川根の若者定住促進住宅の現代版とでも言えようか。ただ、東京郊外のニュータウンの多くは今、高齢化と人口減少で存亡の危機に立たされている。開発による一挙入居は、一斉高齢化を起こす原因ともなり課題もある。

（7）崖の上のポニョ　――鞆の浦

最後の福山市は、市町村合併とは異なる課題で伺った。鞆の浦埋立て架橋問題のその後の状況を

上：鞆の浦の港湾
下：黒枠の中が、市の埋め立て計画案（いずれも市 HP より）

聞きたかったのである。

鞆(とも)地区は、福山市の南に位置する港町である。人口は５０００人弱、昭和の大合併で福山市に吸収合併されており、それまでは鞆町という独立した町だった。歴史的な遺産がたくさんあるこの町の港には、半世紀も前から埋立て橋を架ける計画があった。反対が

左列上：常夜燈（じょうやとう）、下：路地「民芸茶処」がある

右列上：雁木（がんぎ）という階段状の船着き場、中：高台の右奥が船番所か？中：メインストリート、下：坂本竜馬ゆかりのいろは丸展示館

あって進まなかった計画が、２００４年羽田新市長が当選して動き出す。そして県が埋立免許を出したため、２００７年住民たちはその差止めを求めて訴訟を起こす。２００９年10月、広島地裁が画期的な判決を下す。住民の景観権を認めて県の埋立を差し止めたのである(14)。

私は、うかつにも広島地裁の判決がでた段階で港の埋立てと架橋の話は終わったと思っていた。市のホームページを調べると、中止や見直しの記述がまったくなく、計画がそのまま載っている。そこで、市と住民からそれぞれ話を聞こうと考えたのである。

結論を言うと、市と住民は対立したままであった。判決の後、推進派と反対派がそれぞれ参加する協議会（鞆地区地域振興住民協議会）が置かれ、２０１０年から12年まで都合19回話し合いが行われたのだが、成果はなかった。協議会には仲裁者として東京の弁護士らが加わっていたのだが。知事が代わったことも一因のようである。しかし、市は開発するという姿勢をまったく変えておらず、反対派住民と話し合うつもりもない。住民側は市と話し合う姿勢を見せているが、反対の意思は変えてはいない。膠着状態なのである。

騒動のあるこの町が宮崎駿のアニメ「崖の上のポニョ」のモデルになったこともあって、福山市鞆(とも)地区はどのような場所なのか、見ておきたかった。

鞆町は、瀬戸内海のちょうど真ん中あたりに位置しているため、昔から船が潮の流れの変わるのを待つ港として栄えたところである。船宿という卸問屋や、歴史に登場するような人が会合した場所が残っていて、今では観光客が年間２００万人近くも訪れるような観光地となった。ただ、山が

住民による修繕例。住民たちの努力で66軒もの修繕を終えたという。

港のすぐ近くまで迫っていて狭隘な土地に古くからの建築物があって、道路は細く曲がりくねっている。

鞆の町を歩いてみると、その景観の素晴らしさはすぐに分かる。常夜燈、雁木、船番所、波止場、焚場（船の修繕を行う場所）、この５つが、近世港湾の五点セットだそうで日本には他にない、のだそうである。街並みも素晴らしい。

あの坂本竜馬は、鞆の浦近くで沈没した「いろは丸」に乗っていて、紀州藩の大型船と衝突、その後、賠償問題で活躍したという。明治維新の前に、都落ちした三条実美が立ち寄ったという家もある。訪れて深い歴史を知る面白さが、この地のもう一つの魅力なのだろう。

ところが、これらの歴史的建造物の存続が危ぶまれている。国の重要伝統的建造物群保存地区に指定される資格が十分にあると思われるのだが、指定されていない。市の権限なのでおそらくダメなのだろう。国の重要伝統的建造物群保存地区に指定されている埼玉県川越市は、今や「蔵の町」として有名で年間６５０万人も観光客が来る大観光地であるが、かつては、蔵の存続を巡って市と住民が対立していた。市が都市計画決定した道路の拡幅部分に蔵が建っていたからである。当時は観光客もほとんどいなかった。それが、地域住民や東洋大学の教員たちの運動によって、覆ったのであった。歴史的建造物の存続が進めば、鞆の浦の観光客はきっとまだ増えることだろう。

（8）道州制――広島県が目指すもの

この節の最後に、今一度、広島県が目指す分権改革と県のあり方を検証しておきたい。

広島県は２００４年に分権改革推進計画を策定し、独自の「広島型分権システム」を進めてきた。それは、市町村合併と市町村への権限移譲、行政事務の民間開放、そして関連する県の行財政改革と国への制度改正提案という５本柱によって構成されていたといってよいだろう。県の２００４年の分権改革推進計画では、最終的に道州制を目指すことが提案されており（56頁）、これらの主張は、国・総務省が通知や地方制度調査会答申、研究会報告で述べてきたこととほぼ一致する。広島県は、実態としても市町村合併や市町への権限移譲など全国トップクラスの実績がある。その意味で、広島県は国の優等生的存在であったと言ってよいだろう。

しかし、これまで見てきたように結果として様々な問題が生じている。県は市町に対して、住民生活に密接な行政サービスをすべて委ね、自己決定・自己責任を求めている（広島県総合計画「ひろしま未来チャレンジビジョン」２０１０年）。合併によって「広島県人口の９割以上は市に属する」（県分権改革推進計画２頁）ようになったことがその根拠のようである。調べてみると２０１４年４月１日現在、全県民の93・７％が市に住所がある。ただ実態はこれまでの町や村であったところを合併で「市」

としただけのことである。実際、合併前（１９９９年）には７７・９％が市人口の割合であって、市の人口そのものが急激に増加したわけではない。いわば「張りぼて」の市である。中心部の市や町に行政のすべての責任を委ねるのは、県責任を放棄することになるのではないか、と心配になる。

　市町への権限移譲は、これまでにない規模・内容である。県は、国からの権限移譲と分権改革に備え、徹底した減量化を図ったということのようである。県が行った検証では、住民からの評価は、旅券（パスポート発行）や農地法（農地転用許可）などは評判がよい。それは、県の出先までいかなくとも市役所で済むので便利、ということだろう。

　しかし、市役所や町役場からの評価は「どちらともいえない」が圧倒的で、県からの交付金は市町の支出実額に比べて圧倒的に少額だといっている。私のヒアリングでも、権限移譲の評判は悪かった。例えば、美容院の許可事務など年に一件もないこともあるのに、担当職員の配置と職員の研修が必要とされるという。わずかに景観行政や都市計画の権限移譲は、効果があるはず、ということだったが、実績は上がっていない。市町側に実態を聞くと、職員数の減少で事務をこなすのに精一杯だという。市町で独自の判断をするには、住民意向や現場調査を積み上げて独自の基準を作る必要があり、人と時間がまったく足りない、というのである。

　県は、合併と権限移譲に合わせて、県組織の改革も行っている。７つあった県の総合出先機関（地域事務所）を２００９年３月末で廃止してしまう[15]。さらに、市町村課や地域振興課といわれる県内の市町を担当する部署人員の大幅削減を行う。結果はどのようなことが起こっているか。県の担当課が予算を付けた住民生活支援のためのあるモデル事業が3年予定のところ2年で廃止となっている。申請する地区、団体がなかったのである。一般に、こうした事業は事前に地域のことを調べ、一定の予測をして予算化するはずなのに。県内各地で行う市町担当者を集めた会議も、地域事務所がないので役場を転々と換えながら行っているという。市町の担当者からは、県庁職員に対する同情の声が聞かれた。

ところが、最近になって県は方向を変えたかのようである。知事は道州制を言わなくなり、2013年10月には、中国地方で最後となる「広島県中山間地域振興条例」を制定し、中山間地域の振興について総合的な計画を策定する、という(16)。分権改革の見直しは、始まっているのである。

(1)　広島県の正式文書には次のような記述がある。「県では、平成16年に『分権改革推進計画』『第二次行政システム改革推進計画』『第二次中期財政運営方針』の3計画からなる『分権改革推進プログラム』を策定し、全国に先駆けて、『基礎自治体優先の原則』の下、市町村合併の進展に併せて積極的に権限移譲を推進するなど、既存の制度を前提としない、地方分権改革のあるべき姿を目指した『広島型分権改革』に取り組んできた。」(「今後の地方分権改革の理念と方向に関する提言」広島県総合計画審議会2009年11月25日)。

(2)　2007年、第一次安倍内閣の下で設置された地方分権改革推進委員会（丹羽宇一郎委員長）の第一次勧告（2008年5月）で、都道府県から市町村への権限移譲が取り上げられた。その後、勧告に基づき

２０１１年に「地域の自主性及び自立性を高めるための改革の推進を図るための関係法律の整備に関する法律」（いわゆる「第2次一括法」）によって、一括して法改正が行われた。ただ、その内容は広島県のように大胆なものではなく、都市計画決定の一部が都道府県から政令市に、家庭用品販売業者への立入検査が都道府県から市に移された程度で、町村への権限移譲は、未熟児の訪問指導（それまでは保健所設置市まで）だけだった。
(3)　財務省資料によれば、小学校の児童数はピークの１９８１年から４４・５％減少しているが、学校数は１６・６％しか減少していないという（財政制度等審議会・財政制度分科会２０１４年４月４日資料）。
(4)　安芸高田市の合併特例債の起債上限額は１８４億円であり、このうち２０１３年度までに１５７・７億円が使われている（進捗率86％）。支所（旧町役場）の改修のほか、42億円をかけて、本庁第二庁舎とクリスタルアージョというホール建設が行われている。
(5)　国土交通省・三次河川国道事務所「水防災対策特定河川事業・作木村港地区整備事業」参照 http://www.cgr.mlit.go.jp/miyoshi/river/r09.html
(6)　安藤周治著「過疎地から新しい流れがはじまる」ガバナンス２０１０年６月号21～24頁参照。
(7)　２０１５年2月17日、三重県伊賀市と同県名張市、兵庫県朝来市、島根県雲南市の4市が発起人となる「小規模多機能自治ネットワーク会議」が設立された。１４２の市町が参加しているという。
(8)　広島県ホームページ「ＮＰＯ法人情報サイト」より。http://www.pref.hiroshima.lg.jp/site/npo/1247567603684.html
(9)　「作木のＮＰＯ死傷事故　中国運輸局　補助金の返還求める」中国新聞２０１３年12月25日

(10)　総務大臣通知「公共施設等の総合的かつ計画的な管理の推進について」２０１４年４月22日

(11)　２０１２年春の西日本ＪＲのダイヤ改正では、ＪＲ三次駅発着列車は、芸備線１往復取止め１往復臨時列車化、福塩線２往復取止めとなっている（ＪＲ西日本 News Release ２０１１年12月16日）。

(12)　自治省事務次官の通知に、「少なくともこの『人口１万人～２万人程度』という類型の規模は期待される」（「市町村の合併の推進についての指針の策定について」１９９９年８月６日自治振第95号）とある。また、合併の推進方策が議論された第27次地方制度調査会において、副会長だった西尾勝が提案した私案（いわゆる西尾私案、「今後の基礎的自治体のあり方について（私案）」２００２年11月１日）では、小規模町村に国によって義務付ける事務を窓口等に限定するという制度（特例町村制）が提案された。

(13)　広島県企画振興局地域振興部「広島県の市町の現状について」２００９年７月、19頁より

(14)　裁判は、県は高裁に控訴しているものの、審理は止まったままとなっているという。

(15)　広島県には他県のような総合事務所はなくなったが、北部、東部、西部の三か所にそれぞれ総務・税務・保健所・農林水産・建設の専門事務所は置かれている。

(16)　湯崎英彦広島県知事は、「広島県では道州制という言葉は、いまあえて使っていない」（ガバナンス２０１２年１２月号７頁）という。

５　離島も合併した・長崎

（１）九州の市町村合併

九州における平成の大合併は、どのようなものだったのだろう。九州地区と全国の合併時期を比べてみると、ほとんど同時進行であったことが分かる。ただ、全国レベルからみて平均的な合併だったのか、というとそうではない。市の創設、町村の減少、人口一万未満町村の減少のいずれを見ても全国より多く、全体の合併件数も全国をけん引するものとなっている。

中でも合併が最も進んだのは、長崎県である。長崎県の市町村減少率は73・４％と、市町村を減らしたことでは全国第一位である。合併によって町村数が88・７％も減少し、１割強しか残っていない。合併による市の増加率は62・５％増と飛びぬけている。町村は市に吸収されたか、もしくは合体して市や町を創設したのである。島の合併も例外ではなく、長崎県では陸地の自治体と合併したところさえある。特に外海にある島の市町村と陸地の市との合併は、これまで想像できなかった。陸地の市に所属する島は、「属島」といわれるように、陸の付属物のようになってしまい、地域の独

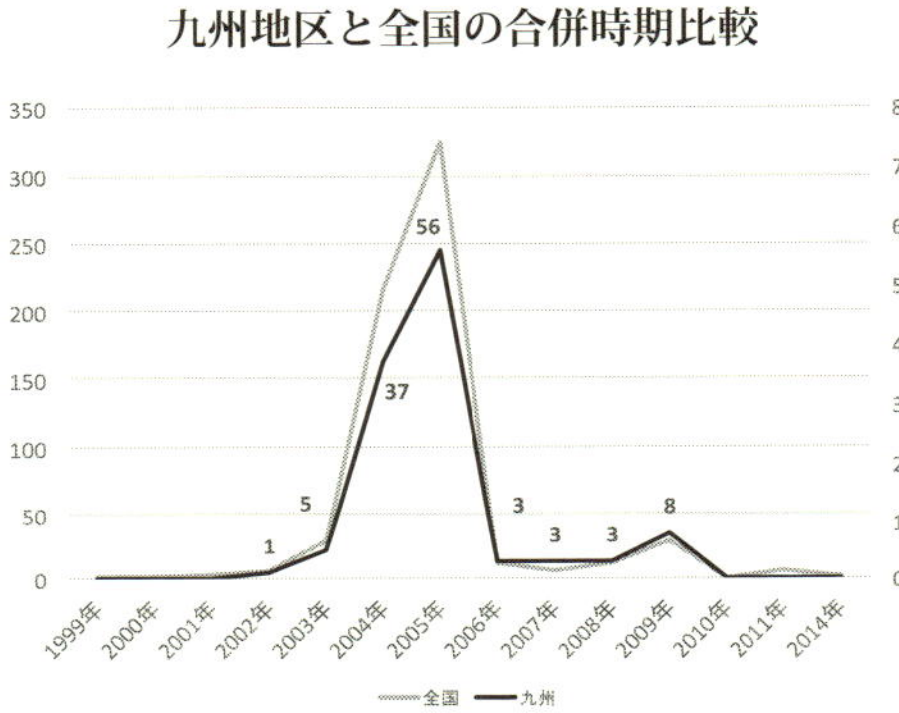

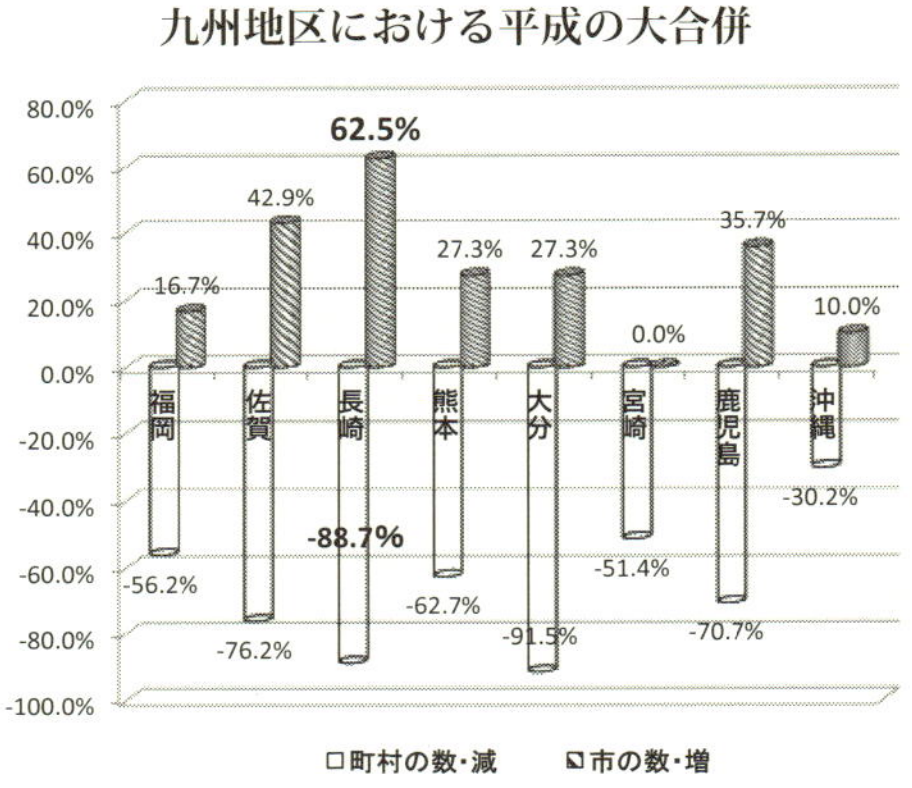

いずれも総務省データをもとに作成

自施策が出来なくなり社会へのPRも難しくなって存在そのものさえ忘れられかねない。果たして合併して島の運営は可能なのか、暮らしへの影響はないのだろうか。

長崎県は、合併によって79あった市町村が21になり、市は5つも増えたが、村はゼロとなった。人口一万未満の市町村で残ったのは、東彼杵（ひがしそのぎ）町と小値賀（おぢか）町だけである。合併前と合併後の長崎県を地図でみることにしよう。対馬や壱岐が全島合併を行い、129もの島々があって11の市町があった五島列島も五島市と上五島町の2つに大くくりにされた。こうしたなかにあって、訪問した小値賀島と宇久島は、特異な存在である。五島列島の北に並んで位置しているのに、合併では別々の選択をしたのである(1)。

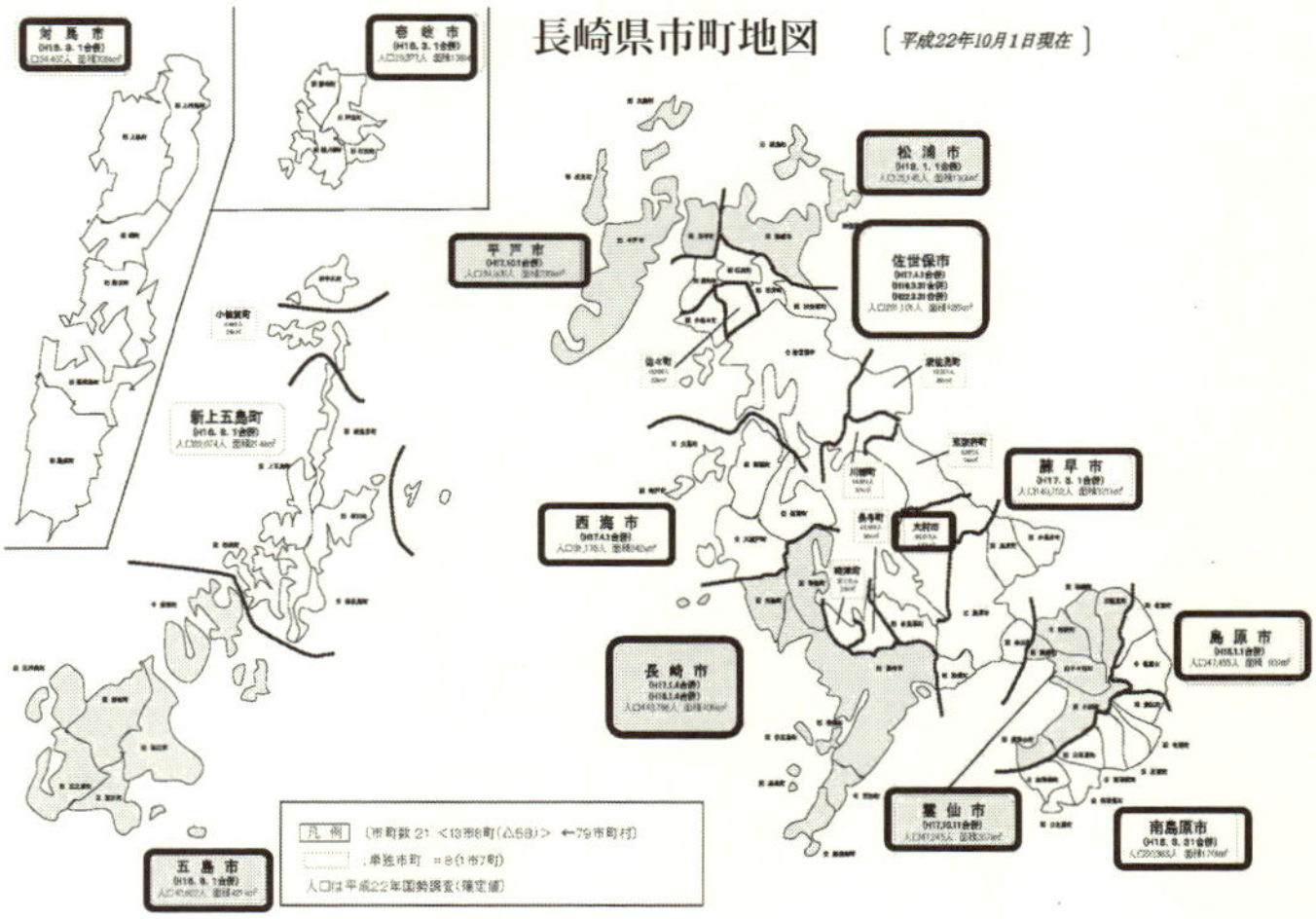

長崎県の平成の大合併・黒い囲みが市（長崎県HPより）

（2）合併で飛び地ができた——松浦市

合併市町のうち、まず県の北に位置する松浦市を訪ねた。松浦市は、鷹島町（たかしまち）と福島町（ふくしまち）という島の町と合併している。地図の上では近くだが、実はこれが完全な飛び地である。

よく見ると、それぞれの島は陸地との間に橋がかかっている。鷹島肥前大橋と福島大橋である。しかし、その橋は長崎県との間ではなく、佐賀県に架かっている。福島に行くには伊万里市を貫けて、鷹島に行くにはさらに（唐津市と合併した）肥前町を通って行くしかない。このため、松浦市役所の本庁から鷹島までは車でも1時間半近くかかる。

市町村に付属する島（いわゆる属島）があると、地続きの場合よりも行政サービスが大変

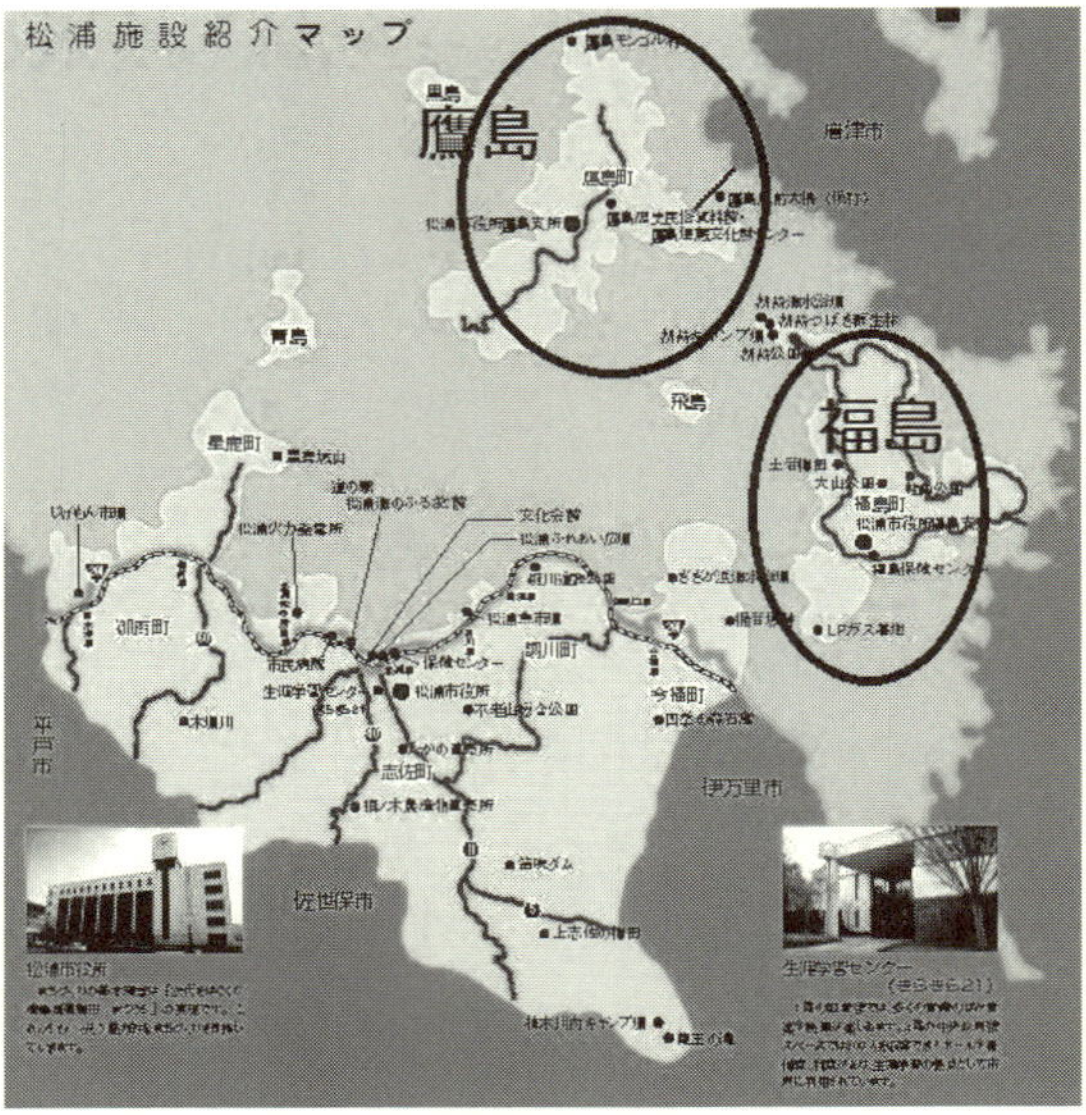

松浦市市政要覧より　一部加工

になるので地方交付税が割増されるのだが、橋が架かると陸続きとみなされ、そうした優遇措置もなくなるという。しかし、明らかに陸続きの地形とは違い、時化になれば船は止まるし、大きな災害時に橋が機能するか保障もない。実際、玄海原発が万一の場合、二つの島の住民は、原発の方向に避難するしかない。橋は、原発の方向にしか架かっていないからである。

鷹島は、元寇（文永の役１２７４年、弘安の役１２８１年）のとき、戦場となったことで有名である。鎌倉時代に数千隻の船と数十万人の元の軍隊がこの地に到来し、まだたくさんの元の軍船が湾の底に眠っているという。今では、鷹島にはモンゴル村があって、横綱白鵬も訪問している（白鵬オフィシャルブログより）。モンゴル村のゲルに泊まって歴史の深さに思いを馳せるのも、一興かもしれない。それはともかく、モンゴル村のような施策ができたのも島が独立した町であったからである。二つの島は今後、どうやって地域振興を進めていくのだろう。

（3）長崎県第二の都市　――佐世保市

佐世保に戻って市役所を訪問した。地図を見ると分かるが、佐世保市は大変大きくなった。合併前２４８平方キロだった面積は４２６平方キロと1・7倍にもなっている。市域の真ん中に合併しなかった町（佐々町）があるが、外洋の島・宇久島まで佐世保市になっている。前述のように長崎県の島々は大変な合併をしたのだが、もっとも距離が離れた合併は宇久町と佐世保市である。そこで、佐世保市の話を聞いた後で、宇久島に渡ることにした。

佐世保市は、三度に分けて合併を行っているのだが、合併した町は、いずれも人口一万未満の町であった。面積は1・7倍になったものの人口は1・09倍、1割も増えていない。

合併算定替えという地方交付税の特例措置は、合併後も旧市町の分がまとめて交付される仕組みであるが、10年を過ぎると徐々に減らされて15年で終わる。その間に行政を減量化せよ、ということである。佐世保市も３１１億から２７３・5億と38億円も減額になる。もっとも、２０１４年度からこの制度は緩和されることになり、市も早速、皮算用を始めていた(2)。

長崎県が２０１０年2月に出した「長崎県合併効果研究会」報告書によれば、長崎県における合併効果は、①組織体制の強化、②専門職員の確保、③権限移譲の推進、④住民サービスの拡大、⑤

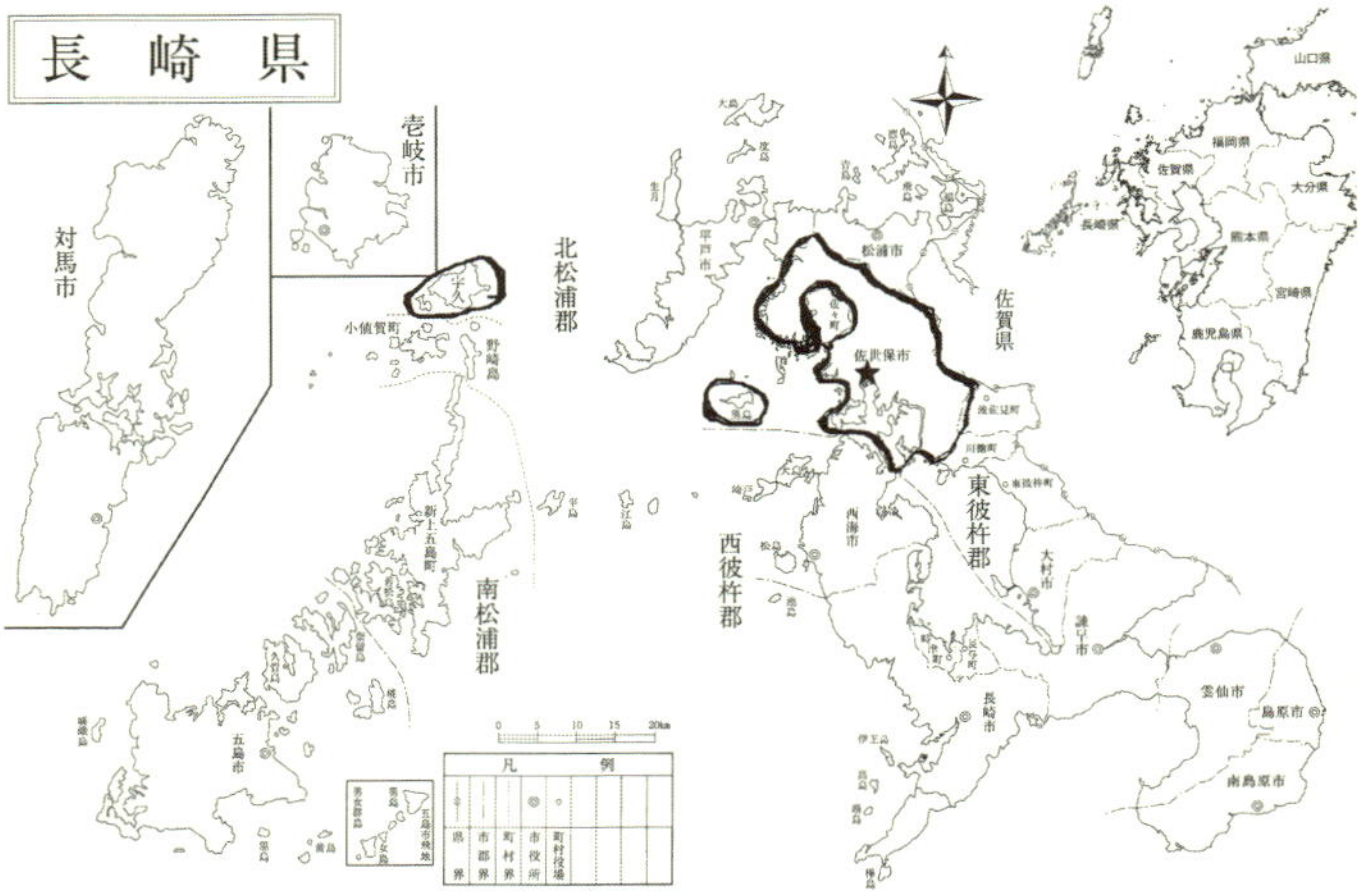

線で囲ったところが佐世保市の範囲。星がＪＲ佐世保駅
（長崎県市町村要覧を加工）

佐世保市における平成の大合併

合併前自治体	2000年人口	面積	2005年4月1日	2006年3月31日	2010年3月31日	新佐世保市
佐世保市	240,838	248.32				2013年10月人口
吉井町	6,151	27.09	合併			262,441
世知原町	4,243	32.02		合併		面積
小佐々町	7,292	29.92				426.03
宇久町	4,010	26.39			合併	
江迎町	6,317	32.07				
鹿町町	5,548	30.22				

地域資源の有効活用、⑥効率的財政運営・財政基盤の強化、と良いこと尽くめである。合併前に懸念されていた、①不便になる、②周辺部が寂れる、③住民の声が届きにくくなる、④地域の文化伝統が失われる、⑤公共料金の値上げ、などの問題にも十分な対策が取られている、かのようである。

佐世保市に聞くと、地方交付税減額への対応のために職員削減を行っているとのことであり、最終的に合併した町役場の人員は、島の宇久地区を除いて、すべて4名ずつとなるという。どの町も旧町の時は、50～70人の職員がいて、議員も8～12人いた（２００３年決算カードより）。地域審議会はすでに廃止されており、支所の職員も１／10以下の体制となるということである。

自治体職員や議員への批判は、どこでも大変強いものがある。しかし、１／10以下の人員では、受付の窓口しかできない。地域の問題は容易に解決できるわけもなく、住民はまた不満をつのらせることになるだろう。

実際、県の合併報告書に載っている住民アンケート（２００９年実施）によれば、ほとんどの回答で、否定的なものが肯定より多くなっている。さらに5年経た今、住民の不満は、相当なものとなっているはずである。

（4）佐世保駅周辺と離島に向けた船

本当は、すぐに島に渡りたかったのだが、風が強くて船の欠航が続いた（２０１４年2月）。風は大して強くないものの、テレビの天気予報では外洋に出ると波は３ｍから４ｍだという。どの程度のものか実感はわかないが、とにかく船は二日間、動かなかった。

出航の前に佐世保駅周辺を紹介しておくことにしよう。駅舎は作り直してきれいになっている。

佐世保駅と駅前の新幹線誘致看板

大きな看板があって、ここも新幹線が来ることを期待していることが分かる。ただ、九州新幹線の西九州ルートは、博多から佐賀を通って直接、長崎市に向かうので佐世保方面には来ない。なのに、なぜ？

フリーゲージトレインという車輪幅を変えられる新幹線を走らせることで、在来線を使って佐世保まで呼び込もうということのようである。この方法だと、山形新幹線のようなミニ新幹線と違って、線路の幅を広げるための工事をしなくて済む。ただ、フリーゲージトレインなるものは、まだ未開発だそうである。遠大な誘致計画のように思えるし、新幹線の代わり

左：佐世保駅の「みなと口」、遠くに見えるのが鯨瀬ターミナル
右：みなと口、再開発地区の複合ビル

に在来線は本数の減少など重大な影響が出る。住民は本当に分かっているのだろうか。

駅の南側は、佐世保港に接している。港周辺は、民間事業者によって大きな開発が行われていて、複合商業施設ができている。施設の五番街という名称は、すでにある三番街、四番街という商店街に続く意味だという。ただ、それらの商店街から反対もあったようだ。

佐世保市の港から宇久島と小値賀島に行く船便を事前に調べてみた。フェリーが２便、高速船が２便ある。結構、便利！と思ったのが大間違いであった。２月は、フェリーの一隻はドック入りで運休中。高速船も、３月はドック入り。きちんと調べなければ島へは行けない。

さて、ようやく船が動くことがわかり高速船に乗ろうと朝、ターミナルに行くと、乗客の皆さんの愚痴が方々から聞こえてきた。「パチンコ屋にたくさん寄附したぁ」「やることなかった」「宿代どうしてくれる」。この時は、欠航が四日間続いたそうである。

佐世保港を出港してから約70キロ、高速船で２時間の船旅である。湾から出るまでは快適だった。が、外洋に出ると、船に乗り

左：外洋の波しぶき
右：佐世保と宇久、小値賀を結ぶ高速船「シークイーン」

なれない者は大変なことになる。比較的、揺れが少ないという一番後ろの座席に座ったが、もうちょっとで危ないところだった。一年間、全国を旅してきて思ったのは、離島は、陸地とはまったく違う、ということである。海がちょっとでも荒れれば、どうすることもできない。

（5）発電基地でいいのか　——宇久島1

佐世保市と合併した旧宇久町、宇久島にやってきた。この島は２００６年に合併して以来、発電基地となるかどうかで、揺れ続けている。

合併後の２００８年、グリーンパワー（株）と日本風力開発（株）という事業者が、二千キロワットの風力発電機を島内に50基建てると言い出したのである。海底送電線で、九州電力に売電するという計画である。

しかし、風力発電機が発する低周波の影響に

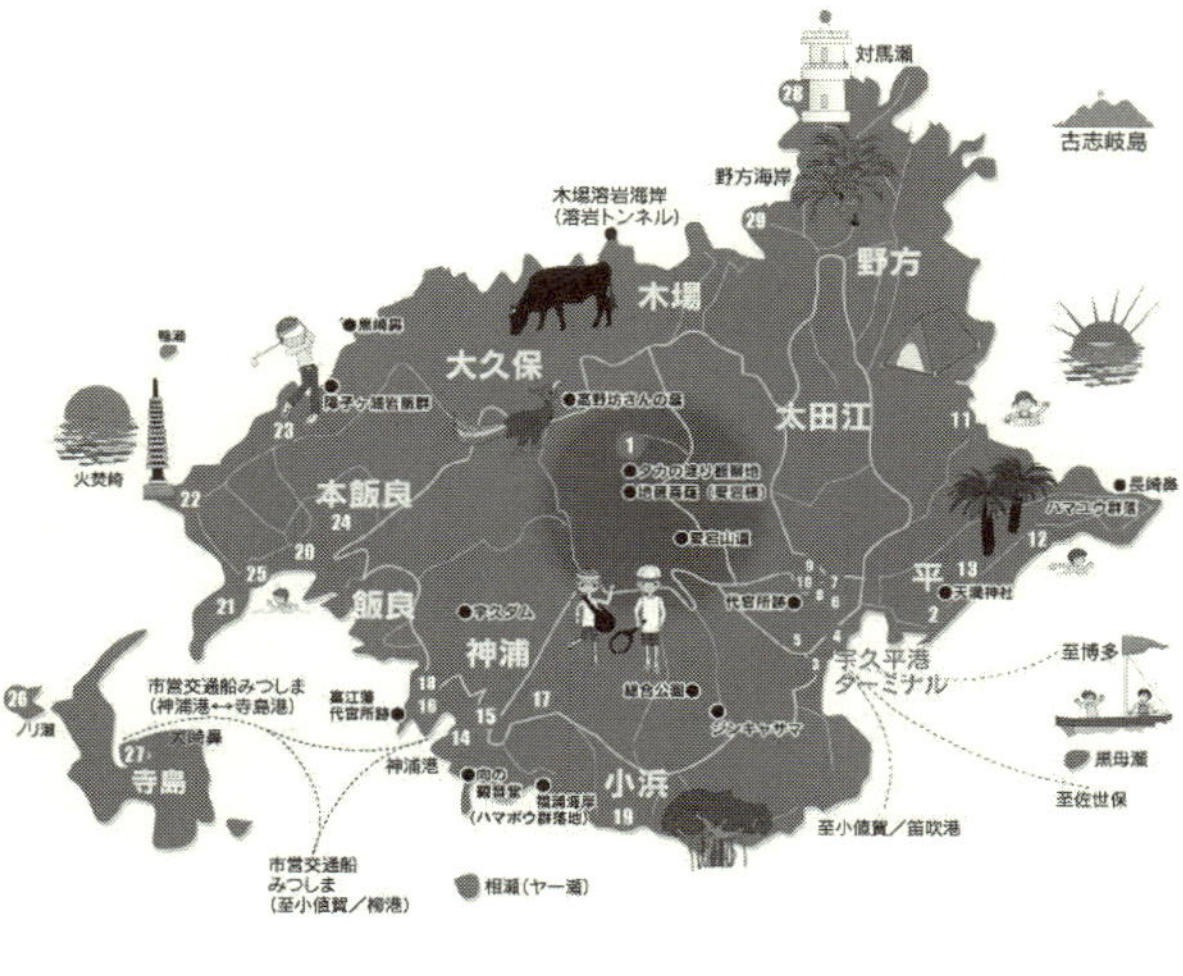

宇久島の地図、宇久観光協会ＨＰより

左：風力発電の試験装置、右：あちこちに建てられた反対運動の看板

ついて、医師から問題があるとの指摘が出る。しかも実際に家畜の子牛に影響がみられたことから反対の動きが一気に住民に広がった。反対運動の会が作られ、住民の七割もの署名が集まり島民の意見はまとまる。風力発電施設についての環境アセスメントが２０１３年の３〜４月に行われたものの、長崎県が、国に対し、厳しい意見を提出するに至った(3)。

風力発電については、決着が着いたと言ってよいだろう。ところが、今度は、大規模太陽光発電（メガソーラー）の話が持ち上がっている。私が訪問したとき（2014年2月）、ちょうど会社から関係住民への説明会が行われていた。

発電計画は、実に約４００メガワット、前の風力発電の約４倍である。島の１／４の６００ｈａ以上をパネルで覆うという計画である。ドイツのＰＶＤＰ（フォトボルト・ディベロップメント）社という会社が主体で日本の企業も協力している。会社側は１５０名規模の雇用が生まれると主張し、島の中には、それに期待する向きもあるという。たしかに建設時には雇用が生じるだろうが、維持管理にそんなに人がいるわけはない。

宇久島の風景・広々とした牧野と海

宇久島は、西海国立公園に含まれ、全域が鳥獣保護区に指定されている。自然保護には十分な配慮が必要となる。太陽光パネルを作るとなると牧草地に作るしかない、そうである。宇久島では、牛が１５００頭もかわれていて、肉用牛繁殖の畜産が現在、主力産業になっている。

牧草地にパネルを設置しても牧草が生える方法がある、という意見もある。しかし、草の上にパネルがあれば成長は著しく落ちるだろう。牛の放牧にも障害になることは間違いなく、本来なら農地転用が必要である。牧草地に太陽光パネルを貼り尽くせば、島の畜産業は大きな打撃を受ける。

他の会社も含め、いまメガソーラー会社は、九州に狙いを定め各地で開発を進めているという[4]。日照が多く、しかも過疎にみまわれている地域が対象なのである。このため、自治体側も対応に乗り出したところがある。大分県由布市では、最近、規制条例を定め事業者に協力を求めている[5]。

日本全体としては、再生可能エネルギーを増やしていく必要があることは間違いない。私も最初は、風力発電や太陽光発電に、住民が抵抗する理由が分からなかった。しかし、事情を聴くうちに、地域の産業や環境を壊す可能性が高いことが分かった。都会の電力を確保するために、他の地域の生活を破壊することになりかねない。東京の電力確保のため、東北に原発を作ったことが、原発事故のそもそもの原因になったように。原発の次は再生可能エネルギーなのか。農山村は、あくまで都会の犠牲となる、それでよいのだろうか。

（6）公共事業の限界――宇久島2

宇久島を巡ってみて感じるのは、これまで行われてきた公共事業の数々である。

フェリーの着く港の隣に、フィッシャリーナ宇久というヨットやモーターボートなどのプレジャーボート用の施設がある。ハウステンボスに来るヨットなどが立ち寄ることを期待したようである。港が見える一等地にはかつて町が建てたホテルがあり、今は指定管理者制度によって民間事業者が運営している。

さらに近くに総合センターという結婚式場にも使える施設があるが、残念ながら閉鎖されている。大きな陸上競技場と野球場もある。野球場は夜間照明付きだが、やはり閉鎖されていた。人口約二千人（２１７４人、２０１５年2月1日現在）の町にこれだけの

左：フィッシャリーナ宇久、時期のせいかいつもなのか、船はほとんどいない、右：フィッシャリーナへの陸橋

左：旧町が建てたホテル、右：旧町の総合センター（閉鎖中）相当な荒れ様で結婚式場だっとは思えない

施設である。合併によって町がなくなり、佐世保市の管理となっているわけだが、費用や管理をする会社や組織を探す問題があって閉鎖されているのだろう。

旧宇久町時代の決算を調べてみると、２００１年は歳出総額50億円のところ、普通建設事業に、なんと21億円（41・6％）を費やしている。町の財源から借金返済に充てる支出の割合を示す公債費負担比率は、全国平均17％程度のところ32・3％だ。借金総額（地方債残高）は、歳入のおよそ倍の93億円。財政力指数は

左：400ｍ×６コースの陸上競技場、住民は自由に使える
右：野球場（閉鎖中）

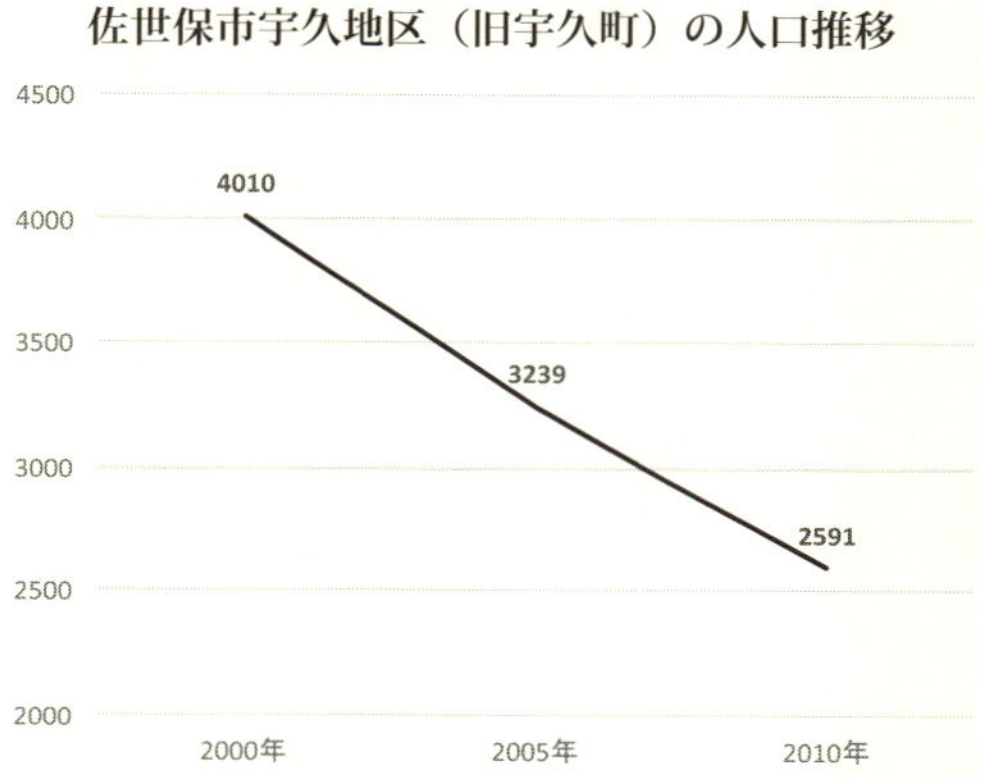

2000年、2005年、2010年国勢調査より

０・11である。どうやら、あまりにも過大な建設事業を続けてきたようである。町は、大きな借金を抱える中で、遠く離れた佐世保市への編入合併を決意することになる。

町財政に関しては、もう一つ重要な出来事があった。国から市町村に配分される地方交付税が２００３―４年に大幅に削減されたのである。長崎県では、市町村全体で２００３年８％減、２００４年２・４％減と２年連続で減少となり（２００４年は２００２年比10・２％減）、市町村、特に財政力の弱い町村の行財政運営を崖淵へと追いやった[6]。

今一度、島の地域経営に話を戻そう。公共事業が役割を終えていることは、島の様子から明らかである。島の建設業は、どうなったのだろう。調べてみると、島に２００１年に29あった事業所が、8年後の２００９年には16に減っている（２００１年事業所・企業統計、００９年経済センサスより）。かつて農業や漁業が盛んだったころは、景気が落ち込むと建設業から農業に戻る傾向がみられた。島ではどうだったか、国勢調査で職業別人口を見てみることにしよう。

合併前の２０００年には、３２２人いた建設業従事者は合併直前の２００５年に急激に減り、

２０１０年にはさらに減少して88人になっている。一方、農業は２０００年から２００５年に少し増加が見られるものの（19人増）、２０１０年には前より減っている（23人減）。どの産業も皆減の状態である。人口推移のグラフを見ると分かるが、宇久島では10年間に激しい人口減少が起こっており、職業従事者全体が減少するのは当然の成り行きといえるだろう。

この先、島の主産業をどうするかが重要である。再び建設業を軸に考えることはできない。観光などのサービス業と、牛飼育を中心とする畜産、農業の維持・発展がカギとなるはずである。それと対立しかねない太陽光発電は、その意味からも敬遠すべきものだろう。

（7）放置される廃車――宇久島3

宇久島で目についたのは、廃棄され、放置された自動車の数々であった。なかには、バスのような大型のものもあった。全国を訪ねてきて、本土ではこれほど廃車が目についたことはなかった。かつて、南太平洋の島々で、廃車が大きな社会問題になっていることは知っていたが、日本でも同じなのである。

一般に廃棄物の不法投棄は、本土であっても大きな社会問題だが、島の場合は、多額の費用が掛かるだけに、特別な対策が必要となる。調べてみると、２００５年1月から施行された自動車リサイクル法の一環で、離島対策支援事業が行われていることが分った。離島の場合、廃車の海上輸送費などの8割を国（正確には、財・自動車リサイクル促進センター）が負担する。放置された廃車も、対象となっている。しかし、残りの2割は最終所有者の負担となる。

自動車リサイクル法ができた後は、所有者が車を買う時にリサイクル費用をセンターに預託している。しかし、法施行以前の昔の車の場合、新たに預託金を払わなければならない。

不法投棄された昔の車は、カネを出す人がいないので、自治体が単独事業として費用を出すか、最終的に所有者に費用負担を求める行政代執行という厄介な方法しかないだろう。カネがない、職員の少ない自治体にとってはキツイ話である。

廃車の離島対策のポスター

そもそもこの離島対策支援事業では、市町村の役割が重要になっている。島が属する市町村は、事業計画書を提出した上、別途、事業者名や車台番号などを書いた申請書を出さなければならない。また、この離島対策支援事業の実施の前提として、離島における自動車のリサイクル事業を構築することが条件となっている（要綱3条3項）。市町村の責任は重たい。

（8）歴史と自然　——宇久島4

左：火焚崎の平家盛、上陸記念碑
右：「船隠し」家盛公が船を隠したという

宇久島は、驚くほどの歴史と、自然が豊かな島である。何と言っても島の誇りは、平家盛（たいらのいえもり）公だろう。壇の浦の戦い（１１８５年）で、平家滅亡の後、宇久島に上陸し、のちに五島列島全体を治めたという人物である。

上陸したときに、助けた漁師が火を焚いたことから、家盛公が上陸した岬を火焚崎（ひたきざき）というようになった。傍に「船隠し」という地名もあって、これは家盛公が船を隠したことからだそうである。島は、鮑が名産なのだが、その鮑の採取権限を家盛公が助けた漁師に与えたという伝説まである。

旧宇久町の町史を紐解くと、旧石器時代からの歴史もあるとのこと、黒潮に乗って南方から人がやってきたのだろう。

宇久島は、平安時代の遣唐使を派遣する際の寄港地にも

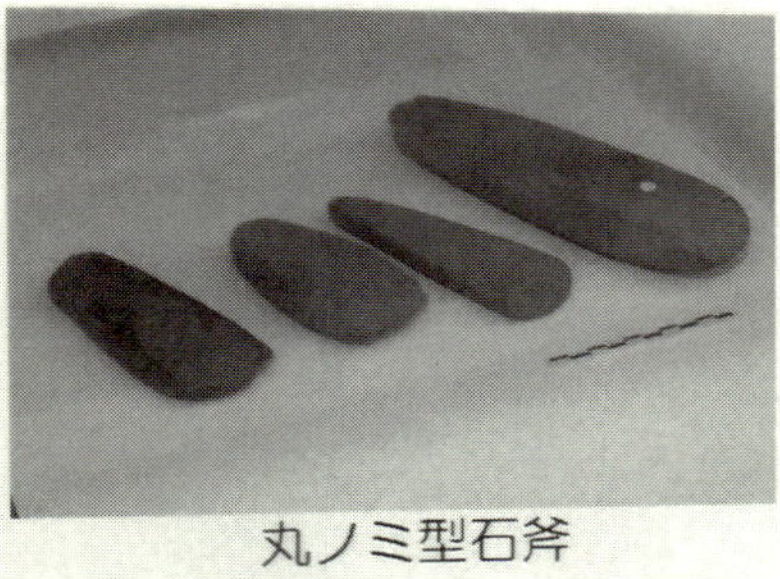

丸ノミの石斧は、丸木舟を作るためのもので、南方との交流をうかがわせる（宇久島・長崎鼻遺跡）

なっていて、偉いお坊さんの円仁慈覚大師（この人が関わった寺は、全国に数百もある）が、遣唐船に乗って唐に行く時、宇久島に寄ったことが解っているのだそうである(7)。

歴史だけではなくて、景観も素晴らしい。樹齢、千年というソテツ、アコウもあり、夏には、本土からたくさんの海水浴客がやってくる。野鳥の宝庫で、渡り鳥たちの休憩地となっている。宇久観光協会のホームページには、カラスバト、オオソリハシシギといった本土では普通は見られない鳥が載っている。

宇久島には、ここにしかない大切な自然と歴史がいっぱいあるのに、毎年、百人くらいの人が去っていく。単純に計算すると20年後には人口がゼロとなる。やがて太陽光発電のパネルだけが並ぶ島になってしまうのだろうか。

（９）合併しなかった島　――小値賀町１

朝早く起きて、フェリーに乗って隣の島、小値賀島に向かった。

小値賀町は、長崎県で唯一、合併しなかった島の町である。市町村合併が進められた当初、人口一万未満の町村は生き残れないといわれ、強力な合併促進策が行われたにもかかわらず、小値賀町は合併しなかった。県が示した案では、隣の宇久島と小値賀島は、共に佐世保市に合併することになっていた。いま、宇久島と小値賀島は、近くて遠い島になったか、のようである。

人口や主要産業が似ていて、外海の離島、しかも隣同士というのに小値賀町はどうして合併を拒んだのだろう。経過を見てみよう。前述のように、長崎県は、全国でもっとも合併を推進した県であり、２０００年、県は早々に合併区割り案を示して、一合併あたり5億円＋合併数×２億円という多額の合併補助金など充実した支援策を用意する。

すぐに小値賀町でも議論が始まる。町議会の動きが早く同年に研究を開始し、翌２００１年5月は、「岐路に立つ小値賀を考える特別委員会」を設置し11月に中間報告を出している。それを読むと、当時、町の借金は70億円あって、人口３０００人程度の町にとってはかなり大変な事態であったことがわかる。国からの地方交付税が1割削減されるだけでも大変な事態となるのに、２~３割削減を想定しなければならないとされたのである。ただ、独立してやっていくことがまったく不可能でもない、と思ったという。それでも、町は２００２年5月宇久町とともに、佐世保市との合併任意協議会に参加することを決める。ところが翌２００３年4月の町長選挙で、新人の合併反対派の町長が当選し、同年９月、町

左：フェリーなるしお6時55分発
右：時間にして45分、前日がウソのような穏やかな海

小値賀町における合併問題の経緯

		小値賀町の動き	長崎県
2000年	3月		合併モデル制定委員会
	8月	議会、二つの常任委員会で研究開始	・長崎県市町村合併推進要綱（合併区割り案提示＝小値賀町は、宇久町と共に佐世保市と合併する案） ・長崎県市町村合併支援プラン策定
2001年	3月	議会、二つの常任委員会、報告提出	
		議会・住民向けちらし発行	
	5月	議会「岐路に立つ小値賀を考える特別委員会」設置	
	11月	同委員会、中間報告	
	12月	議会・住民向けちらし第3号発行	
2002年	1～2月	議会による住民説明会	
	3月	同委員会、最終報告	
	5月	小値賀町、佐世保市と宇久町との合併任意協議会加入	
2003年	4月	反対派町長当選、町議選挙結果は、反対6、賛成5、中間1	
	9月	町、任意協議会脱退	
	12月	住民投票条例の議員提案、否決	
2004年	3月	住民投票の直接請求	
	6月	議員提案で住民投票条例提案、可決	
	8月	住民投票の結果：僅差で合併反対（8月29日投票、反対　1297票　賛成　1243票　投票率　85.42%）	
2007年	10月		長崎県市町合併推進構想　（佐世保市と小値賀町、江迎町、鹿町町、佐々町との合併案提示）

は任意協議会を脱退する。

このままであれば、さほど複雑ではないのだが、この後も島を挙げての議論が続く。合併推進派の議員が、２００３年12月に議会に議員提案で住民投票条例を出す。この段階では、議会が反対多数で否決。その後、２００４年３月、今度は住民から住民投票条例の直接請求が行われる。請求は成立し議会はこれを受けて６月、議員提案で住民投票条例を提案、全員一致で可決し、８月に、佐世保市との合併の賛否を問う住民投票が行われることになる。

結果は、反対１２９７票、賛

議会による住民説明会の様子（立石隆教氏提供）

成1243票でわずか54票差という僅差で、合併に反対することに決定する（投票率85・42％）。丸4年間の島民挙げての議論の結果であった。

民主主義の本質は、住民同士が話し合うこと、協議すること、討議することにある、と私は考えている。地域の問題を住民同士が議論することで、住民たちも、初めてそれぞれ個人が抱える課題や考え方がみえてくる。はじめは無関心だった住民が議論に加わるようになったり、見えていなかった町の課題が浮き彫りになったりすることもある。解決方法や結論は容易には出てこないかもしれないが、それが本当の民主主義というものだろう。

その意味で、島は、民主主義を実現した町、といえるかもしれない。

ちなみに、県は、その後も合併推進の旗を降ろさず、国に従って2007年10月には、「長崎県市町合併推進構想」を策定し、再び小値賀町に対して、佐世保市との合併を提案する。

小値賀町の合併問題の経緯を調べていくうちに、驚くべき証言を発見した。合併を拒み、自立を選択した当時の町長、山田憲道さん（故人）の言葉である。少し長いが重要なので引用する。

編集者　「国や県から合併への働きかけはあったのですか？」

山田さん「・・・昨年（２００７年：島田注）は、県から地域振興部長も見えて、財政や役所のことをすべて調査したいとおっしゃった。それで、年末の12月25日から27日まで、県の担当職員7名の方が財務診断に見えました。（中略）反対していてあとから出来ないと弱音を吐いても県は知らないよ、とは言われましたね。

また、地域振興部長は、合併シンポジウムを小値賀でやりたいともおっしゃいました。しかし、私は、もう3回もケンカしているんだから、小さな小値賀をこれ以上かきまぜないでほしいと言って断りました。（中略）

先日、県から言われたからというので、佐世保市長と副市長、それに振興部長もお見えになりましたが、私と議長は『合併に反対している訳ではなく、合併のしようがない』といってきました。」(8)

県は、このほかにも町に対し、合併任意協議会から離脱した後、財政計画の提出を求め、特別交付税を即座に減額している(9)。２０００年の分権一括法の改革で、国と自治体は、対等・協力の関係になり、県と市町村も対等関係になったはずである。しかし、実態は、明らかに町に対する合併の強要だったことがわかる。しかも、市町村合併は、他の一時の仕事と違って、市町村の存在そのものに関わる問題である。

もっと不思議なことがある。このように合併を要請してきた県が、今度は、合併による効率化には「一定の限界がある」と言い出したことである（２０１３年5月「長崎県合併市町財政対策研究会報告

２００７年の県の
合併推進パンフ

書」）。「支所や公共施設の統廃合」は難しいというものであり、内容そのものはその通りであろう。しかし、効率化を求めて強引な合併を求めたのは、県自身である。

かつて、合併を進めた時は、県がどのような主張をしていたかみてみよう。

「小さい町では組織のスリム化、職員数削減などにも限界があり、また、財政力も弱いため、今後、最小限の行政サービスの提供までも、低下するおそれがあります」県のパンフ[10]

このように、県はかつて「合併しないとダメになる」と言っていたのである。

前述のように、国も合併した自治体からの要請に応えていて、２０１４年度から合併自治体への地方交付税を増額し、地方交付税の算定そのものも、５年程度で抜本的な見直しを行うとしている。しかし、合併したことそのものが、やはり間違いだったのではないか。合併以前の元通りに、分離・分立し独立してもよいよう、制度を見直す方が、はるかに合理的だと私は思う。

(10) 島の観光――小値賀町2

いま小値賀は、島の活性化のモデルとなっている。若者のＵＩターンも増えている。どうしてそ

左：古民家を再生した一期庵、一会庵
右：アプローチの石垣

左：古民家再生の親家
右：瓦は、普通と逆の左流れになっている

左：古民家レストラン藤松、このときはお休み中
右：波止場のターミナルにある「おぢかアイランドツーリズム」の窓口

小値賀町　国勢調査　2005 ～ 2010 年推移

	総数年齢不詳含	0 ～ 4 歳	5 ～ 9 歳	10 ～ 14 歳	15 ～ 19 歳	20 ～ 24 歳	25 ～ 29 歳	30 ～ 34 歳	35 ～ 39 歳	40 ～ 44 歳	45 ～ 49 歳	50 ～ 54 歳	55 ～ 59 歳	60 ～ 64 歳	65 ～ 69 歳	70 ～ 74 歳	75 歳以上
2000 年	3765	114	173	246	202	**64**	92	117	148	231	317	276	203	259	375	387	560
2005 年	3268	81	110	167	152	48	**71**	91	115	142	222	311	272	207	236	346	697
2010 年	2849	63	75	94	98	36	66	**87**	86	101	132	216	296	262	215	225	797

小値賀町における若者の増加

		20 ～ 24 歳	25 ～ 29 歳	30 ～ 34 歳	35 ～ 39 歳
男	2000 年	40	43	47	77
	2005 年	27	**41**	44	54
	2010 年	18	27	**56**	43
女	2000 年	24	49	70	71
	2005 年	**21**	30	47	61
	2010 年	18	**39**	31	43

国勢調査の年齢層別人口から

んなことが可能だったのだろう。

小値賀が注目されている理由は、なんといっても古民家の再生だろう。全国各地の古民家再生を手掛けているアレックス・カーがプロデュースしたという。彼のホームページを見ると、奈良県の十津川村や佐渡でも活動しており、京都の町屋再生は有名になった。

再生された古民家は、6軒あって、それぞれ門構え、庭木、瓦、石垣、どれをとっても一級品である。ほかにも古民家を再生したレストランがある。ホームステイもたくさんの民家で行われていて、大勢の学生や若者がこの島にやってくる。夏には、小値賀島の向かいにある野崎島（今は無人島）で、廃校になった宿泊施設を利用した「自然学塾村」も行われている。

観光再生の要は、間違なく「おぢかアイランドツーリズム」という小値賀の旅のコンシェルジュの存在だろう(11)。小値賀の過ごし方、行く方法、なんでも相談に乗ってくれる。若い人たちがたくさん働いていた。

（11）移住者の島　――小値賀町３

小値賀島に行って驚くのは、若い人に出会うことである。聞くと、ここ十年で１００人以上もの人々が、町に引越してきたという。しかし、調べてみると、全体として人口減と高齢化の傾向があることは他の地域とあまり変わりはない。

ただ、20代から30代にかけて、人口減少が止まる傾向にあることが分かる。特に、20～24歳の人数を見てみると２０００年に64人、２００５年は71人、２０１０年には87人と増え続けているのである。男女別にも見てみよう。２００５年から２０１０年の伸びは男性の20代後半で、41人から56人（15人増）。

佐世保市宇久地区　国勢調査　2005 ～ 2010 年推移

	０　～４歳	５　～９歳	１０～１４歳	１５～１９歳	２０～２４歳	２５～２９歳	３０～３４歳	３５～３９歳	４０～４４歳	４５～４９歳	５０～５４歳	５５～５９歳	６０～６４歳	６５～６９歳	７０～７４歳	75歳以上
2000 年	124	183	251	242	89	108	114	197	234	328	262	230	292	360	381	615
2005 年	89	104	159	157	22	73	101	93	162	217	299	239	213	268	335	708
2010 年	36	59	75	84	15	36	58	72	86	136	199	294	241	216	252	732
2000-2010 年減少率	-71.0%	-67.8%	-70.1%	-65.3%	-83.1%	-66.7%	-49.1%	-63.5%	-63.2%	-58.5%	-24.0%	27.8%	-17.5%	-40.0%	-33.9%	19.0%

小値賀と宇久の人口減少率・比較（40 歳未満　2000-2010 年）

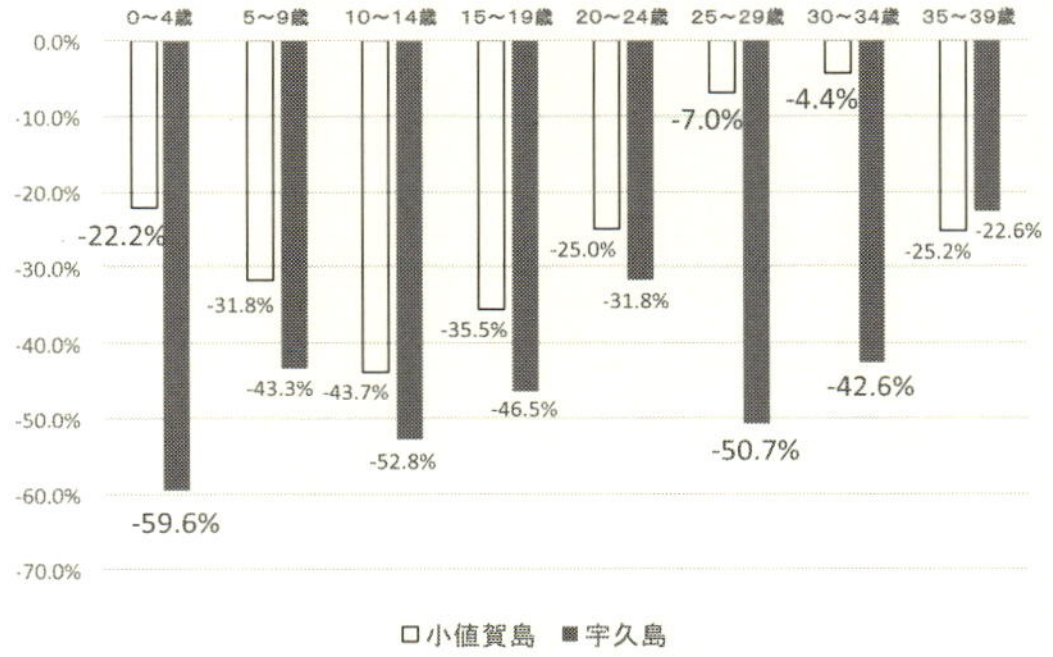

国勢調査より作成

旧宇久町の産業別人口の推移

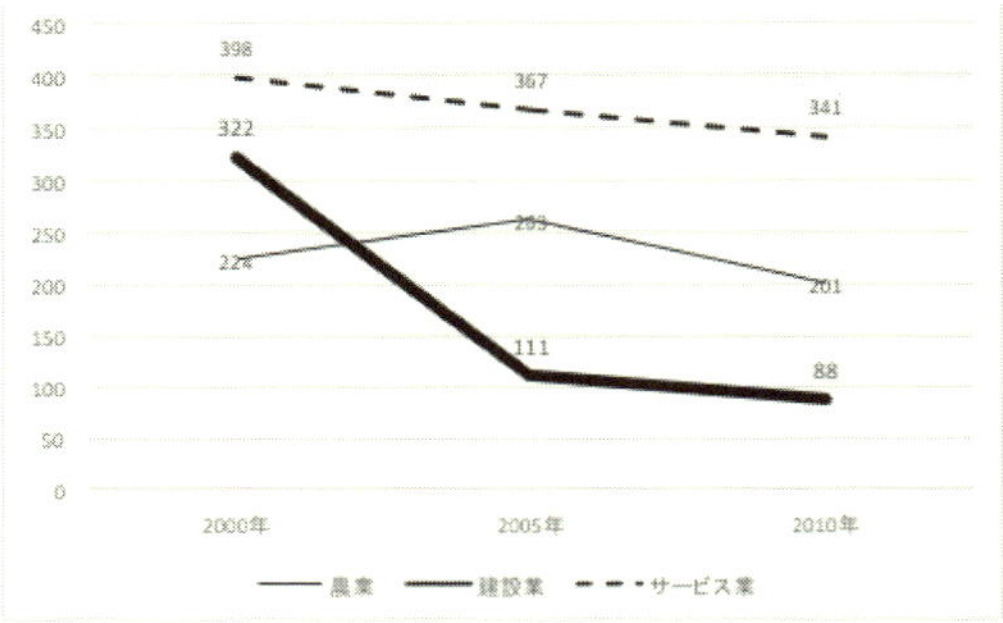

小値賀町の産業別人口の推移

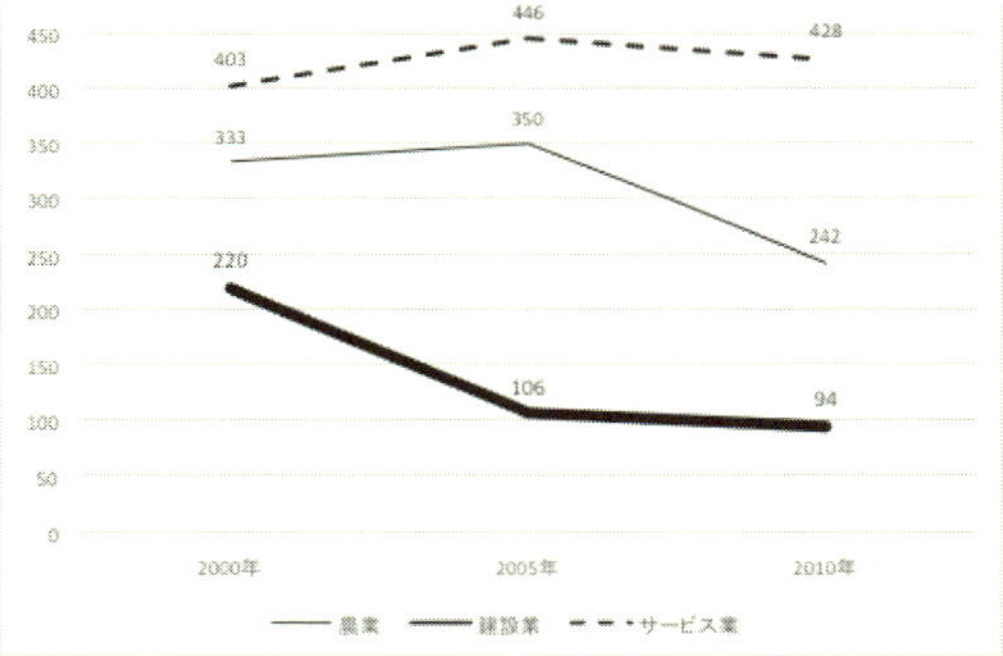

国勢調査より作成

女性についても20代前半（20～24歳）が21人から39人（18人増）と、なんと9割増である。こどもについても、0～4歳の女の子は、2010年に増加に転じている（2005年37人→2010年41人）。

比較のために、隣の旧宇久町の人口推移を見てみよう。宇久では、若い世代が、特に激しく減っていることが分かる。注目したいのは、2010年の20～24歳である（15人）。この人たちは、10年前の2000年には10～14歳だったわけであり、その人数は251人であった。小学校高学年から中学にかけて島にいたこの人たちは、高校を出た後、ほとんどの人（93・6％の減少）が島を出ている、と考えられる。

二つの島が深刻な人口減少にあることに違いはない。しかし、30代前半（30～34歳）以下の年齢を見ると両者に大きな違いがある。０～４歳の子どもの減り方は、小値賀は宇久の１／３近くであり、結果として、今後二つの島の人口減少率は、大きく違ってくると予想される。

さらに産業別人口を比較してみよう。先にみたように旧宇久町では、合併後、急速に建設業事業者が減っている（３２２→88）。これは小値賀町でも、同じような傾向（２２０→94）をたどっている。農業もほぼ同様の傾向と言ってよいだろう。違うのはサービス業である。小値賀は増減あるものの増えている（４０３→４２８）が、旧宇久町は減らしている（３９８→３４１）。公務についても違いが出ている（小値賀１１４→93、宇久97→44）。

前述のように、小値賀町は観光業に力を入れているが、宇久ではこのような大掛かりな組織作りは難しい(12)。さらに、小値賀町では農業についても、２０００（平成12）年小値賀町担い手公社を設立し、農業の担い手づくりのために町内外から若者を募集しており、すでに10名以上が卒業して島でトマト栽培などの農業を営んでいる(13)。また、この小値賀担い手公社は最近、様々な特産品開発も始めた。

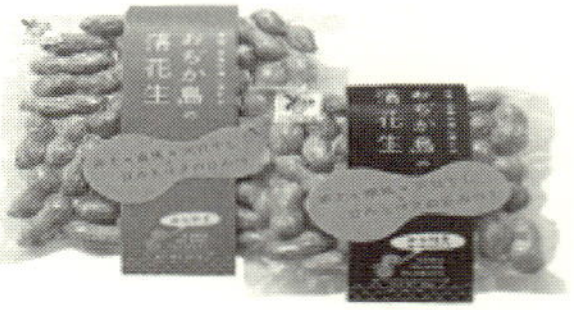

小値賀町担い手公社が開発し力を入れている落花生。同ＨＰより

移住者交流会の様子。この日は、十数人が参加していた。

移住者が多いことは喜ばしい。しかし、

移住者にとって居心地はどうなのだろう。その点でも、小値賀町の対応は優れていた。役場に担当職員がいるだけでなく、年に一度、町が「移住者交流会」を開催して、悩み事、相談事を聞いていた。集落ごとに、移住者担当の町民がいるのだが、それだけでなく町としてもフォローもしているのである。私も参加させてもらったが、会合後の懇親会では子どもたちを連れて参加している人もいた。夜遅くまで大賑わいの様子を見て、移住者たちの安心感が伝わるように感じたものである。移住者に対する、こうした町の積極的な姿勢こそ、大切な要素である。これも合併しなかった町だからこそ、できていることと言ってよいだろう。

(12) 島の歴史 ――小値賀町4

宇久島もそうであったが、小値賀島に行って聞いた話で一番多かったのは、歴史であった。宇久島と小値賀島は、隣り合っているのに、仲が悪いという話も何度も聴いた。それは、江戸時代、宇久島が五島藩だったのに、小値賀島は平戸藩だったということから始まる。

「歴史」と聞くと都会人にとって、とくに若者にとって苦手な分野なようである。大学で教えていて、歴史上、大変有名なことすら知らない学生が多いことに気付く。ただ、地域の活性化を考えるなら、地域の歴史は不可欠である。一見、今は同じように見える地域も歴史に個性があって、そこには人々の誇りや活性化のヒントなど、興味深い物事がぎっしり詰まっている。

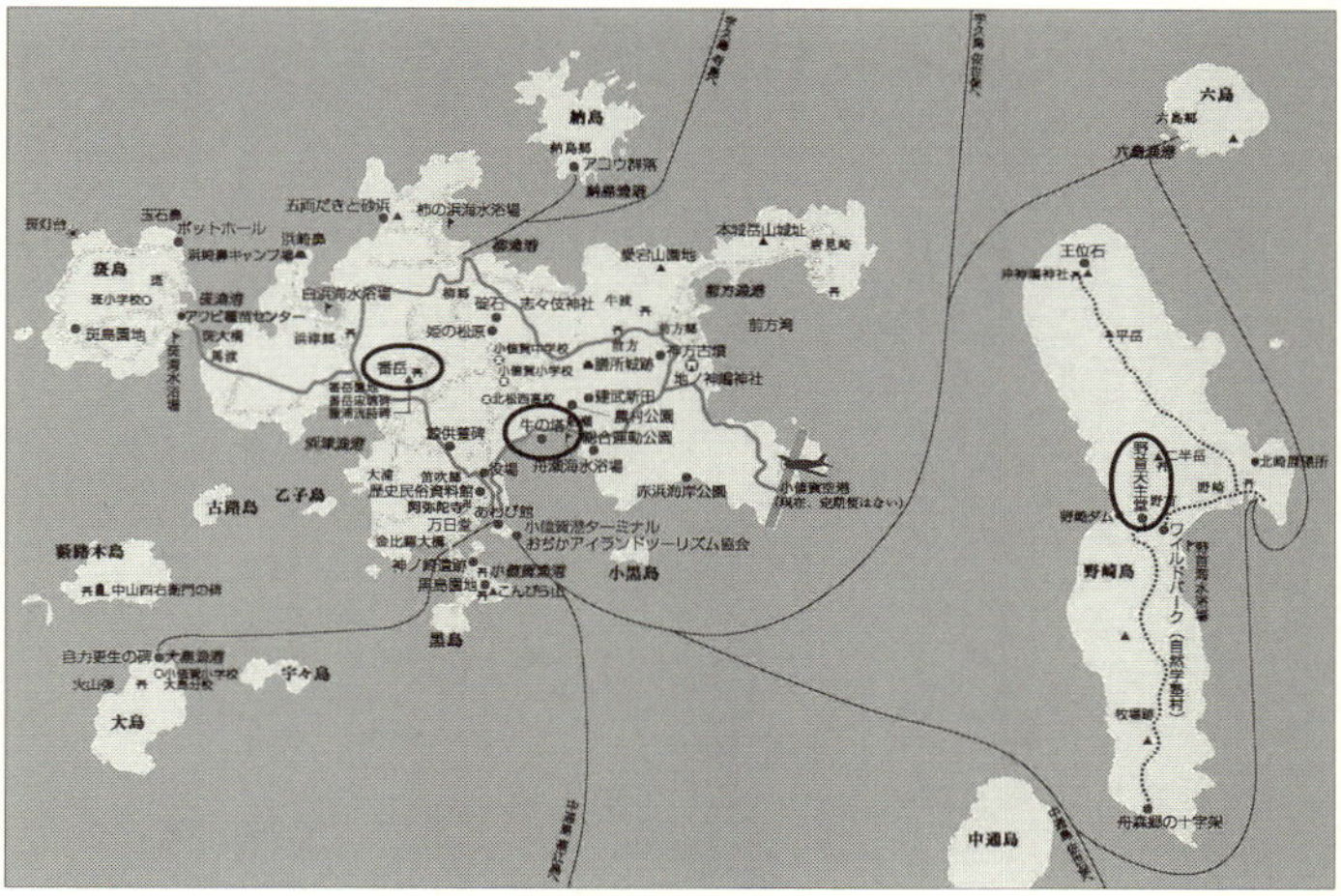

小値賀島の本島の地図、真中の船瀬という地区に「牛の塔」がある
（小値賀町 HP より）

小値賀の名所といえば「牛の塔」である。なぜ牛？不思議に思う人が多いのではないだろうか。たくさんの牛が死んだのでそれを祀ったということに過ぎない。問題は、なぜ多くの牛が死んだのか、である。それには、島の干拓が関係している。なんと小値賀島は昔、二つの島だった、というのである。

14世紀の初め、平戸藩松浦家の源定公という殿様が、二つの島を干拓して繋げたのだというのである（干拓地は建武新田という）。大変な難工事で、牛がたくさん死ぬことになる[14]。

おそらく、同じころのことだと思われるのだが、小値賀島に、中国からの貿易船がやってきた証拠がある。石でできたイカリである。真中あたりが窪んでいてイカリであったことが分かるのだそうだ。元寇の軍船という説、室町幕府の勘合（かんごう）貿易のものという説もあるそうだが、

左：正面から見た牛の塔、右無造作におかれた「石のイカリ」

もっと古いものかもしれない[15]。

江戸時代になると、小値賀島ではクジラ漁が盛んになる。小田組と大阪屋組というクジラ捕りの一族がいて、財をなしたのだそうである。クジラが小値賀湾に入るのを見張っていたのが、小値賀島の最高峰、番岳（ばんだけ）で「番」の名が付いている。宇久島も同様に捕鯨が盛んで、当時の組では数百人の人が、働いていたという[16]。このあたりでは遠洋漁業に従事していた人が近年まで多かったという話を聞いたが、そのような歴史的沿革があってのことなのだろう。

左：干拓地のあたり

最後に野崎島にある野首（のくび）教会を紹介しておきたい。明治時代に作られた教会で２００７年にユネスコの世界遺産暫定リストに登録された[17]。江戸時代、激しい弾圧にさらされたキリシタンはその後も信仰を守り続け、明治時代になって禁教令が撤廃されると、いく

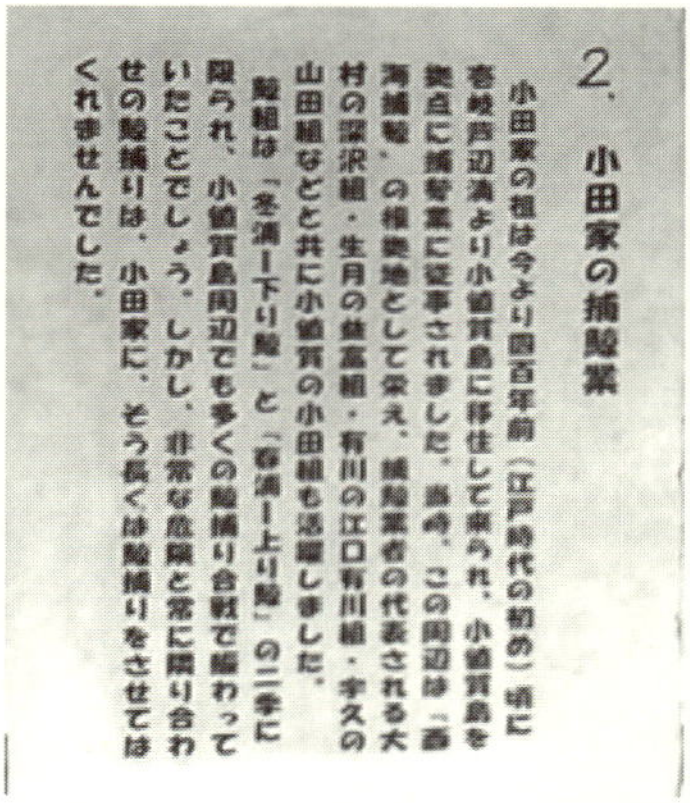
2. 小田家の捕鯨業
小田家の祖は今より四百年前（江戸時代の初め）頃に壱岐芦辺湊より小値賀島に移住して来られ、小値賀島を拠点に捕鯨業に従事されました。当時、この周辺は「西海捕鯨」の根拠地として栄え、捕鯨業者の代表される大村の深沢組・生月の益富組・有川の江口有川組・宇久の山田組などと共に小値賀の小田組も活躍しました。
鯨組は「冬浦ー下り鯨」と「春浦ー上り鯨」の二季に限られ、小値賀島周辺でも多くの鯨捕り合戦で賑わっていたことでしょう。しかし、非常な危険と常に隣り合わせの鯨捕りは、小田家に、そう長くは鯨捕りをさせてはくれませんでした。

小値賀の歴史民俗資料館にあった
小田家の捕鯨業の説明

つかの教会を作った。そうしたものの一つが、今は無人島となった野崎島（小値賀島の隣）の野首教会である。

1800年ころ、キリシタンたちは当時の大村藩（現長崎市旧外海町あたり）から開拓移民として現在の五島列島などの無人島に移住していったと伝えられ、その方たちの末裔方々がこの教会を建てたという[18]。江戸時代のキリスト教弾圧は凄惨を極め、数万人が殺された天草の乱の例だけでなく、迫害連続の歴史であったといってよいだろう。

「オラショ」という聖歌をご存知だろうか。2013年、国際的に活躍する女性指揮者の西本智実が、バチカンの音楽祭で復元演奏して話題となった。彼女は、平戸市生月島にルーツがあるそうで、隠れキリシタンへの想いがあってのことなのだろう。450年も前に日本に伝わった聖歌は、中世の姿をほとんど残したまま、なんと口伝によって現代まで歌い継

この写真は、長崎県が作ったポスターから

がれてきたのである[19]。おそらく、この野崎島の人たちも、この聖歌を密かに歌い続けていたに違いない。

これらは、この地域の歴史のうちのごくわずかなものに過ぎない。しかし、ほかの地域からすると、まさに垂涎の的と言ってよいだろう。食材は全国どこへでも配送されていくが、景観と、それに伴う歴史はそうはいかない。その場所に行かなくては見ることも、そしてそれをしみじみと味わうこともできない。人々の心動かすものは、現地にある。説明さえしっかりとされていれば、その地を訪れてみたいと思う人はきっとたくさんいるだろう。

(13) 二つの島の最大の違い

小値賀島と宇久島という二つの島の一番大きな違いは、町という地域の政府があるかないかである。宇久島には、佐世保市の出先機関として宇久行政センターが置かれていて、センター長ほか25人の職員がいる。合併前（１９９９年）は、１１７人[20]が働いていたので、約１／５に削減されている。住民の不満は大きく、佐世保市に対する要望は数多い。小は、生活に直接関わる様々な課題（ゴミ収集がこれまでのように行われていないこと、防犯灯の蛍光管取替えが行われないこと、など）から、大は、地域経営に関わる課題（地区への予算確保、観光ＰＲ、ドクターヘリの運航改善など）があり、いずれも地域住民にとっては深刻な課題である[21]。それというのも、宇久地区には住民を代表する政治的もしくは法定の機関がないためである。合併特例法上の地域審議会は置かれたが１年で廃止（２００６年４月１日から２００７年５月２日まで）され、市の意向でいつでも廃止できる「地区協議会」となった[22]。地区の政治的代表としては、唯一、島出身の市議会議員が１名いるに過ぎない[23]。

宇久行政センター長は、市の組織上は課長の上司にあたる次長扱いであるが、予算執行を含め事実上権限はなくすべて本庁決済となっている、という。行政センターの判断で実施できることは実質的にない、というのである。行政センターを訪問して驚いたのは、島の現人口を訪ねたところ、正確な数字を答えてもらえなかったことである[24]。訪問時の行政センターの職員25人のうち、宇久出身者は９人であった。合併前（１９９９年）、町役場関係者は町長や議員、職員をすべて合わせると１３０人[25]を超えていたはずであり、これと比較すると今は９割以上（93・１％減）も減っている。合併前、宇久島にいる子どもの多くは町職員の家族であった。それが合併によって本庁などに異動となり子どもたちも極端に減少したという。一般に、役場職員には第一子（長男、長女）が多いといわれる。いわば跡取りである。役場は地域の重要な雇用の場であったとともに、地域の後継者を繋ぐ要でもあったことが分かる。

これに対し小値賀島は２０１３年現在、82名の職員[26]がいて、町議会には10名の議員がいる。合併問題が起こる前は１００名（１９９９年）だったので約２割（18％減）減っており、議員数も14名から10名（28・６％減）となっている[27]。それでも、旧宇久町と比べるとその差は歴然としている。しかも、この町の役場関係者の行動力は人一倍である。

職員たちは、とても積極的であった。移住者や地域おこし協力隊の世話をはじめ、町活性化のために様々な企画を立て実施している。「チームおぢか島ん」なるヒーローショーのグループを若手職員で結成し町内外のイベントに出演したり、祭り開催の主体となったりと大忙しである(28)。訪問した際、町からの事前の案内、当日の説明など、いずれも、ほかの自治体とは比較にならない丁寧さであった。ヒアリングのなかでは、島民とのワークシェアすることも考えたい、という話も出ていた。町役場の仕事を島民との間で分かち合って、島を支えようという考えである。

議会活動も特別なものがある。合併問題が起こった際、町会議員たちは自分たちで研究を行っただけでなく、合併問題だけの報告パンフを作って住民に対して3回にわたって発行し、さらに島内各地の公民館で十数回の説明会を行っている。全国の市町村で、ここまで徹底して住民との議論を行った議会があっただろうか。昨今ようやく議会報告会なるものが、各地で開かれるようになった。しかし、肝心の地域課題を議会が住民と議論しているという情報は少ない。住民に接する機会が最も多い政治家は市町村議員である。小値賀町の議会は、本来の議会の姿といえるだろう。同町議会は、最近では、議会だけで住民参加による総合計画を策定し、町が作った総合計画とすり合わせを行っている(29)。

町がなくなってしまうという危機感が、関係者の意識を支えているのかもしれない。

合併と非合併・独立という対照的な選択を行った二つの島は、市町村合併がもたらす事態を象徴的に物語っていると私には思える。

(1) なお、両島は、五島列島の北にあるが、郡は五島列島が南松浦郡、小値賀と宇久は北松浦郡と異なっている。
(2) 総務省は、２０１４年度の地方交付税から３年かけて合併市町村の1支所あたり、２・４億円を交付税算定に加算し、さらに合併後の行政需要を5年程度かけて見直すと発表した（２０１４年1月24日総務省全国都道府県等財政担当・市町村担当課長会議）。
(3) 長崎県知事「宇久島風力発電事業　環境影響評価方法書に対する意見について」経済産業大臣宛２０１３年９月10日
(4) WEDGE　２０１４年2月21日「太陽光バブル最前線・九州、メガソーラー乱開発で『エコ』と矛盾も」
(5) 西日本新聞２０１４年1月28日「メガソーラー建設に待った」
(6) 長崎県の市町村への普通地方交付税総額は、２００２年１９８億円、２００３年１８２億円、２００４年１７８億円であった（長崎県市町村便覧・平成24年版、４頁）。
(7) 宇久町『宇久町郷土誌』２００３年、87頁
(8) 長崎県地方自治研究センター発行「ながさき自治研」№47、２００８年9月号14頁。なお、前町長の山田憲道さんは２０１３年に亡くなられた。
(9) ３００万円という少額ではあったものの、合併しない自治体への「脅し」としては十分な効果があったといえるだろう。
(10) ２００８年県発行パンフ「未来を担う子供たちに残すふるさと～市町合併をもう一度考えてみましょう～」
(11) 「おぢかアイランドツーリズム」は、少し複雑な組織である。組織は、ＮＰＯ法人おぢかアイランドツー

リズム協会と（株）小値賀観光まちづくり公社の二つの組織の総称だという。ＮＰＯは、２００７年に小値賀町観光協会、ながさき・島の自然学校、おぢかアイランドツーリズム推進協議会の三団体が合体して設立された。まちづくり公社は、古民家の指定管理者として町から委託を受けて運営している。

(12) 宇久島でも宇久町観光協会がホームステイなどに力を入れている。http://www.ukujima.com/

(13) 農業者の受け入れは、島根県浜田市弥栄地区と同じ方式である。

(14) 小値賀町『小値賀町郷土誌』１９７８年６６０頁

(15) 同　６５４頁

(16) 古賀康士著「西海捕鯨業における中小鯨組の経営と組織―幕末期小値賀島大坂屋を中心に―」九州大学総合研究博物館研究報告２０１２年

(17) 早ければ２０１６年にも世界遺産に登録される可能性があるという（朝日新聞デジタル２０１５年1月16日）。

(18) 大村藩から移住したのは長吉・ヨネ夫婦で、はじめ久賀島、次に天草と渡ったものの貧困により、さらに野崎島にたどり着いたという（小値賀町郷土誌　４９４頁）。

(19) オラショには、「らおだて」「なじょう」「ぐるりよざ」の三曲があり、このうち「ぐるりよざ」の原曲は、皆川達夫・立教大学名誉教授の執念の調査によって、１９８２年にスペインのマドリッドの図書館で楽譜が発見されたという（皆川達夫「オラショとグレゴリオ聖歌とわたくし」国立劇場第25回音楽公演プログラム、http://www.yk.rim.or.jp/~guessac/orasho.html）。

(20) 宇久町の１９９９年の全職員数。ちなみに一般行政職（臨時・非常勤は除くが、再任用は含む）は69人、地方公務員給与実態調査より。

(21) 宇久地区に一年間設置された地域審議会とその後設置された地区協議会の要望事項から。
(22) 佐世保市の地区協議会は、市の要綱による任意機関であり、市長の単なる私的諮問機関にすぎない。商工、福祉、教育など各種団体から推薦された者で構成され月一回程度開催され、佐世保市（本庁）への要望がまとめられる。市は回答しているものの多くは実現されることがない。
(23) 島出身市議会議員は、元宇久町議の自民党議員。なお、佐世保市議会の定数は36名だが、２０１５年5月以降の選挙から33名となる。前回の最下位当選は2，３７９票であり、宇久地区の有権者だけでは当選は難しい計算になる。
(24) 宇久行政センターの人口についての回答は、「前回の選挙人名簿が２２４７人だったので、子ども入れて２３００人くらい」というものだった。
(25) 宇久町の１９９９人の町関係者は、全職員数１１７人に、町長など町三役、教育長、さらに議員10人で１３１人と思われる。
(26) ２０１３年地方公務員給与実態調査より
(27) 住民は3，８５８人（２０００年3月末）から2，６６８人（２０１５年2月末）、３０・８％減。
(28) 小値賀町の職員の様子は、「小さくても輝く島『小値賀町』」（「地方財政」２０１３年7月号１６１—１７４頁）参照。
(29) 立石隆教・小値賀町議会議長著「議会版『総合計画づくり』」（廣瀬克哉・自治体議会改革フォーラム編「議会改革白書２０１４年版」２０１４年生活社、14頁）参照。

第2章　都市中心部への集中化をみる

1　地方中枢都市への集中政策

国は近年、地方の中規模都市に人口を集める施策を進めている(1)。地方都市を強化するという名目であるが、一方で、「消滅」する周辺自治体に見切りを付けたと言えなくもない。

東京では、2020年の東京オリンピックを一つの目途として関連施設の建設だけでなく、55もの地区で大規模な再開発事業が進んでいる(2)。また、東京都の高齢者人口は爆発的に増加するため、全国から介護サービスが集中すると予想されている(3)。大規模な施設も人もどんどん東京に集まっていて東京への一極集中は、とどまることがない。しかし、その東京には、近い将来、直下型大地震が予想されている。集中の歯止め策として、地方に小さな「東京」を作ろうとしているのである。

平成の大合併における合併規模とその件数

合併関係市町村	2	3	4	5	6	7	8	9	10	11	12	13	14	15	合計
合併件数	216	155	91	50	27	19	13	9	5	1	2	0	1	1	590

自治体は財政状況が悪くなると、普通は、サービスを少なくするか税金を上げる。家計でも同じようにカネがなくなれば、支出を少なくするか収入を多くすることを考えるだろう。しかし自治体の場合は簡単ではない。住民は、普通、増税を嫌い、政治家は有権者に嫌われることをいやがる。景気が良くなって税収が増えることもないわけではないが、人口減少が進むと税収が増えることも難しい。そこで第三の道として、合併なり集中化なりという、住民には一見してなんのことが分からない方法が浮上する。

合併して地域の自治体がなくなるとどんなことになるか、簡単には想像できない。「サービスがあまり変わらないなら、今の町や村が無くなってもいいんじゃないか」。このあたりが、合併を問われたときの住民の本音だったのではないだろうか。

しかし、合併こそ「選択と集中」を進めようという国施策の本音だった、と私は考えている。「選択と集中」ができれば、歳出は削減できる。町や村は切り捨てられるという「選択」が行われて、都市への「集中」が行われたのである。

改めて平成の大合併の合併規模を見てみよう。全５９０件（多段階合併は1件とする）の合併を一覧にしてみると、２自治体、３自治体で合併したところが多い。それでも自治体の規模は2倍、３倍になっているわけで、集中化は免れない。そう考えると10市町村以上で合併したところの状況は、一体、どんなことになっているのだろう。

平成の合併で、一番多くの市町村と合併したのは新潟市（15市町村合併）である。３

大規模に合併した市町村

15 合併

県	市	合併期日	合併方式	合併関係市町村
新潟県	新潟市	2001.1.1	編入	新潟市、西蒲原郡黒埼町
		2005.3.21	編入	新潟市、白根市、豊栄市、中蒲原郡小須戸町、同郡横越町、同郡亀田町、西蒲原郡岩室村、同郡西川町、同郡味方村、同郡潟東村、同郡月潟村、同郡中之口村、新津市
		2005.10.10	編入	新潟市、西蒲原郡巻町

14 合併

新潟県	上越市	2005.1.1	編入	上越市、東頸城郡安塚町、同郡浦川原村、同郡大島村、同郡牧村、中頸城郡柿崎町、同郡大潟町、同郡頸城村、同郡吉川町、同郡中郷村、同郡板倉町、同郡清里村、同郡三和村、西頸城郡名立町

12 合併

静岡県	浜松市	2005.7.1	編入	浜松市、天竜市、浜北市、周智郡春野町、磐田郡龍山村、同郡佐久間町、同郡水窪町、浜名郡舞阪町、同郡雄踏町、引佐郡細江町、同郡引佐町、同郡三ケ日町
愛媛県	今治市	2005.1.16	新設	今治市、越智郡朝倉村、同郡玉川町、同郡波方町、同郡大西町、同郡菊間町、同郡吉海町、同郡宮窪町、同郡伯方町、同郡上浦町、同郡大三島町、同郡関前村

11 合併

新潟県	長岡市	2005.4.1	編入	長岡市、南蒲原郡中之島町、三島郡越路町、同郡三島町、古志郡山古志村、刈羽郡小国町
		2006.1.1	編入	長岡市、栃尾市、三島郡与板町、同郡和島村、同郡寺泊町
		2010.3.31	編入	長岡市、北魚沼郡川口町

総務省データをもとに作成

段階で合併したので意外と知られていない。次は、上越市で13町村を併合している。同じ新潟県の長岡市も3段階で10市町村を編入した。新潟県は、平成大合併の東の雄である。112あった市町村を30に減らしており全国都道府県の市町村減少率は第３位（73・４％減）である。しかも大規模な合併が多い[4]。12市町村で合併した浜松市は、この合併を機に大都市、政令指定都市の仲間入りを果たした[5]。しかし、浜松市の北部は、日本でも有数の過疎地域である。浜松市は、大都市として一体どのような施策を行っているのだろう。

大規模合併を行った５市のうち、上越市、長岡市、浜松市の３つの大都市を訪ねた。

(1) 国は２０１５年に「連携中枢都市圏構想」という地方の中規模都市に集中投資する施策を始めた。これは、２０１４年までは「地方中枢拠点都市圏構想」といっていたものが名称変更になったものである。国から中心都市に都合3・2億円、周辺市町村に1当り1，５００万円が配分される。地方交付税として交付されるため、使い方は原則自由である（連携中枢都市圏構想推進要綱、総務省通知２０１５年1月28日）。

(2) 渋谷、目黒、大崎、品川・田町間新駅などは駅前の大規模再開発が行われている（東京都都市局・市街地再開発事業地区一覧（２０１４年7月31日現在）より）。http://www.toshiseibi.metro.tokyo.jp/bosai/sai-kai.htm

(3) 東京都の高齢者人口は約20年で74万人増加すると見込まれる（２００５年３１６万人から２０３５年推計値３９０万人で２３・４％増、東京都高齢者福祉計画より）。

(4) 15市町村合併の新潟市、14の上越市、11の長岡市のほか、佐渡市10合併、魚沼市6合併、村上市5合併。

(5) 新潟市も、合併で拡大して２００７年４月１日政令指定都市になった。

2　海から山までの都市・上越市、長岡市

（1）北陸新幹線　――上越市1

また新幹線である。新幹線が通る予定の地域を選んで取材に廻ったわけではない。しかし、上越市もまた、新幹線が課題となっている地域であった。

北陸新幹線（2015年3月14日開業）の完成は、一時、風前の灯火とも言われた。公共事業の大幅削減を掲げる民主党による政権交代があったり、新潟県知事が反対したり、したためである。新潟県は、北陸新幹線の建設のため多額の費用を負担させられた。にもかかわらず、北陸新幹線が開通すれば、上越新幹線の方は乗客が減り、県が出資する北越急行（株）の経営悪化も想定されていた。これまで富山や金沢に列車でいくには、上越新幹線と北越急行「ほくほく線」を使うしかなかったのだが、北陸新幹線ができればそちらに移るのは確実だからである。また、新幹線ができれば在来線は切られる。信越本線や北陸本線の一部の在来線がＪＲから分離されるため、別の鉄道会社の設立・運営も必要となる。怒った新潟県は、国の北陸新幹線工事認可を不服として、２００９年11月

左：北陸新幹線新駅・上越妙高駅
右：駅周辺の状況、開発前は田んぼだった

国地方係争処理委員会に申出まで行ったが、門前払いにされている[1]。

とはいえ、新幹線が通る上越市は新潟県とは少し違う。新幹線新駅として上越妙高駅が作られるからである。私が訪れたのは２０１３年11月、開業（２０１５年３月）まで１年余と迫った時期だったが、この年12月には試運転の列車が走り、数々のイベントが用意され町を

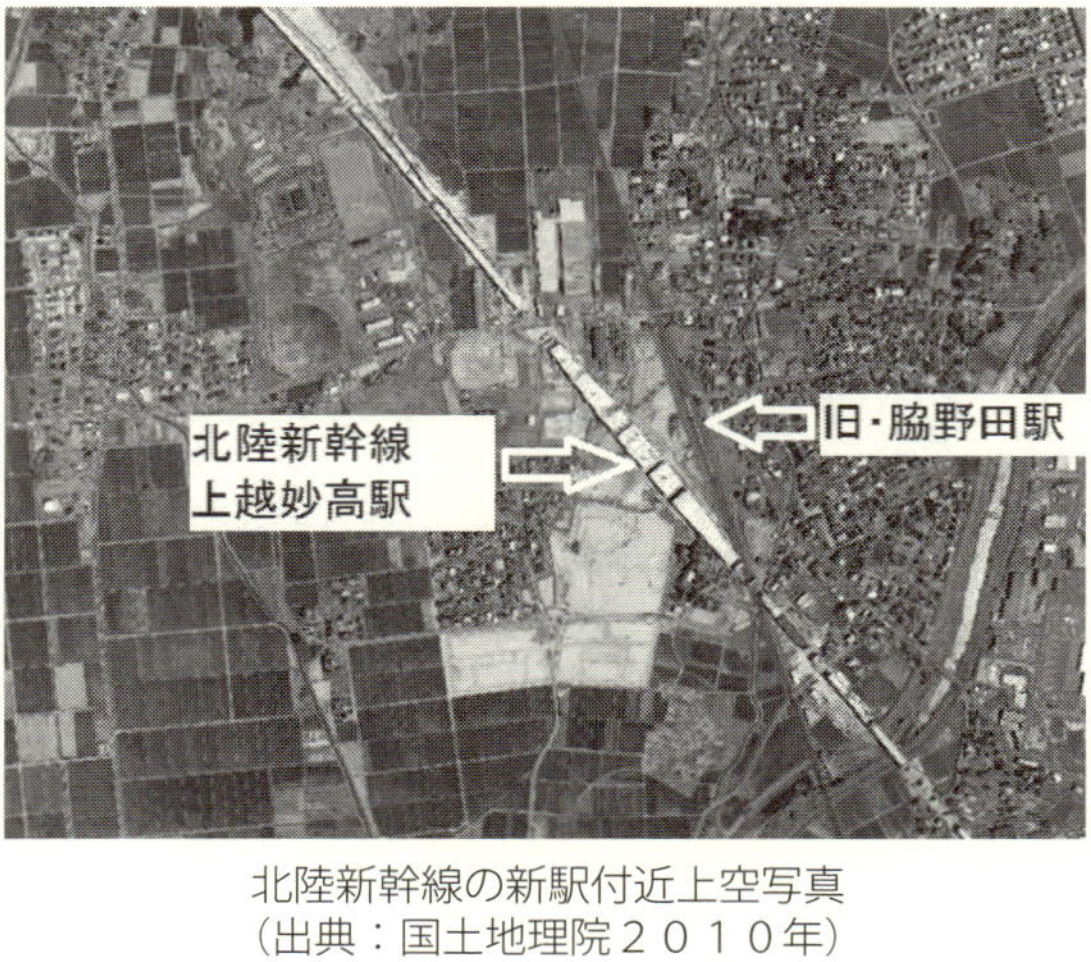

北陸新幹線の新駅付近上空写真
（出典：国土地理院２０１０年）

信越本線・旧脇野田駅

挙げての歓迎ムードにあった。
　地図で見ると上越妙高駅は、市街地から大分離れた南にある。上空写真のうち、ほぼ南北にＪＲ信越本線が走り、それに交差して右下から左上に走る線路が、北陸新幹線である。
「上越妙高駅」の隣にＪＲ信越本線の「脇野田駅」がある。調べてみると脇野田駅の乗降客は一日３００人弱に過ぎない。上空写真でわかるように上越妙高駅の周辺には集客施設があるわけではない。観光客は、北にある高田駅や直江津駅に運ぶ必要があるのだが、それは信越本線廃止後に開業する「えちごトキめき鉄道」（県や市が出資して設立）が担うことになる。脇野田駅は、これまでの駅舎を壊して新駅にくっ付け、さらに信越本線そのものも曲げて新幹線の線路に沿わせる。大工事だったが、２０１４年10月に完成している。当然、周辺部の工事も必要になり、全体で工事費用は２００億円に上ったという。
　ちょうどこの上越妙高駅が、ＪＲ西日本とＪＲ東日本の境界になるのだそうである。ちなみに電車の電流は、西日本が交流で東日本は直流である。この路線ではおそらく電車や乗務員の入れ替えが必要となるだろう。

（2）大合併と地域自治区——上越市2

上越市は、２００５年1月1日に周辺13町村を編入した。人口は、13万人ほどであったものが20万人を超え、２００７年に特例市になっている。面積は、約２５０平方キロから約９７０平方キロ（東京23区全体の1・5倍）とおおよそ4倍にもなっている。上越市には海岸から山間地まである。山間部は積雪が3メートルを超す豪雪地帯だが、海岸部はほとんど雪が積もらない（２０１５年冬には大島区、牧区で３ｍを超えた）。

もともと上越市は、１９７１年に直江津市と高田市が合併してできた市である。当時、両者とも市役所の位置を譲らず、人家のなかった中間点に新らたに本庁舎を建てた。今でも、旧直江津市役所と旧高田市役所は「出張所」であり、上越市の本庁舎は住所名称から「木田庁舎」と呼ばれている。外部の人間にはきわめて分かりにくい。もっとも市町村合併では、庁舎位置と並んで新市の名称がもめる二大ネタである。平成の合併でも、「南セントレア市」「太平洋市」「湯陶里市（ゆとりし）」

上越市の地域自治区のパンフ

「武南市」など、候補に挙がりながら消えた名称がたくさんあったし、名称と庁舎位置を取り引きした自治体も多かった。

上越市は、今回の合併で各町村に地域自治区を設置し、その後、旧市内にも地域自治区を設置するなど、徹底した都市内分権を図ったことで有名である。合併しても、旧町村に作られる地域自治組織がうまく機能するのであれば合併の弊害はほとんどなくなる、とさえ考えられた。合併してから10年という節目を迎え、全国各地の合併自治体で組織の見直しが始まっていることはこれまで述べてきたとおりである。上越市はどんな様子なのだろう。地域自治区がどのような活動を行っているのか、そのうちの一つを訪ねることにした。

（3）牧区の住民活動――上越市3

上越市の地域自治区のひとつ、牧区（旧・牧村）に伺った。面積は61平方キロというので、東京でいうと世田谷区や大田区くらいの広さである。牧村は、合併前人口約3000人だったが、9年ほどで約2200人になっていた。牧区は、ほとんどが山間部で、標高200メートル以上の地域が7割を占めている。山村といってよいだろう。

伺ったのは、牧区南部の深山荘、もとは村立の施設である。牧区の一番奥の宇津俣にあって、一

旧牧村が建てた深山荘からみた眺め

つ山を超えると長野県である。伺ったとき、ちょうど地区の農事組合法人「雪太郎の郷」の皆さんが大根祭りをやっておられた。雨にもかかわらず、大変な賑わいで完売だったそうである。

驚いたのは、打ち上げに参加した20人くらいのお仲間のうち、半分が女性だったことである。若い男性も何人かおられた。聞くと、出稼ぎの土地で、冬は女性陣が村を守ってきた習慣があったそうである。そのため、女性たちも前に出ることを厭わないという。埼玉の山間部とは随分違う。若者たちは農業高校を卒業して研修に来ているとのこと。「雪太郎の郷」は、農家20人ほどで経営されているのだそうで、作業は一緒、農機具も皆で共有しているという。代表のSさんは、どぶろく特区の全国第一号取得者というアイデアマンであり、法人は数々の賞をとっていた。また、この地区は蕎麦どころとしても有名だそうで、上越市の広報（２０１３年11月号）で紹介されている。蕎麦も、どぶろくも、大根も、うまい。

牧区のどぶろく

（4）揺れる地域自治区　――上越市4

合併後の地域自治組織には、法律上は4種類ある。そのうち3つ(表の左3つ）は市町村合併特例法に基づいており、主に合併時に作られる計画(新市建設計画)の実施状況をチェックするために置かれる。合併すれば新しい市長に権限が集中するため、合併前の約束が守られるとは限らないからである。ただ、合併特例法のものは合併後一定期間で廃止されるという弱点がある。その意味では、表の右端の「地域自治区（一般)」は、地方自治法に基づくもので設置期限がない。上越市のものは、地方自治法に基づくもので、前述のように独自に大きな財源と市長に意見を述べる権限を与えるなど充実したものとなっている(2)。

上越市には、合併した13町村のすべてに地域自治区があって、地区住民の協議機関として地域協議会がある。いわば地区の議会である。地域協議会は、活動資金を交付する住民団体を選定したり、地域の問題について市に意見を申し出たりする権限も持っている。当

地域自治組織の種類と設置自治体数の推移

	地域審議会		合併特例区		地域自治区（特例）		地域自治区（一般）	
	自治体数	設置数	自治体数	設置数	自治体数	設置数	自治体数	設置数
2006.7.1	216	780	6	14	38	101	15	91
2007.10.1	217	775	6	16	38	104	17	123
2014.4.1	177	645	2	3	30	65	15	145
根拠と特徴	根拠・市町村合併特例法						根拠・地方自治法	
	期限あり						期限なし	
	法人格なし		法人格あり / 特別職の区長		法人格なし / 特別職の区長		法人格なし	

総務省データを基に作成

初、地域協議会の委員を選挙で選んだことでも話題となった。実際、各地域協議会は数多くの意見書を市に提出しており、議事録と会議資料はすべて市のホームページに掲載されている。一般の自治体議会より進んでいる面もあるといえるだろう(3)。

また、地域自治区と地域協議会を支える行政組織として、各区に総合事務所が置かれており、かつての町村役場がそのまま残っている。これとは別に、「振興会」などの名称の住民組織があり、旧町村が残した寄付金と会費をもとに公民館の管理や祭りの開催のほか、町内会への連絡など市の下部機関としての役割も果たしている。住民から見ると合併によって名称は変わったものの、役場や議会の機能が残っているかのようである。

牧区の場合、地域協議会の委員は14名で会長を前述の「雪太郎の郷」の代表が勤めておられた。年に10回程度、１回２時間程の会議が行われているという。ただ、近年、地域協議会の規定が変更され権限は小さくなっていた(4)。２０１３年に総合事務所改革も行われ機能と人員の統廃合が行われた。牧区の場合は、合併前、71人いた職員が20名になり牧区の出身者は6名に過ぎなくなってしまった。顔見知りの職員が異動でいなくなり、簡単な相談や行政情報をもらうのも難しくなり住民の不

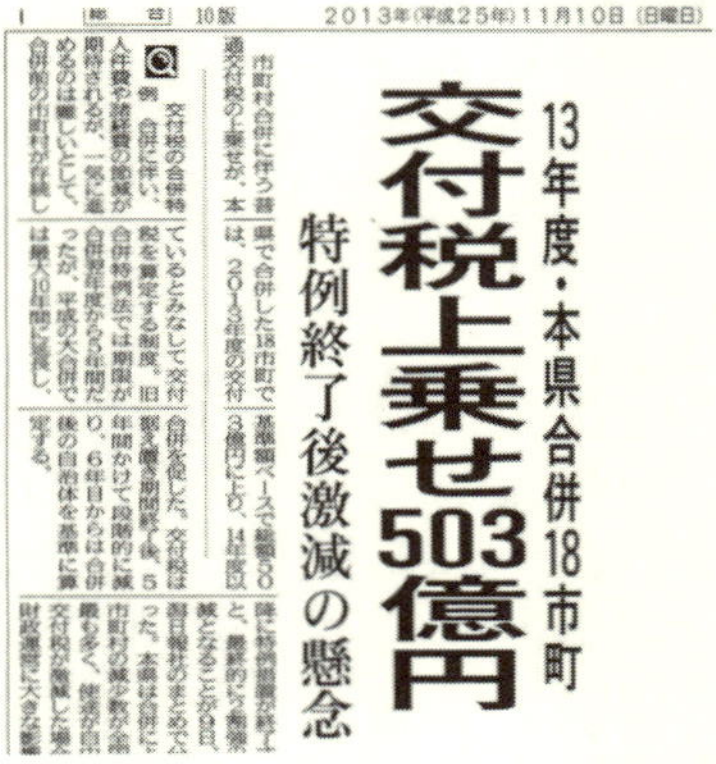
2013年(平成25年)11月10日(日曜日)
13年度・本県合併18市町
交付税上乗せ503億円
特例終了後激減の懸念

地方交付税の大幅減額を報じる新潟日報の一部（２０１３年11月10日付）

満は大きい。市議会議員は、地区からの人が一人いるものの、以前の元・村助役とは違う人が当選しているという。

２０１３年の総合事務所改革は、産業建設グループという農林業や土木事業を扱う、いわば地区の中枢を担う部署が対象となった。結果、全13事務所から4事務所に集約されている。国が出す農業の補助金は、種類が多い上、提出する書類に大変な手間がかかることで知られている。また、農業者が抱えている事情もそれぞれ異なっていて、補助金のうちどの制度が適当かは判断が難しい。申請できる期間が短いものも多い。農業者は、行政の担当者と直に話したいはずだが、近くの事務所には担当者はいない。

別の地区であるが、地域自治区と市との間で意見の衝突も起こっていた。旧上越市内の高田地区において市が建設を予定している（仮称）厚生産業会館について、当該地区協議会が反対の意見書を出したのである。市は地区協議会の意見を聞き置くとして建設を進めている(5)。

総合事務所についても問題がある。権限は災害時の避難準備情報の住民への伝達くらいで、予算も緊急の場合の修繕費くらいしかない。

新潟を訪れている時、衝撃の記事が新聞に載った。何度も出てくる話であるが、合併特例による合併算定替という財源特例が終わって地方交付税が減るという問題である。この新聞記事によれば、上越市の場合、２０２０年には国からくる地方交付税が92億円も減少するという。合併後の上越市の予算規模は、約１１００億円で市税収入は２７０～３００億円程度。そして収入の一部である地方交付税が、今の２４２億円から１５０億円になるというのである。合併当初、地方交付税の減額は約30億円と想定されていたそうで、想定が大きく違ったことが自治体行政を追い詰めていることは間違いない。

総合事務所改革は、この状況に対応するもので、住民にもそのように説明されていた。実際、上越市はこのほかにも、公の施設の再配置計画を立て（２０１１年10月）、千余りの施設のうち、じつに２／３程度を譲渡もしくは再配置検討の対象とするという大胆な改革を進めている(6)。このため、牧区の元村立・深山荘についても指定管理者への移行が課題に上っていた。

（5）集中化と山間部支援　――上越市5

地図は、上越市の人口集中地区を示したものである(7)。前に述べたように、上越市は１９７１年に直江津市と高田市が合併し中間地域に市役所を建設した。市街地のうち旧直江津市街地と市役所付近は繋がりつつあるもののこの図からほぼ3つに分かれていることが見て取れる。これに新たに北陸新幹線の上越妙高駅が誕生し、周辺の開発が進んでいる。人口20万の自治体が、今後、ばらばらになった市街地を抱えていくことが可能なのだろうか。

上越市が合併に際して、建設事業に発行できる合併特例債は約６００億円であり、２０１２年までに３５２億円を使ったという。新幹線新駅についての市資料を見ると、周辺地域整備の総事業費

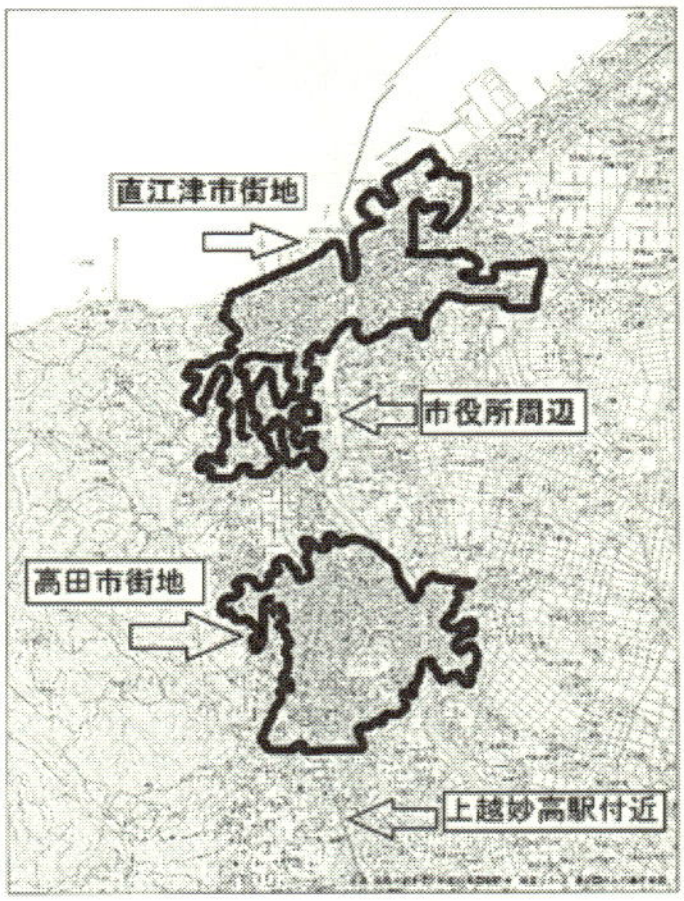

線で囲った部分が上越市の人口集中地区
（新潟県ホームページのものを加工）

として約２０４億円、そのうち約99億円が合併特例債で賄われる内容となっている(8)。

上越市は、しかし、山間部に対しても目線を向けている。市には、「中山間地域振興基本条例」という条例がある。中山間地域という言葉は聞きなれないかもしれない。ようするに、平野でない地域であり中間的地域から山間地をいう(9)。上越市の場合、合併によって６割以上が中山間地域となった。

この条例には、珍しく前文があり、つぎのように述べている。

「私たちは中山間地域の資源・・が市民共有の財産であることを理解し合い、市民みんなで中山間地域を支え、市民が安全に安心して住み続けることができる地域社会の実現を目指すことを決意し、この条例を制定します」。

条例によって、市には、中山間地域振興のための取り組み方針を毎年策定する義務が課せられており、その公表と議会への報告が行

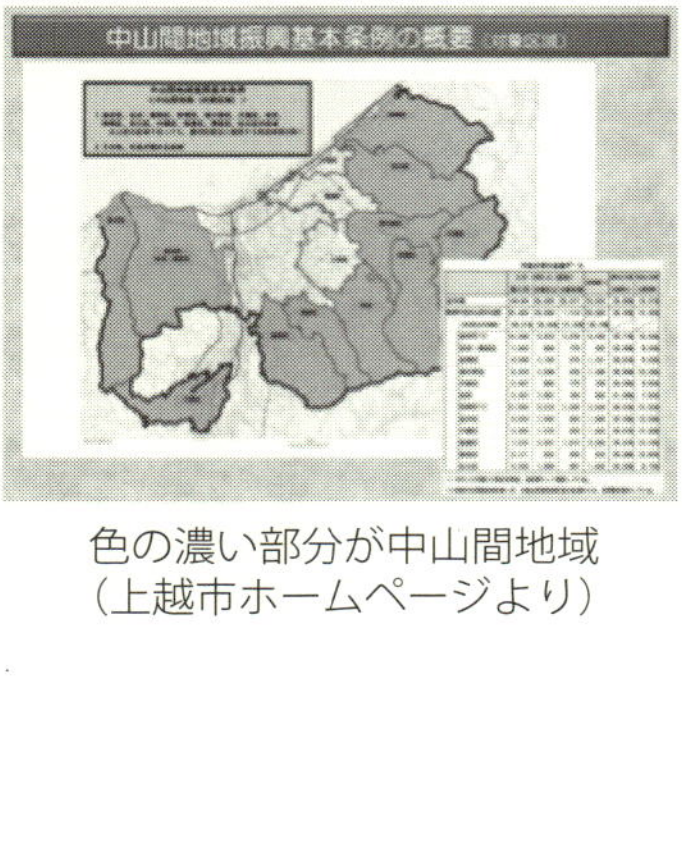

色の濃い部分が中山間地域
（上越市ホームページより）

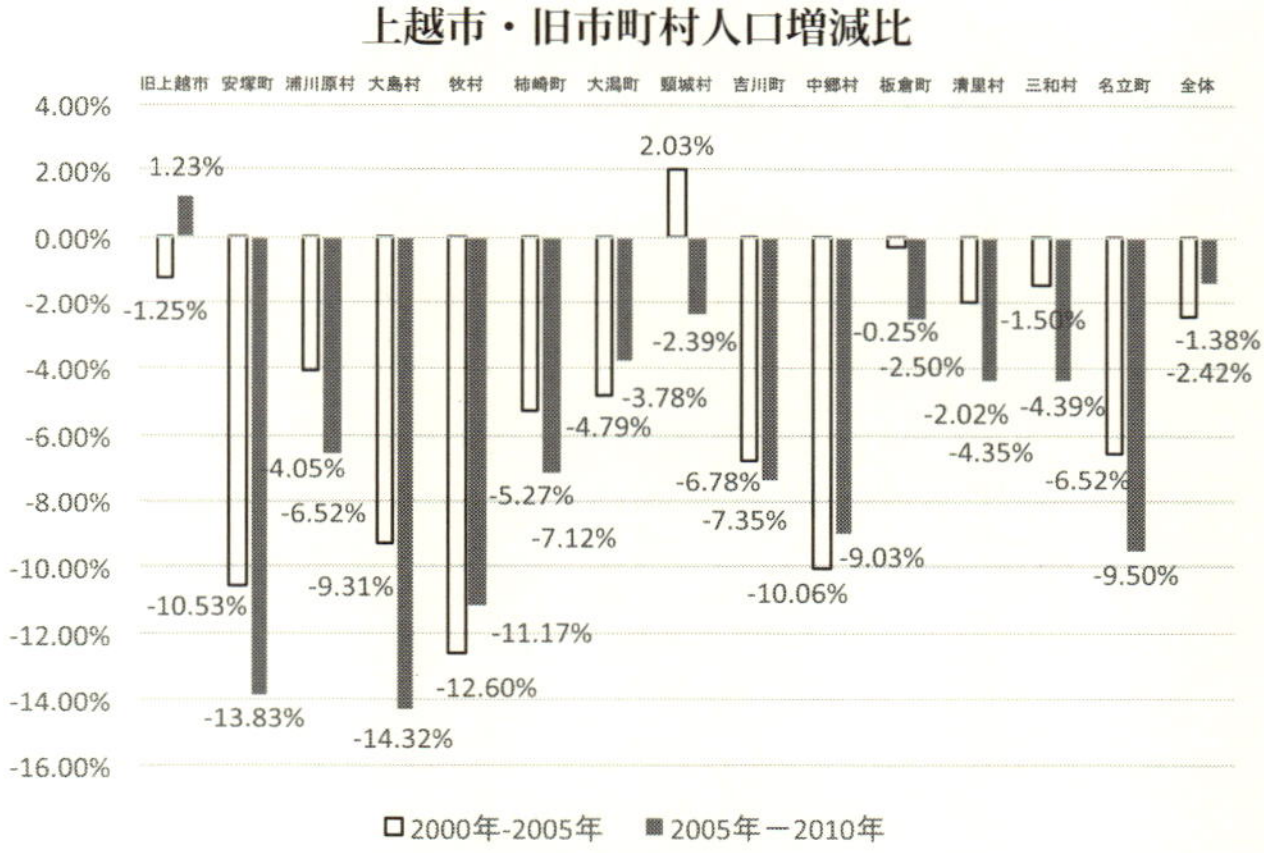

国勢調査より作成

われている。中山間地域の振興条例は、中国地方の５県が定めているように県にはあるが、市では大変珍しい(10)。ただ、合併する前の中山間地域にあたる村や町には、そのような条例は必要なかった。なぜなら村や町全体が中山間地域だったからである。合併する前、町村のほぼすべての施策が中山間地域を振興するものだったのである。

グラフは、上越市の旧市町村の人口増減をみたものである。２００５年の合併以降、旧上越市だけが、人口増となっているだけで他のすべての町村が人口減となっている。地域自治区の保障とは裏腹に、旧町村地区の人口は急激に減りつつある。

大規模合併を経ての集中化と中山間地域支援。上越市は今後、どのようなバランスを取っていくのだろう。

（6）山古志の復興（その1）――長岡市1

次に向かったのは長岡市である。旧長岡市は、新潟県第二の都市であり、１９０６（明治39）年にはすでに市制を施行している歴史あるまちである。平成の大合併では、前述のとおり11市町村が３度にわたって合併し、人口は１・５倍、面積は３・４倍もの広さになった。日本海に面する旧寺泊町は港町であり、旧山古志村は山の中にある。最後に合併した川口町は飛び地となっている。

中越地震で全村避難となった山古志村も、いまは長岡市の一部である。今回の取材の主な目的は合併だが、まずは旧山古志村の復興状況を見ておくことにしたい[11]。

地震による村の被害は、死者２名と人的被害こそ少なかったが、地滑り山崩れが３２９ヶ所も起こり、河道閉塞（かどうへいそく）といわれる川を土砂が塞いで湖のようになる事態が発生し34ｈａもが水没してしまう。住宅は40％が全壊し、錦鯉や牛の畜産といった地域産業も甚大な

長岡市における平成の大合併

合併前自治体	2000年人口	面積	2005年4月1日	2006年1月1日	2010年3月31日	新長岡市
長岡市	193,414	262.45	合併			2014年1月人口
中之島町	12,804	42.55	合併			280,922
越路町	14,271	58.44	合併	合併		面積
三島町	7,618	36.47	合併	合併		890.91
山古志村	2,222	39.83	合併	合併		
小国町	7,389	86.15	合併	合併		
和島村	4,954	31.86		合併	合併	
寺泊町	12,270	58.16		合併	合併	
栃尾市	24,704	204.92		合併	合併	
与板町	7,493	20.05		合併	合併	
川口町	5,748	50.03			合併	
計	292,887	890.91				

国勢調査などより作成、

被害を受けた。村は地震があった２００４年10月23日の翌日には全村避難を行った。

旧山古志村の復興の特徴は、集落（コミュニティ）機能を徹底して守ったことである。５６２世帯１７７９名がバラバラに避難所に入ったが、10日ほどで８つの避難所を村の集落ごとに移動・再編してもらっている。その後、約１か月半で仮設住宅に入居し、震災から３年２か月後の２００７年12月には仮設住宅を全員が退去して帰村を果たした。

山古志村の雪景色。2013 年冬、初の雪

私が村を訪れたのは、それからさらに6年を経た２０１３年11月のことである。その年初の寒波が日本を襲い、初雪であるというのに、村はあっという間に数十センチもの雪で覆われた。平年３メートルの積雪があるそうで、人々の平静さもムベなる

左：木籠集落の被災した家。右：木籠集落近くの崖地

錦鯉の池

かなと思われた。

集落の一つ木籠（こごも）集落を訪ねた。ここは芋川の支流が塞き止められ、土砂で家が埋もれた地域である。土砂に埋もれた家を撤去する話もあったが、住民達は災害遺構として残すことを決断する。よそ者が被災した場所を見に行くのは、勇気が要るものである。他人の不幸を覗き見するような気持ちがどこかにあるからなのだろう。しかし、残すことを決意した地元住民にこそ、本当の勇気が必要だったに違いない。東北の被災地では、震災の象徴となる建築物などを残すか否か、激しい議論が起こった。

木籠には、地元の直売所が建てられていて、二階が記念館になっている。販売所の小母さまが丁寧に、当時の様子と復興の経過を話して下さった。

木籠集落のすぐそばで、崖崩れのあった山が岩肌を露わにしていた。上方に大きな岩が見え、そこから崩れたようである。崖下の家の前で、高齢のお婆さんが腰かけて居られ、すぐ前に神社があった。あれほどの被害があっても地域から離れよう

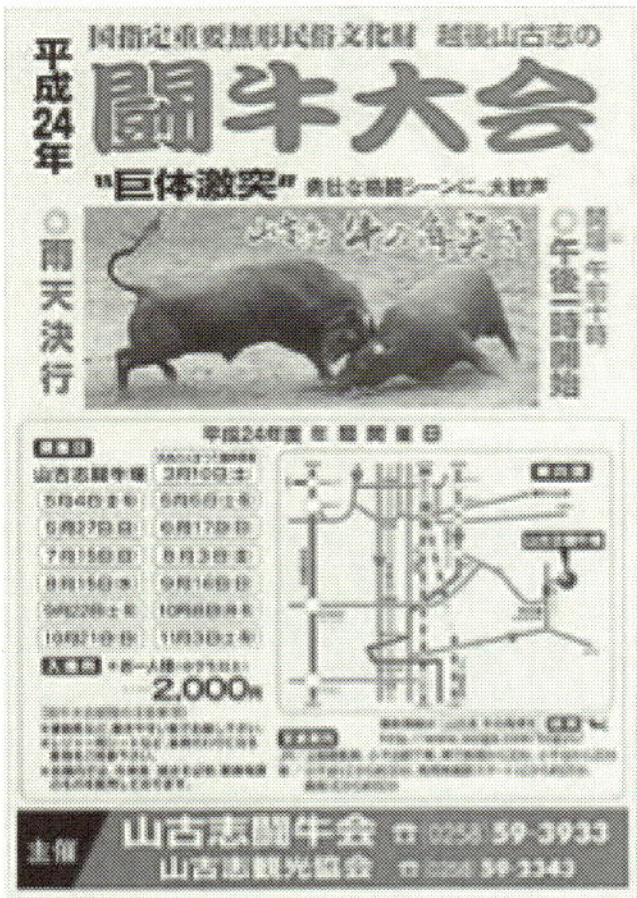

闘牛大会のチラシ。前年のもの

山古志のアルパカ

としない。それを非難する人もあるかもしれない。しかし、私には山の守り神のようにみえた。もし、ここから人がいなくなれば傍の家からも人が去り、山は一気に荒れていくだろう。

直売所は地域の産物で溢れており、立派な自然薯を購入した。あまりに格安で少し自責の念に駆られ、地区の集落で作っている「山古志木籠集落ふるさとの会」に加入することにした（年会費２０００円）。地域情報が書かれた情報誌とカレンダーが送られてくる。木籠を離れざるを得なかった人たちとも、このように繋がっているのだ。ところで、自然薯掘りがうまくいくのは、ここが太古の時代、海底だったからだそうだ。ただ、だからこそ山崩れが起きやすい場所でもある。

山古志といえば錦鯉と闘牛である。闘牛は、冬でお休み。すべて終了していて見ることはできなかったが、復活していた。錦鯉も復活したといってよいだろう。かつては冬越しができなかったが、設備がよくなって可能となっている。写真は2年半もので、４年で成魚となるという。値段は一匹数千円からだが、数千万円のものあるというから驚きである。今は、東南アジアからの買い付けが多いそうで、それらしき一行があちらこちらに来ていた。彼の地でも高所得層が生まれているようである。

山古志村には新しい名物も生まれていた。アルパカである。かつては山古志支所の所長を務め、今はアルパカ村代表のAさんに話を伺った。

アルパカは、もともとは南アメリカが原産だそうである。ここのは北アメリカ産、しかし血統証が付いている。とてもおとなしく、人なつっこいところが特徴で、御覧のように一頭一頭、皆違う顔をしている。今や引く手あまたであり、全国の動物園やイベントなど、レンタルの要望がひきも切らず来ているという。この牧場にも、見物客がたくさん来ている。しかも、毛が大変良質で羊毛よりも高価だという。ここでも村の皆さんによって製品が作られている。実は、このアルパカ、震災と関係があった。震災のときアメリカの篤志家が、復興のために、と寄贈されたのだそうだ。

旧山古志村が震災復興のために作った「山古志復興プラン」に、驚くべき文がある。

「私たちは、今回の震災を『新しい山古志を創る千載一遇のチャンス』ととらえ・・・・夢の持てる地域社会の実現に向けて取り組みを進めていきたい」（10頁、傍線、筆者）

山古志村はその通りの復興を進めたといえるのかもしれない。

（7）山古志の復興（その2）――長岡市2

旧山古志村では、複数の方から話を聞けて復興の様子を詳しく知ることができた。それによると、住民の要望は、まずはお墓を立て直すことだったそうである。次に田んぼ、その次に養鯉池、そして最後に、住宅建設だったという。神社の再建も早かった。

左：山古志の棚田。雪は４月まで融けない。
右：神社の再建も相当に早かった。

東日本大震災の復興とは全く違うのに驚かされる。三陸では、まずは住宅の復興が優先され、震災後2年目にようやく街の拠点事業に補助金がついた。神社や寺の再建は遅れ、特に墓については震災後４年経っても手が付けられていない。中越地震では、どうしてこのような復興が可能だったのだろう。

旧山古志村が中越大震災から復興を遂げた第一の要因は、なんといっても長岡市との合併前に、村独自で復興プランを作り上げたことだろう。村が判断権限を持っていることがいかに重要か、改めて確認しておきたい。

２００４年10月に震災があり、その際、すでに長岡市との合併が決定していたわけだが、翌年４月の合併直前に旧山古志村の体制で、復興プランを作り上げている。そのプランを基に、新長岡市として職員が一丸となって復興に取り組むことになった、

山古志村の復興プラン

左：集落の一部に建つ復興公営住宅、
右：復興モデル住宅の一例：吹き抜けが茅葺き家屋を想起させる。

というわけである。

私は、新潟県が作った新潟県中越大震災基金が重要であったと考えている。これをもとに総額６００億円、１００以上の事業が行われている。そして、地域コミュニティ施設の再建など、通常の国や自治体の補助事業では不可能とされる事業が次々と実現している。

現地に行って驚くのは、復興公営住宅がそれぞれの集落の中に、数戸ずつ建てられていることである。説明を受けなければ、自己再建の住宅と区別できない。自宅を自己再建できる人も、できない人も同じ集落で暮らしていて、一緒になって地区の施設を維持管理している。しかも、住宅は統一の意匠（デザイン）で作られていて、山里の風景に見事にマッチしている。

山古志の住宅は、東洋大学の故内田雄造教授らの協力によって作られたものだった。山古志に置かれた長岡市中山間地型復興モデル住宅検討委員会（内田雄造会長）が、公営住宅だけでなく復興にあたってのモデル住宅を提案したのだった。

私が、内田先生に初めてお会いしたのは、三十年近くも前のことである。先生は、八ツ場（やんば）ダムによって水没が予定されていた川原湯温泉で、学生と一緒に住民支援の活動をされていた。山古志のモデル住宅は、山の状況を知り尽くし、住民の考えを尊重する内田先生ならではのもの、といえるのではないだろうか。この仕事が内田先生の最後の仕事となったそうである。

話を元に戻す。山古志村の復興を支えたのは何だったのか、ということである。村が独自に復興計画を立てることができたことは、すでに述べた。ほかにも、稀代の村長のリーダーシップ、有能な行政マン、国や県などの手厚い支援、などなどいろいろな要素があったといえるだろう。

もう一つ、私が紹介したいのは、この一冊である。

須藤功さんの写真集「山古志村」である。農村漁村文化協会が、震災の翌年２００５年秋に山古志村民のために全戸に寄贈した。著者の須藤さんは、１９７０（昭和45）年から約1年間、山古志村に住み込んで村人たちの生活を丹念に写しており、この本はその記録である。農作業、冠婚葬祭、出稼ぎの親子、そして、子どもたちの笑顔。日々の暮らしが宝物のように見えるのはなぜであろう。

今回、山古志の方から、この本から力を貰ったという話を聞いた。それまで山古志の出身と他人には言えなかったのが、言えるようになった、というのである。そういう、心を支える何かが、この写真集にはある。それはおそらく、山古志が、なにものにも代えがたい、誇りうるムラであることをこの本が証明しているからだろう[12]。

（8）ＪＲ長岡駅周辺の賑わい　――長岡市3

旧山古志村の復興の話が長くなってしまったが、本題は、地方都市の集中化である。地図は、長岡市の人口密度の高い人口集中地区（1平方キロ4000人以上の地区）である。丸印がＪＲ長岡駅であり、駅を中心に人口が集中していることがわかる。真中に信濃川が流れ、街を東西に分断しているという特徴がある。

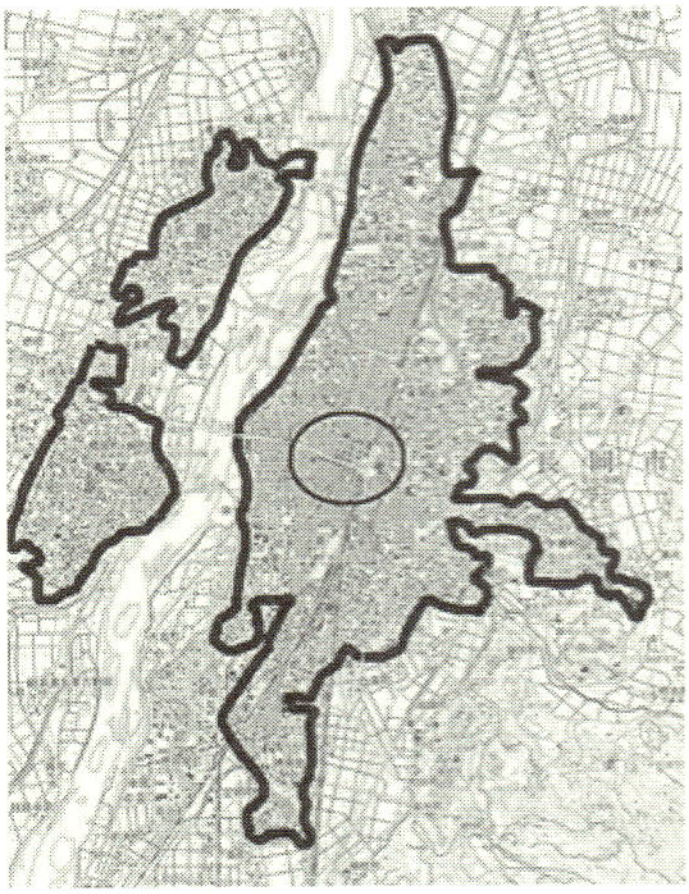
丸印がＪＲ長岡駅前の中心市街地、線で囲ったところが人口集中地区（新潟県ＨＰ、長岡市人口集中地区より作成）

長岡市役所（アオーレ長岡）に行って驚くのは、その奇抜さである。あまりに近代的、もしくは未来的で、普通の市庁舎からかけ離れている。建築物そのものについての評価は分かれるであ

長岡市役所＝アオーレ長岡のナカドマ

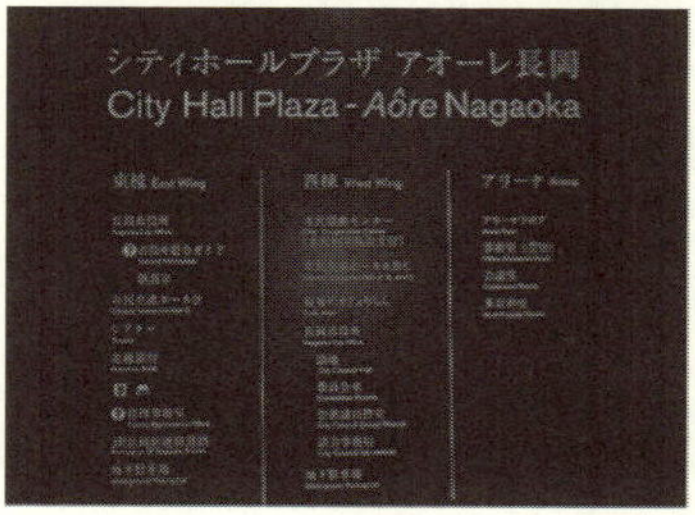

上：アオーレ長岡内の市議会議場、下：市役所の案内板、何がどこにあるかよくわからない。

ろうが、市民との関係でいえば、真中に「ナカドマ」という天井付の市民広場を作り、市民イベントの会場としたことは特筆に値するだろう。アオーレ長岡という名称も、「会いましょう」という長岡弁からとったものだという。市民の期待も大きかったようで、2012年のアオーレ完成記念に市民たちが作ったビデオを見るとそれがよく表れていて、よそ者が観ても、なかなか感動的である[13]。

長岡市は、このアオーレ長岡の建設を始め、駅前を中心とした中心市街地の活性化に相当な力を入れている。総合計画（2011年策定）を見ると、「都心機能の強化」と「コンパクトなまちづくり」を掲げており、2008年からは国の進める中心市街地活性化施策に則り、第1期計画として、市庁舎や駅前ペデストリアンデッキ（屋根付き高架歩道、市命名「大手スカイデッキ」）の建設、2つの市街地再開発事業など70もの事業を進めてきた。2014年からは第2期に突入し、新たに大和百貨店跡の再開発事業や社会福祉センター整備事業、自転車関連の整備事業など53事業を展開するという[14]。

(9) コンパクトシティと40万都市 ——長岡市4

長岡市は、総合計画にも都市計画マスタープランにも、まちをコンパクト化すると書き、市の目標としている。これまで自治体の多くは、市街化する区域を広げ住宅用の土地を拡大する施策を取り続けてきた。人口増が続くという思惑だったわけだが、本来、人口減になれば市街化区域を減らさなければならない。ところが21世紀に入って人口減になっても自治体の拡張政策はなかなか改

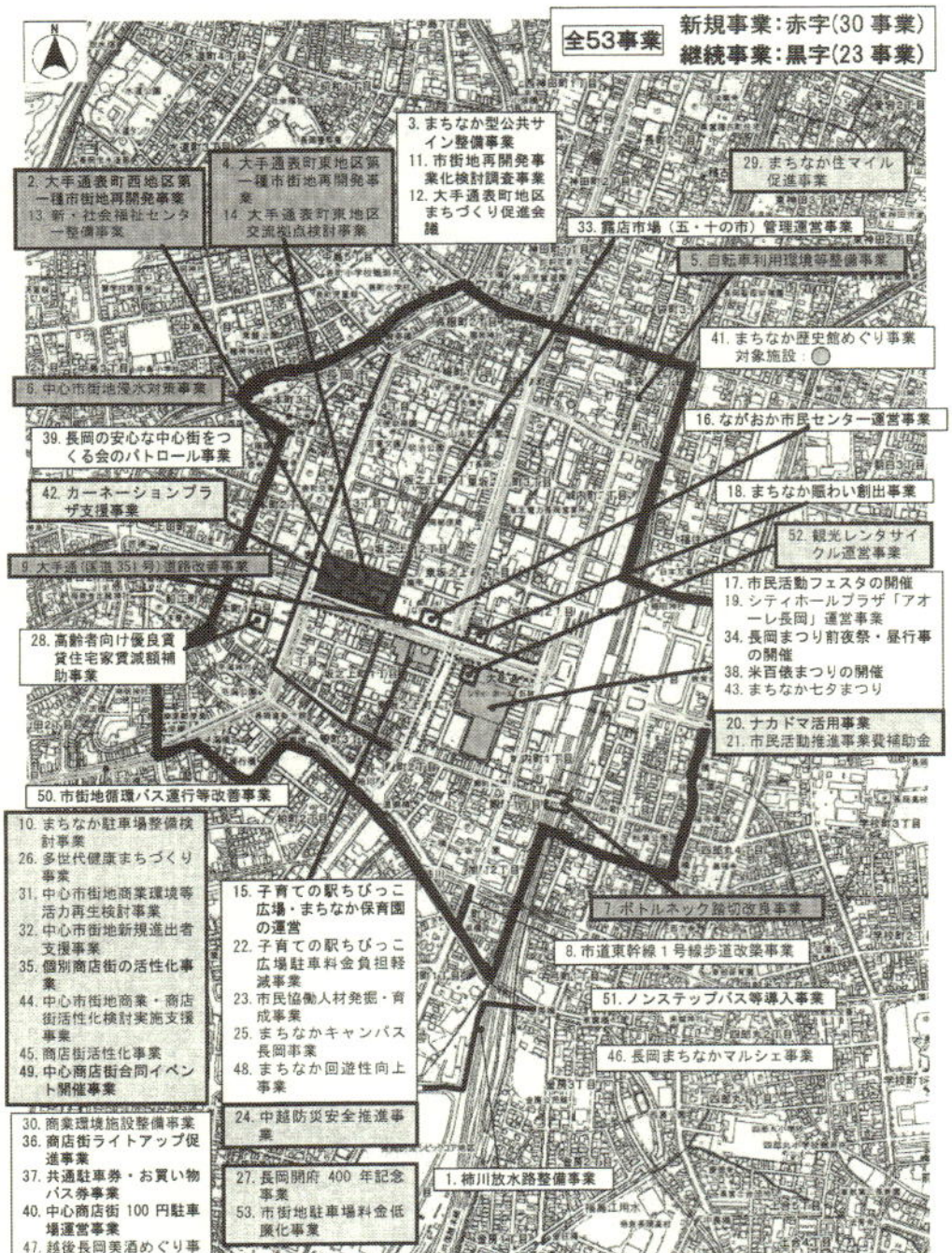

長岡市が第２期活性化事業で計画する事業、駅前90.5ha の太線内に事業が集中する（同計画より加工）

められていない。その意味では、長岡市がコンパクトシティを目指す方針を立てていることに、賛意はあっても異論はないだろう。しかし、それがひとり長岡市中心部だけへの投資を意味するのであれば、話は別である。これまで述べてきたように、市は長岡駅前に集中的な事業展開を図っており、その総額は数百億円単位の膨大なものとなっているはずである。市町村合併によって得られる合併特例債は、総額６００億円が使用可能となっており、これまでに市はそのう

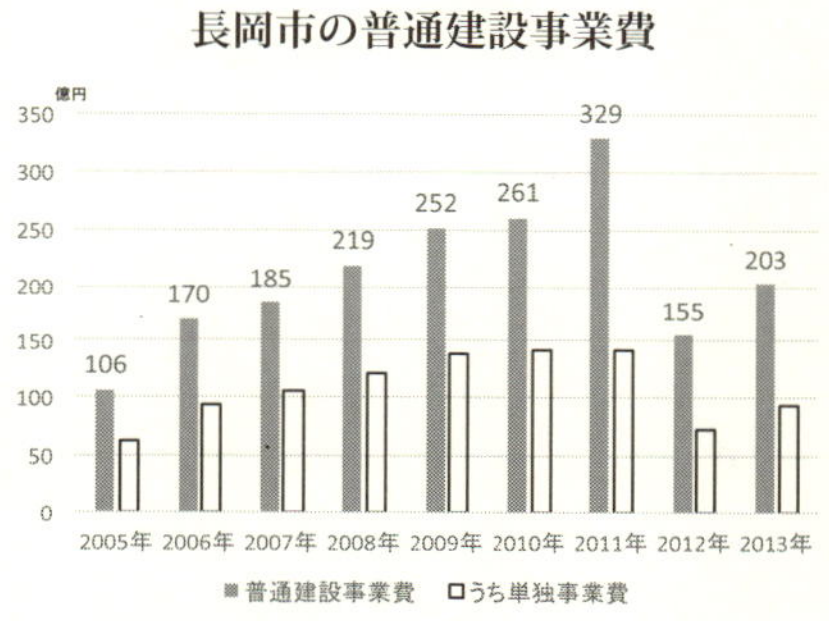

長岡市の普通建設事業費（市ＨＰより作成）

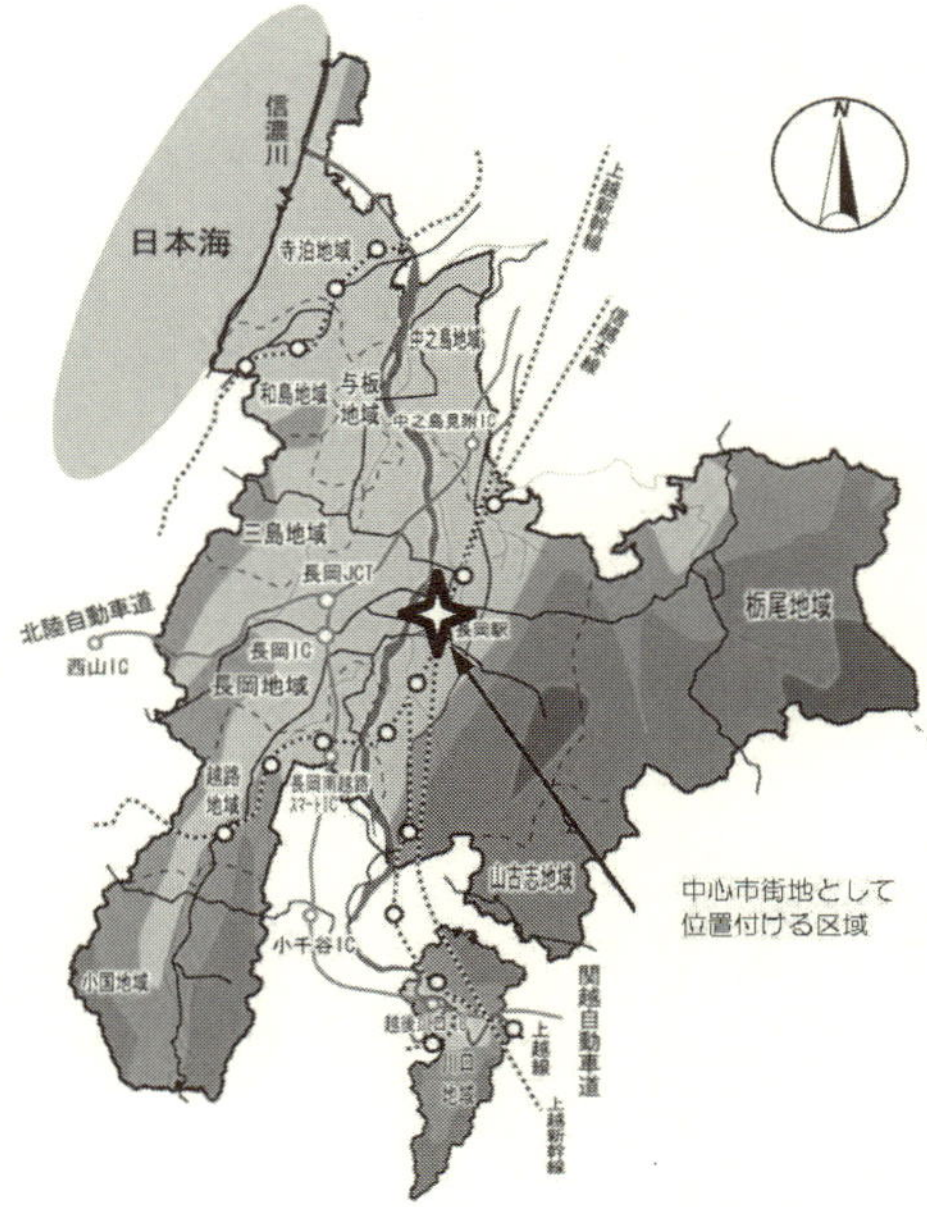

長岡市全体地図と中心市街地の位置（市ＨＰより）

ち504億円（84・1%、2013年度末）を使っているが、詳細を公表していない(15)。新庁舎だけで総事業費に131億円かかっており、これに合併特例債を54億円つぎ込んでいる(16)。長岡市は、合併特例債の多くを旧長岡市内に使っている、と私は考えている。

長岡市は、2005年の第一次合併以来、建設事業への支出を増やしており、表で分かるように2011年には合併時の3倍の329億円も使っている。使われた費用については、たとえ合併特例による借金（合併特例債）が可能だとしても、最終的には旧11市町村の住民全員の負担によって返済されることになる。住民への説明責任は果たされていると言えるのだろうか。

活性化の対象となる市の中心市街地の面積は90・5haであり、市の行政面積（8万9千ha）

長岡市・合併市町村の人口増減
（除・山古志村）

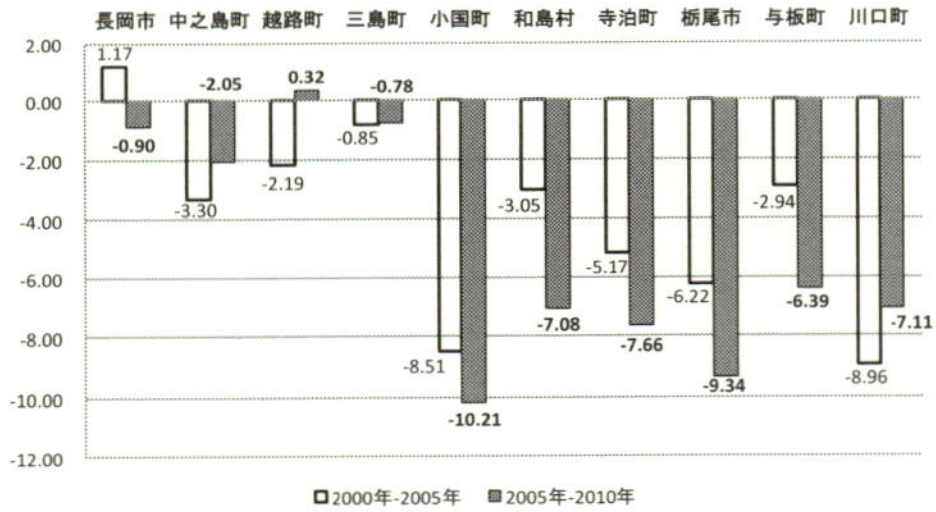

長岡市の支所人員数の変化

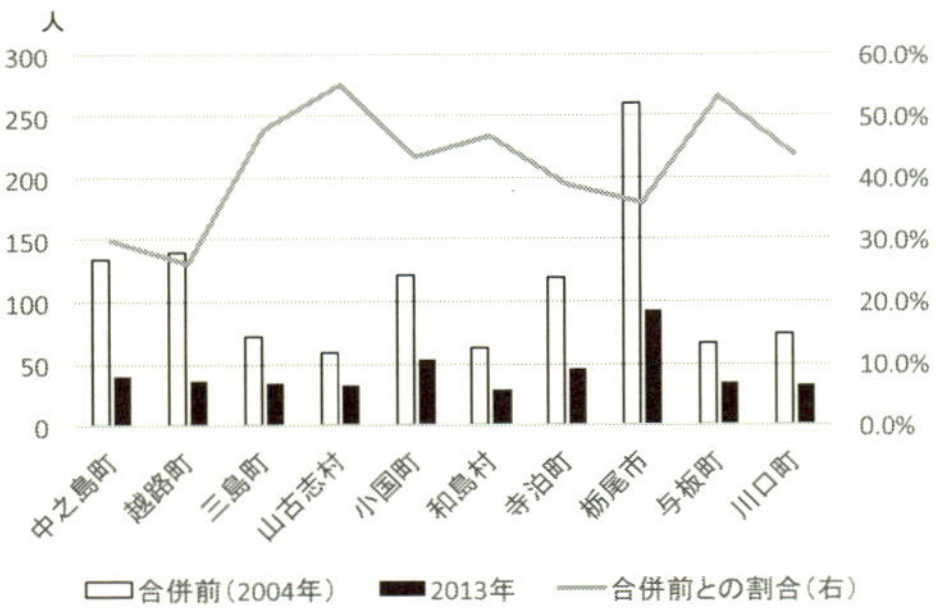

上：国勢調査をもとに作成
下：決算カードと市提供資料より作成

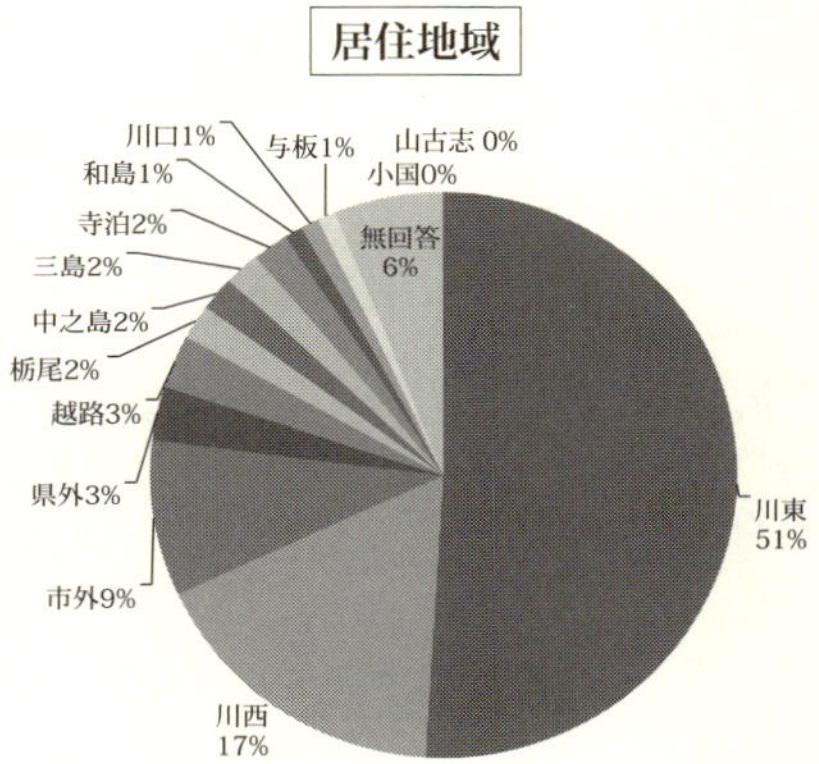

新市庁舎・アオーレ長岡の来場者の居住地域

のわずか０・１％に過ぎない（数値は中心市街地活性化基本計画（第2期計画）による）。

グラフは、合併前の旧市町村の人口増減を示したものである。周辺部は激しい人口減少に見舞われている。一方で、合併した旧役場（支所）の人員は、山古志と与板を除いて半分以下に減らされている。合併以降、支所の独自事業は認められず、支所長は部長級とされながら本庁の課長補佐の判断が優先するという話も聞いた。周辺部は厳しい環境にあり行政サービスは低下している、と考えられる。

市は、２０１１年３月に策定した後期基本計画で、「40万都市構想」なるものを打ち上げた。現在30万弱の人口が、今さら市内人口の自然増や社会増によって増えることを想定しているわけではない。周辺自治体との合併によって人口40万人の「中核市」を作る、というのである[17]。しかし、周辺地域を踏み台にして都市の規模を拡大し、中心部を活性化しようというなら、それは違うのではないか。すべての人が中心部に移住するわけはなく、地元で頑張る住民を支えるのも自治体政府の責任ではないか。いや、むしろ地域の多様性を保障することこそ、自治体の責任だと私は思う。

長岡市は「市民との協働」を標榜するまちである。総合計画では、「市民との協働の推進」が謳われ、２０１２年には「長岡市市民協働条例」も制定している[18]。ところが、市役所は、前述のように合併特例債や過疎債の発行状況など財政資料を非公開にしている。「情報なくして参加なし」と言われるように情報公開と情報提供は、市民と行政の協働の基盤、原点である。住民に集中投資の状況や、起こりうる問題を知ってもらい（さらに十分な協議が行われて）、市の方針に支持をもらうのが筋である。

最後に、市が、中心市街地活性化の起爆剤と宣伝する新市庁舎・アオーレ長岡について、もう一度触れておきたい。このグラフは、市が作成した長岡市中心市街地活性化基本計画（第２期）に掲載されているものであり、新市庁舎への来場者の居住地域を示している。旧長岡市内（川東、川西）の住民がほとんどで、周辺の旧市町村区域からきている人は合計わずか十数％にすぎない。周辺地域からは遠い存在であることを示しているといえるだろう。

(1)　新潟県の申出が却下されたのは、国の認可が「国の関与」には当たらないとされたためであった（国地方係争処理委員会通知・国地委第10号２００９年12月24日）。国地方係争処理制度については、拙著『分権改革の地平』コモンズ２００７年、拙文「自治紛争処理制度・再考―我孫子市農地利用計画変更不同意事件から」（自治総研２０１２年10月号）参照。

(2)　島根県浜田市の地域自治区は、独自の条例に基づくもので法律上の根拠はない。

(3) 山崎仁朗・宗野隆俊編『地域自治の最前線・新潟県上越市の挑戦』ナカニシヤ出版２０１３年参照。

(4) 上越市の地域自治区の権限は、２０１３年３月に改訂された新市建設計画によって、以前は、「その区域において行われる施策（予算措置を伴うものを含みます）の策定及び実施に関すること」について「市長及び・支所長に自主的に意見を述べることができ」るとされていたものが、「市長その他の市の機関により諮問されたもの又は必要と認めるもの」に変わった。

(5) 平成24年度第12回高田区地域協議会会議資料、参照　https://www.city.joetsu.niigata.jp/uploaded/attachment/67565.pdf 住民投票を行うべきという動きもある。

(6) http://www.city.joetsu.niigata.jp/uploaded/attachment/50205.pdf

(7) 人口集中地区とは、1平方キロあたり人口４，０００人以上の地区を示す。

(8) 平成24年第1回（３月）上越市議会定例会、総務常任委員会参考資料より

(9) 中山間地域とは、農水省の説明によれば、「平野の外縁部から山間地を指」し、「国土面積の73%。耕地面積の40%、総農家数の44%、農業産出額の35%、農業集落数の52%を占め」ている、という（農水省ホームページより）。

(10) 上越市中山間地域振興基本条例は、議員発案で２０１１年に、マニフェスト大賞を受賞している。同様の条例を制定しようとした岐阜県関市では、市長の再議権発動によって否決された（２０１４年12月25日）。

(11) 旧山古志村の復興状況は、当時、長岡市山古志支所長であった青木勝氏の講演録（内閣府「地方公共団体における災害復興対策の推進に関する調査報告書・平成21年３月」資料編・資料Ｉ‐６）、およびヒアリングによる。

(12)　須藤功の写真集「山古志村」の原本は、日本観光文化研究所が発行していた月刊『あるくみるきく』(1971(昭和46)年11月号)に掲載され、村内に配布されたという。なお、この研究所は近畿日本ツーリストが作ったもので民俗学者の宮本常一氏が所長をしていた。

(13)　新潟県長岡市アオーレ長岡 WS ムービー。https://www.youtube.com/watch?v=8z6_uU7NrJM&sns=fb　ただし、実際の落成イベントでは、この映像は放映されず市民から批判が起こった、という。動画作成に参加したイリエカズヲ氏は、Facebook に怒りの文を書いている。「アオーレ長岡の落成式典をみて僕はこう思った」参照

(14)　長岡市中心市街地活性化基本計画（第2期計画）２０１４年4月より

(15)　長岡市へのヒアリングでは、合併特例債の事業内容など詳細は、議会にも明らかにしていない、とのことで、資料の提供を断られた。

(16)　経産省「平成24年度中心市街地商業等活性化支援業務、情報収集・分析・提供事業報告書」より。

(17)　長岡市は40万都市構想について「広域化する生活圏の実態に合った基礎自治体の枠組みづくり」「日常生活圏と行政区域の一致をめざす」「長岡市と近隣の自治体が将来的に合併という形で団結」などを目指すとしている（長岡市・後期基本計画16頁)。

(18)　もっとも長岡市市民協働条例は、市民の役割のみ強調され、市の役割の規定は曖昧で弱い。

３　市場での勝ち残りにかける・浜松市

(1) 大都市ブーム　――浜松市１

21世紀に入って、大都市が次々に誕生した。いわば大都市ブームである。ただ、これまで見てきたように、人口が一気に増えたわけではない。合併によって周辺市町村と一緒になったことで、大都市になったように見えるだけ、に過ぎない。国は、平成の大合併の際、さいたま市の合併を皮切りに大都市ブームを意図的に作った。その影響がどのように出ているかを見ることにしたい。

静岡県の自治体も国の意図に応じた一つといえるだろう(1)。全国ではまだ合併が本格化しない２００３年４月に、県都である静岡市と清水市が合併したのが最初の合併だった。その後、静岡市は２００５年に大都市・政令指定都市（以下、政令市とする）の仲間入りを果たした。

政令市というのは、地方自治法の政令によって指定される都市のことで、法律上は人口50万以上（地方自治法２５２条の19）だが、それまでは１００万人に達する見込みが必要とされ、実際には80万以上でないと指定されない運用が行われていた。それを平成の大合併の期間だけに限定して、人口

70万程度に緩和する措置がとられ、大規模な合併を国が誘導したのである(2)。

浜松市は、静岡市の後を追って政令市を目指すことになる。静岡県内の経済については、東の観光と製紙業の諸都市、中部の商業都市・静岡市に対して、西の工業都市・浜松市といわれる。特に静岡市と浜松市が比較されることが多く、両者も互いに意識しあっていたといってよいだろう。ただ、浜松市は、静岡市（当時、約47万人）のように1市（清水市、約29万人）とだけ合併すれば、政令市の人口要件を満たすような環境にはなかった。周辺の市は、大きくても数万人程度しかなく、少なくとも数市町村と合併するしかなかった、のである。

（2）市内探索・北部の過疎地域を行く　――浜松市2

浜松市は、それでも周辺11市町村を編入合併して政令市となる。まずは、取材に廻った浜松市内の地域を紹介することにしよう。

浜松市の現在の面積は1558平方キロ、香川県や大阪府よりは少し小さいが東京23区の約2・5倍もある。太平洋・遠州灘に面した浜辺から、長野県天龍村や飯田市に接する山奥の地域まで直線距離で70キロ以上ある。浜松市は、政令市となって、市内に7つの行政区を作ったが、このうちもっとも奥の天竜区を廻ることにした。

天竜区は、天竜市のほか、かつては水窪（みさくぼ）町、春野町、龍山村、佐久間町の4つの町村があった。この4町村は人口が少なく、皆、過疎地域に指定されている。天竜区は、面積944平方キロ、浜松市の市域全体の6割を占めているが、人口は現在3万3千人余で5%弱に過ぎない。区域の約91%は森林であり、典型的な山村地域といえるだろう。自然豊かな一方で、高齢化と人口減が進み、天竜区全体の高齢化率は38・5%（浜松市全体24・0%）であり、小中学校の統廃合が進んでいる（小学校14、中学校5：2014年）。

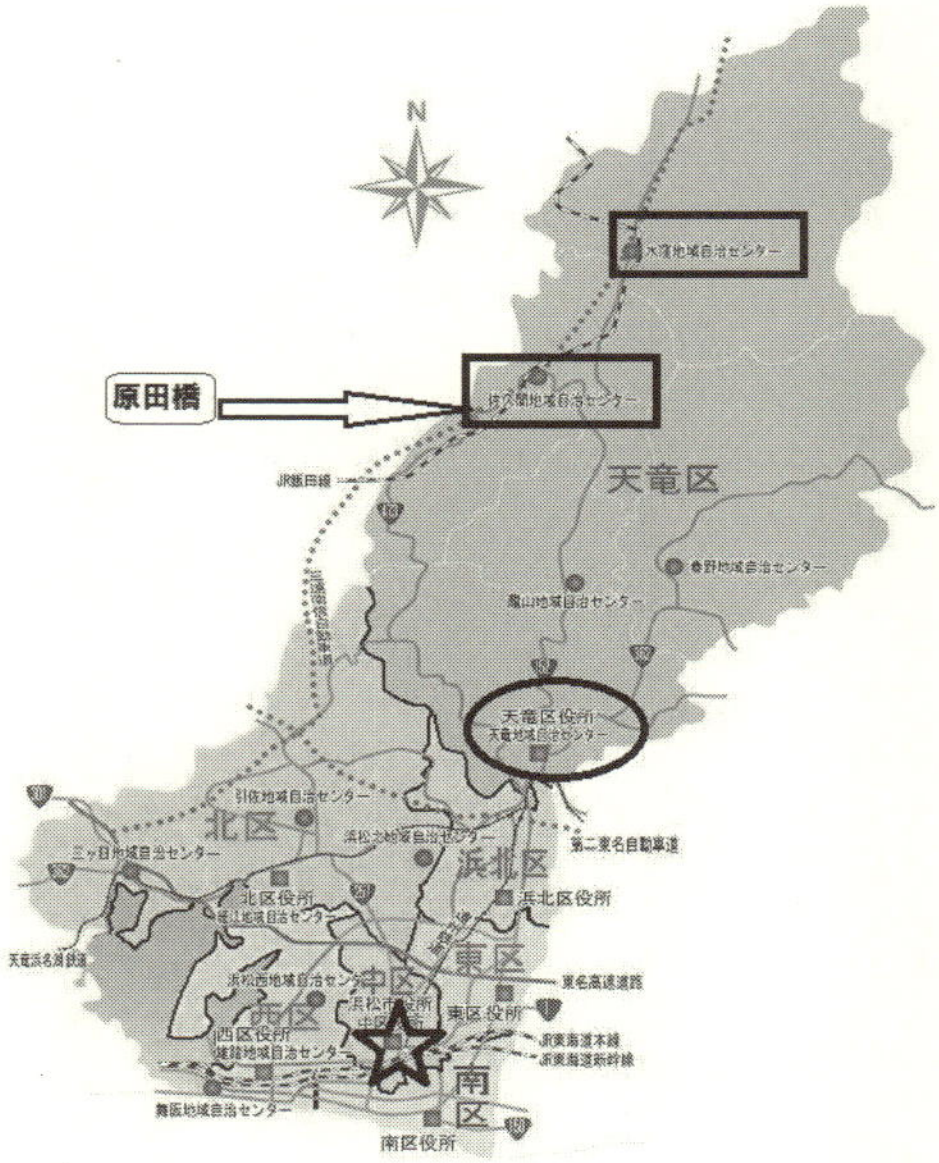

浜松市地図
★が本庁舎、○、□、を訪問した

他の地域と同じように、都会からの若い人の移住定住が課題となっており、区役所に担当者がいる。名古屋など大都会からも近いイメージがあるのか、相談は多いという。しかし、このような場所は、逆に、移住者の本気度や地域への適応性を見極めるのが難しい。簡単に来ることができれば、

浜松市役所本庁舎
右の垂れ幕に「津波対策はみんなの力で　あなたの寄附をお待ちしています」とある

簡単に出ていく。地域活動に協力せず文句ばかりの人では、地域に溶け込むこともできないし、横暴な人が来たら地元住民は二度と移住者を受け入れない。役場職員は、半年タームという長期間かけて移住相談に乗ることになり、その苦労も半端ではない。

区役所は、２０１１年に元天竜市役所の場所に新たに建設され、ちょうど震災の時、引っ越しの最中だったという(3)。隣に消防署も作られていた。消防は、かつては天竜市と春野町が一部事務組合を作っていたが、ほかの3町村は非常備、つまり、行政による消防署はなかった。合併後、常備消防とはなったが、一番奥、水窪地区の火事には、対応は難しいだろう。

水窪地区に行くため、天竜川に沿って約1時間、一番山奥の旧

左：天竜区役所から水窪までは国道 152 号線だが、すぐ脇は天竜川が流れている。右：旧水窪町役場：水窪協働センター

左：佐久間協働センター（元佐久間町役場）
右：佐久間協働センターの左上に住友生命が入っている（拡大）

水窪町の役場跡に着いた。ここは、合併したときに総合事務所（浜松市地図の上部の四角囲みの場所）が置かれていたが、今は水窪協働センターという名の出張所になっていた。総合事務所（地域自治センターという名称だったという）は２０１２年３月に廃止され、行政上（浜松市区役所事務分掌規則）は、併設している保健福祉センターに統合された形になっている。協働センターは、生涯学習と一般的な地域づくり活動支援が仕事とされ、予算は維持管理費だけで事業予算はない。聞くと、合併が行われてから、この地区における公共事業は極端に減っているという。

のちに、この地域の住民を対象とした合併についての貴重なアンケートを入手することができた。それによると水窪地区住民２６９名に「合併後どうかわったか」を尋ねたところ、「悪くなった」との回答は１７７名（65・8％）、「無回答」87名（32・3％）、「良くなった」と答えた人は、わずかに３名（1・1％）に過ぎなかった(4)。地区の住民は、合併したことを悔やんでいる。

天竜区には、合併後に地域を支えているＮＰＯが19もあると聞いて、そのうち地区全体に関わる仕事をしているＮＰＯを訪ねた。

左：佐久間協働センター内のNPOの活動記録の展示
右：道の駅を経営するNPO　夢未来くんま

一つは旧佐久間町にあるという。

場所が分からないので、元佐久間町役場である佐久間協働センターで尋ねることにした（浜松市地図の左上、四角囲みの場所）。センターには、市の窓口だけでなく、ＪＡや保険会社、さらに国土交通省まで入っている[5]。

ＮＰＯ「がんばらまいか佐久間」は、協働センター（旧町役場）の中に事務所を構えていた。旧町に代わる組織として合併時に全住民で設立したのだという。「自分たちでできることは自分たちでやっていこう」という精神なのだそうである。事務局を担っていたのは都会から移住した方であった。住民間の交流や、蕎麦を使った都市との交流、さらに市からの助成で住民タクシー（過疎地有償運送事業）の管理などをやっている。

さらにもう一つ、ＮＰＯ法人「夢未来くんま」を尋ねた。この組織は、旧天竜市内の熊地区にある。地区全体の住民が加入して始まったところが共通点だが、ここは女性たちが中心となって運営していることで有名である。道の駅「くんま水車の里」の経営を任されている。創立は古く１９８６年（２０００年に法人化）で、国から数々の賞も受けている。残念ながら二つとも、時間が短くて実態はよくわからなかった。

これだけの取材をするのに、移動時間だけで5時間以上かかっている。ひとつの区を廻っただけ、しかもほんの少しを見たに過ぎない。役場職員や自治体関係者が全体を把握するのも大変だが、住民たちはどのようにして繋がっていくのだろう。

ところで、天竜区内を廻っていて、橋を渡るとき不思議な光景に出合った。二車線ある立派な橋なのに、片側一車線だけを交互に通しているのである。橋の手前で警備の方に停止を求められ、渡ってみると橋の上は、片側が通行できないよう塞がれていた。後で気が付いたのだが、これが、老朽化によって一時全面通行止めとなった原田橋であった。道路や橋、トンネルなどの公共施設の劣化が問題になり始めたハシリの事件だったので記憶にあった。

原田橋（浜松市ＨＰより）

橋が全面交通止めとなった後、橋を付け替えるか、補修するか、それとも代替道路でよしとするか、なかなか決まらなかった。佐久間地区の人口は、約４０００人だが、代替道路はすぐに水没して使えなくなっていたのである(6)。橋は国道であり、かつては県が管理していたが今は市が管理している。

この橋については事後談がある。浜松市は、その後、新橋を建設する決断をし、建設費約14億円のうち国と市が半分ずつ負担することになる（２０１４年度予算）。ところがさらに、２０１５年１月31日、付近で崖が崩落事故し、市職員が２人亡くなってしまった。古い橋は落ち、新橋も被害を受けたという(7)。

（３）行政区再編・役場が消え、そして何もなくなった　――浜松市３

大阪市における行政区統合（大阪都＝大阪市廃止）の話はよく話題に上っているが、浜松市の区再編はあまり知られていない。現在7ある行政区を3程度に減らすというのである。しかし、話はかなりややこしい。

これまでみたように浜松市は、２００５年の合併まで12の独立した市町村であった。合併後は、それぞれの地域に地方自治法上の地域自治区が置かれ、総合事務所（地域自治センター）と住民による協議機関である地域協議会があった。

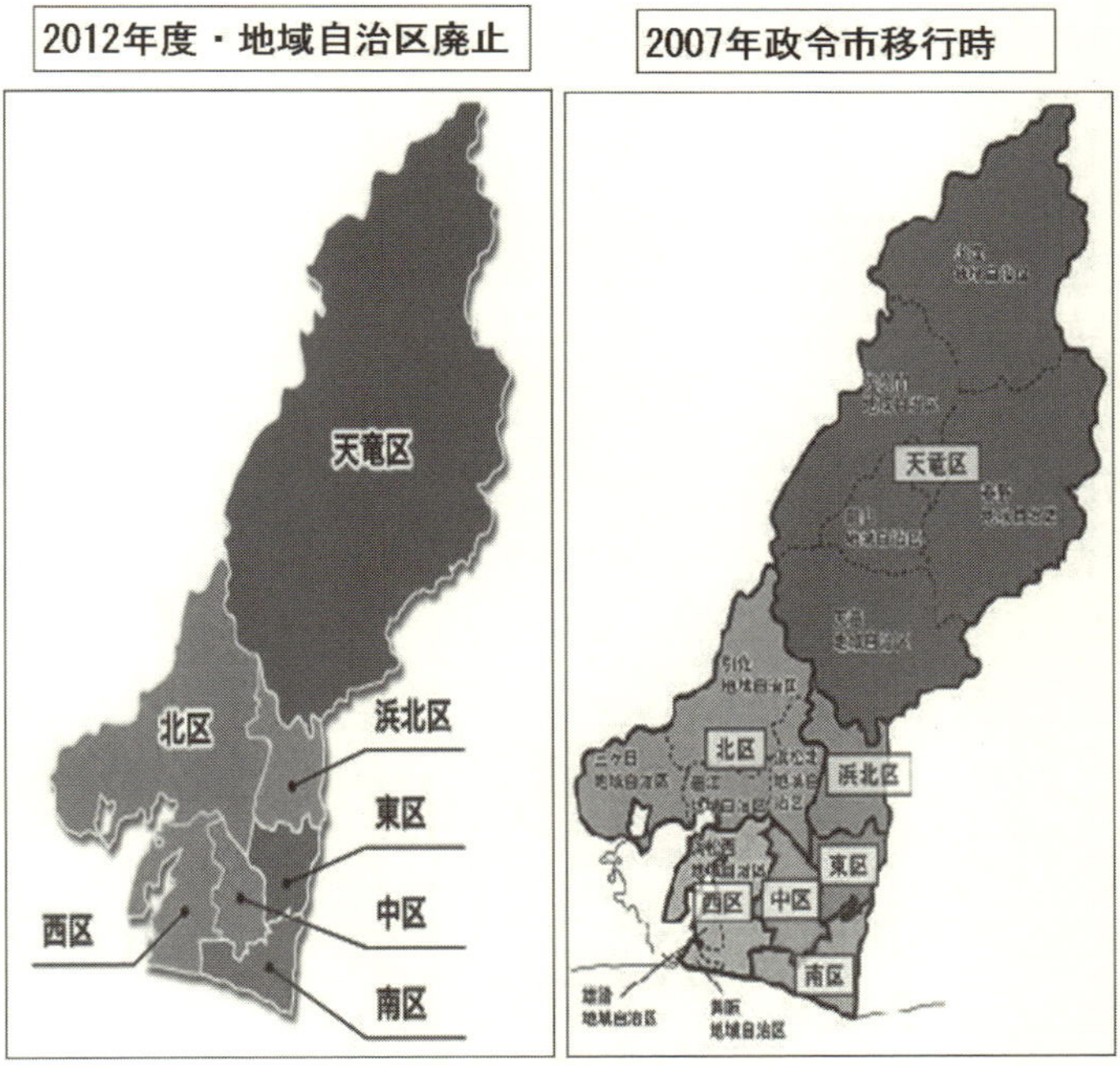

浜松市における地域自治区と行政区の変遷

合併時に 12 の地域自治区ができ、2007 年政令市移行時には、加えて行政区ができたが、2012 年度末に地域自治区は廃止された。
（浜松市ＨＰから作成）

前に述べたことがあるが、合併後に、旧市町村の組織を残す方法のうち地方自治法の「地域自治区」は期限がなく、選択した自治体は全国でも少ない。地域自治を永久に保障するという意味があるわけだが、浜松市はそれを選んだ。

　事態を複雑にしているのは、政令市になると行政区を置かねばならないことである(8)。そこで浜松市は、政令市になるとき地域自治区とは別に7つの行政区を置き、しかも同時にここにも住民による区協議会を作った。この段階で、浜松市には7つの行政区と12の地域自治区、そしてそれぞれに区協議会と地域協議会が存在していたのである。

なぜこのようなことをしたのか。それは12市町村合併の目標が、「環境と共生するクラスター型都市」(「浜松市・新市建設計画」より)だったから、と言ってよいだろう。旧市町村の自治権を最大限認めないと合併ができない事態にあった、とみるべきかもしれない。ただ、傍目からみて、ややこしくても本人たちが分かっているなら、問題はない。

ところが、その後2007年、政令市になった時、改めて市長選挙が行われ合併時の市長は落選してしまう。「地域協議会と区協議会の一本化」を公約した市長が当選し、存続要望が相次いだにもかかわらず、地域自治区と地域協議会は2012年3月末で廃止となる。合併時の約束は反故にされた。このとき市は、並行して出先機関を統廃合していて、地域自治区の総合事務所として置かれていた地域自治センター(すなわち旧市町村役場)は、協働センターに変わっている。

行政区を統廃合するという話は新市長の下で出てくる。発端は、市の行財政改革推進審議会が2009年7月、行政区の廃止・削減を内容とする意見書を出したことにある(9)。その理由を同意見書は、次のように述べている。これまで人口60万の浜松市には行政区などなかった、仮に7区を3区に削減できれば24億円の人件費が削減可能である、行政区を置かなくてよいよう国に法改正を要望せよ等々。さらに、合併の際に旧市町村と約束した「新市建設計画」や「クラスター型都市構想」も見直す時期だと主張する。ちなみにこの審議会の会長は、スズキ自動車会長の鈴木修氏であり、氏は、合併の際の市長と対立し、２００７年の選挙で新市長を当選させるべく応援した(10)。ただ、議会は行政区の再編に反対している。合併したときの旧市町村との約束は議会も合意してのこと、であったし、政令市の市議会選挙は、行政区ごとに定数が決まっているので議員の利害に直結するためであろう(11)。

改めて思うのは、市長の存在の大きさである。市町村合併と政令市化を構想した市長と、政令市実現後の市長が代わったことで、市の運営は大きく方向転換した。ただ、選挙は人口の多い、少ないに直接左右される。浜松市の状況は、合併前の市町村間の約束と、合併後の首長選挙の結果では、選挙が優先することを鮮やかに立証したといえるだろう。

（4）合併後の議会、予算、職員、そして人口　――浜松市4

改めて浜松市の合併時の状況を見ておくことにしよう。

旧浜松市は、人口60万、旧浜北市を加えれば70万近くにはなるが達しない。どこかの町が入れば政令市にはなれた。おそらく様々な駆け引きのなか、天竜市まで加わることとなり、天竜市と合併するつもりだった4町村が加わったのだろう(12)。

旧浜松市は1市だけで人口３／４を占めており、合併後、天竜区となる天竜市、春野町、龍山村、

浜松市の旧市町村の人口・面積

	人口	割合	面積	割合
旧浜松市	601,571	74.8%	256.88	17.0%
旧浜北市	86,838		66.64	
旧舞阪町	11,736		4.63	
旧雄踏町	13,859		8.15	
旧細江町	22,072		34.18	
旧引佐町	14,559		121.18	
旧三ケ日町	15,877		75.65	
小計	766,512	95.3%	567.31	37.5%
旧天竜市	22,122		181.65	
旧春野町	5,866		252.17	
旧龍山村	1,093		70.23	
旧佐久間町	5,336		168.53	
旧水窪町	3,103		271.28	
小計	37,520	4.7%	943.86	62.5%
新浜松市全体	804,032		1511.17	

2005 年国勢調査より

佐久間町、水窪町は5市町村を合わせても5%に達しない。しかし、面積から見ると、天竜区域は、実に6割を占めている。そのことからすれば、新市が旧市町村に地域自治区と地域協議会を置いて、村役場も事実上存続させようとしたことはうなずける。予算配分についても、当初は地域協議会と区協議会で協議した上で、市として予算化するという、実に丁寧な「浜松型予算の仕組み」が採用されていたし(13)、各行政区

浜松市・旧市町村の議員数と現議員定数

	旧議員数	地域協議会委員数	議員定数	議会選挙区
旧浜松市	46	46	27	中区、東区、南区
旧浜北市	24	24	5	浜北区
旧舞阪町	16	16	6	西区（浜松市 +2 町）
旧雄踏町	16	16		
旧細江町	16	16	5	北区（浜松市 +3 町）
旧引佐町	16	16		
旧三ケ日町	16	16		
旧天竜市	21	18	3	天竜区 *
旧春野町	14	14		
旧龍山村	9	10		
旧佐久間町	13	13		
旧水窪町	12	12		
新浜松市全体	219	217	46	

* 天竜区選出議員は、旧天竜市（2）、旧佐久間町（1）

天竜地区における職員数の削減状況

	2003 年	2013 年		率
旧天竜市	280	天竜区役所	119	42.5%
旧春野町	131	春野協働センター	19	14.5%
旧龍山村	42	龍山協働センター	14	33.3%
旧佐久間町	199	佐久間協働センター	24	12.1%
旧水窪町	86	水窪協働センター	16	18.6%
計	738	計	192	26.0%
合併時全職員数	6,423	2013 年全職員数	5,532	86.1%

には、一千万円の自由裁量の予算が配分されていたという。ところが、これらの予算方法は、今はすべて廃止された。

議会の議員構成も重要である。議員は、選挙で選ばれる地域の正式な住民代表という意味を持つからである。表にあるように、この地区の市町村議員は合併前、全部で２１９人だったが合併直後に65人、政令市移行時に54人、さらに２０１１年の選挙前に46人に減らしている。実に合併前のほぼ１／５である。天竜地区でみると69人からたった３人（4・3%）になってしまった。選出された議員の出身地を調べてみると、天竜区では、旧天竜市から２人、旧佐久間町から１人、ほかの3町村出身の議員はいない。合併直後、地域自治区に地域協議会を置いて、その委員の数を合併前の議員定数とほぼ同数としたのは、旧市町村議員の受け皿と考えたのだろう。合併時の約束や、地域の問題を議論する場を確保する、という意味ではまっとうな方法だった。

しかし、前述の市行財政改革推進審議会（鈴木修会長）の意見書は、議会も批判の対象としている。区の削減と同時に、「議員定数を削減」「浜松市には一市一選挙区が望ましい」として、議員数を36人（政令市平均）もしくは20人（横浜市並み）とせよ、というのである。仮にそうなれば、やがて議員はすべて旧浜松市内から選ばれるだろう。

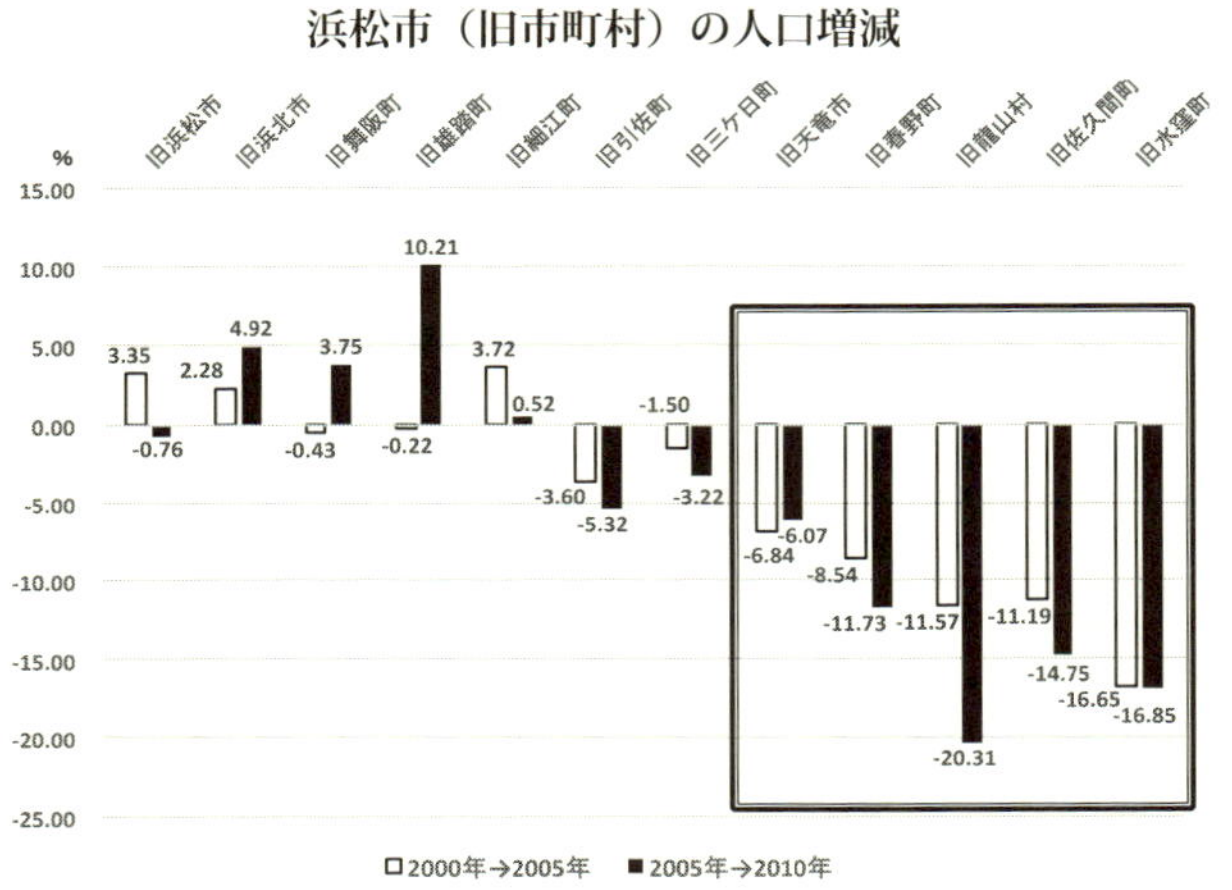

・各年の国勢調査より作成

次に、職員数を見てみよう。出先機関で激しい職員削減が行われている。ただ浜松市の場合、合併前・後の職員数の比較が難しい。旧役場であった総合事務所が廃止され、さらに政令市になって行政区が置かれ、旧市町村と区域が異なってしまったためである。天竜区だけは、旧市町村域と一致するのでそれを比較する。

旧天竜市には市役所跡に、北部5市町村の区域を統括する天竜区役所が置かれ、旧天竜市以外の旧4町村には総合事務所の後に協働センターが置かれている。この職員数を合併前と後で比較してみた。表のように北部5市町村、全体で合併前の1／4程度（26％）となり、旧佐久間町のように199名だった町職員が24名（12・1％）となったところもある。消防職員や権限移譲に伴う事務増など単純な比較はできない。しかし、市町村に共通する担当部門はすべて本庁に吸収され、特に協働センターは高齢者介護以外、ほとんど窓口だけとなったことは確かである。

市は、行政改革そのものに継続的に取り組んでいて、全職員人数は６４２３人から２０１３年度５５３２人になった。合併前後でマイナス13・９％であり、区役所の人員を、より多く減らしてきたといってよいだろう。また、浜松市は、２０１０年に公共施設再配置計画基本方針を立て、極端な施設廃止を進めており、２０１４年度までに１８５施設を廃止し、天竜区にある多くの施設を廃止した(14)。

また、過疎地域（春野町、龍山村、佐久間町、水窪町の旧4町村）における公共事業を大幅に減らしていることにも触れなければならない。これまでは、いわゆる過疎対策事業がたくさん行われていた。過疎対策事業は、町や村が借金して行う事業だが、後年度に大部分が地方交付税として国から自治体に交付される。限度はあるものの大変有利な事業で、合併前２０００年の段階で4町村は合わせて10・３億円の過疎対策事業を行っていたが、今はまったく行われていないというのである。過疎対策事業の根拠となる過疎法は、期限の定められたいわゆる時限法で、２０１０年に延長が決まった際、一旦は２０１６年までとされた経緯がある(15)。このとき、政令市内の過疎地については、政令市自身が責任を持つべきだという議論があって、将来、過疎法対象から外れることが懸念されたという。

結果として、合併後、浜松市本庁から天竜区に割り当てられる予算配分は激減した(16)。

市の周辺部で、激しい人口減が起こっている。合併前から減少傾向はみられるが、合併後はさらに激しく減少している。マイナス６～20％という人口減少が天竜区の旧５市町村に集中していることがわかるだろう。

（5）市場主義による行政運営　――浜松市5

浜松市の鈴木市長は、２０１３年4月の市報で「ダイエット筋トレ型市政運営」の重要性を説いている。日本の将来予測から、人口減と超高齢社会によって高コスト体質となるにも関わらず、国と地方ですでに一千兆円の借金を抱えていて超肥満状態だというのである(17)。

市が投資家向けに出している広報資料（いわゆるＩＲ（Investor Relations）資料）を見ると、職員数の削減（5年６１４人減）、外郭団体の統廃合（23→14）、公的施設削減（20％減）、市補助金削減（２・4億円）と徹底した歳出削減によって、借金（総市債残高）を６２８億円（11・２％）も減らしたと説明する(18)。このようにして市財政の健全性をアッピールして、市の債券を民間投資家に買ってもらおうというのである。実際、浜松市は国からの政府資金（政府保証債）を減らして、市場公募資金に切り替えているのだという(19)。自立した市政運営を行おうという意欲は、大変にたくましい。

しかし、浜松市は合併によって、大きく市域を広げ、周辺地域への運営責任を負ったことを忘れてはならないだろう。全20政令市と比較してみよう。浜松市の広さは1位であり、人口密度は19番目、人口集中地域の人口割合と面積割合は最下位である。このような都市が、極端な財政削減を行えば、周辺地域から撤退するほかはない。選挙を行えば、中心部の利益を代表する候補者が圧倒的に有利であり、政治的にも周辺部は消えてしまう。

仮に「徹底した行財政改革」をするのであれば、合併前にすれば良かったのである。そうせずに、合併のときに約束したことを悉く破棄し、行政効率化という名目で周辺部から撤退するというのは道義に反する、と思えてならない。

ただ、国が政令市の要件を下げて、合併を誘引したことにも問題があった。大都市になって競争に参加することで、バラ色の世界が開けるかのように煽ったからである。政令市になると一般には、国道の管理、都市計画、農地転用、児童相談所の仕事などたくさんの仕事が県から移譲される。それにあわせて財源も、地方交付税やガソリン税、宝くじの発行収入などがくるのだが、有り余るほどではないようである(20)。

浜松市において、老朽化と崖崩れで事故を起こした原田橋は、国道４７３号線に掛っている橋であった。国道といえば、一般の人は国が管理していると思っているが、実は国が直接管理する部分より都道府県や政令市が管理している部分が多い(21)。分権改革によって、都道府県から政令市に権限移譲があり、浜松市は政令市になったために、この橋は静岡県から管理を移譲されたのであった。旧佐久間町の時代なら、橋は県が管理していたのでこの事案も県が対応していたはずである。

また、過疎地域の施策（過疎対策事業の実施や計画策定など）を当該地区の町村ではなく、市が行うようになったことが地域の衰退を進めた一因となったようだ。過疎対策は、大規模市にとっては、他の多くの施策の中で埋没しがちだし、縮小財政の中ではどうしても足手まといという意識になるのではないか。しかし当該地域にとっては死活問題である。過疎対策については、国が全国規模で行う国土政策の一貫として担うべきものがある、と私は考える。

大都市ブームがもたらした弊害によって、もっとも被害を受けたのは住民であった。本来、国、県、市町村がどのような役割を果たすべきか、改めて考えなおすべきである。

(1)　平成の大合併で最初の大都市合併を行ったのは、さいたま市であり、浦和市、大宮市、与野市が２００１年５月に合併し２００３年４月に政令市となった。

(2)　２００１年８月30日国が閣議決定した市町村合併支援プランに、政令市の緩和措置がある。当初、２００５年３月までとされたが、２００３年８月に閣議決定した新市町村合併プランでも、継続とされた。結果として、合併前まで12だった政令市は、２０１４年４月に熊本市が入って20となった。なお、自治制度の大都市の設立が、運用という国の恣意的な解釈で行われていることに強い疑問を感じる。

(3)　旧天竜市役所庁舎には、耐震とアスベストの問題があったという。

(4)　静岡大学情報学部　伊藤夏生著「浜松市合併を経ての浜松市天竜区水窪町の実態と活性化への課題」（２０１３年２月）54頁

(5)　国交省が佐久間協働センターにいるのは、新東名高速と中央高速を結ぶ三遠南信自動車道という愛知県・三河、静岡県・遠州、長野県・南信を跨ぐ高速道路が建設予定であり、一部旧佐久間町を通過するためである。

住民は、高速のインターチェンジができることを望んでいるようだ。

(6)　朝日新聞２０１２年６月22日付

(7)　参照：浜松市土木部「土砂崩落事故の発生について（第２報）」（２０１５年１月31日）

(8)　政令市には、地方自治法２５２条の20によって行政区を置くことが義務付けられている。

(9)　浜松市行財政改革推進審議会『行政区の廃止または削減』『議会の改革』『区協議会の充実』について」２００９年７月10日

(10)　「浜松『鈴木新市長』への期待・鈴木修スズキ会長に聞く」（日経新聞地方経済面２００７年４月12日）。なお、合併前の市長は北脇保之氏、政令市の選挙で当選した市長は、鈴木康友氏である。２００７年市長選の結果は、約、19万対20万で１万票差だった。

(11)　浜松市のホームページによれば、行政区再編の住民投票は２０１５年４月以降に行われる公職選挙と同時に実施するとしている（浜松市ＨＰ・行政区の再編・住民投票工程表）。鈴木康友市長は、２０１５年の市長選挙の公約に、住民投票で決定する旨、掲げたという報道がある（「行政区３～４区に」浜松市長が公約集、静岡新聞２０１５年２月７日）。しかし、鈴木康友氏のマニフェストには「合区をおこなう」としか記述はない。（鈴木やすとも「やりますリスト」６頁）。

(12)　旧水窪町の合併時の町長は「北遠５市町村で話し合いなどもしたが、その後に浜松市から申し入れがあった」という（日経新聞・地方経済面２００５年６月29日）。北部４町村は天竜市との合併を考えていたが、浜松市との合併は想定していなかったとの話も現地で聞かれた。

(13)　月刊「地域づくり」２００７年10月号（第２２０号：特集・合併後のまちづくり）より

(14) 浜松市が廃止した公共施設は、筆者が数えたところうち185のうち、56は天竜区にある公共施設であった。

(15) 過疎法の正式名称は、「過疎地域自立促進特別措置法」であり、2012年の再改正で2021年まで延長された。

(16) 合併前の天竜区内5市町村の普通建設事業は、あわせて約57・4億円（2004年決算カード）だが、入手資料によると天竜区予算は26・2億円と半分以下になっている。

(17) 広報はままつ2013年4月号、「市長コラム」7頁

(18) 浜松市2014年度IR資料「かがやく浜松市の未来へ」。この資料によれば、浜松市は2015年1月に100億円の資金を市場公募で求めている。

(19) 東京大学大学院経済学研究科・経済学部、地方公共団体金融機構寄付講座・ニュースレター第2号「第1回フォーラム『地方債計画と地方財政』」2011年3月、5頁

(20) 浜松市における政令市移行時における歳入増は、約40億円あったとされるが、工事増によって返済金が増えると予想している（浜松市HP「政令指定都市移行による影響額」）。
http://www.city.hamamatsu.shizuoka.jp/zaisek/sugata/finance_08/e001.html

(21) 一般国道、約6・6万キロのうち、国直轄部分は2・7万キロ（40・4%）、都道府県・政令市管理部分は3・9万キロ（59・6%）である（国交省「道路統計年報2014」より）。

第3章　復興地域の未来

1　震災被害と復興課題

２０１１年3月11日に起こった東日本大震災は、筆舌に尽くしがたい被害を被災地に与えた。この震災は、震災前、直後、震災後のそれぞれのあり方、つまり、防災、災害直後の救援、さらに復興のあり方について、これまでの自治体や国を含む行政全体に対して根本的な課題を投げかけた、といってよいだろう。

津波を受けた地域は、文字通り壊滅的な被害を受けた。安全なはずの避難所が津波にのまれ多くの人々が亡くなった。役場も壊滅的な打撃をうけ災害対策本部さえ設置できず、遠くの自治体が支援に駆け付けた。仮設住宅を建てられる場所がないため、避難所生活が長引き、山奥に仮設住宅が造られた。さらに評判の悪い仮設住宅で、2年という期限を超えて住み続けなければならなくなった。高台に行くか、嵩上げするか、土地利用のあり方をめぐって自治体と住民の間、あるいは住民同士の間で、協議が長引いた。県が決めた高い堤防への不満は長い間、残ることになった。そして、復興に対する国の対応がまずく、復興自体にあまりにも長い時間が費やされている。

原発被害にあった地域は、もっと困難な状況にある。放射能被害の終焉が見通せないためである。避難は相当に長期間を想定しなければならず、震災前の土地に帰れないという状況も含めて、これまでにない復興を考えなければならない。

これから被災地の報告をするが、私が取材できた被災地域は限られている。岩手県の一部と福島県の一部地域だけである。取材ができた時期と回数についても、震災後2年経ってからであり、福島が4回、岩手は3回しかできていない(1)。しかも被災地の様子は刻々と変わっている。その意味で、限界がある報告になっていることを最初にお断りしなければならない。

しかし、それでも、自治のあり方を問う、根本的な課題が山積していることが分かるはずである。はじめに福島県の自治体、次に岩手県大槌町について報告する。

(1)　福島県に伺ったのは、2013年3月、6月、2014年6月、9月の4回、岩手県は2013年4月、8月、2015年2月の3回。また、震災直後の2011年3月21日に、陸前高田市に救援のため、車で支援物資を届けた。

2　原発被災地・福島

（1）変わり果てた姿　――飯舘村1

福島県の原発被災地のうち、飯舘村、二本松市東和地区について報告する(1)。

飯舘村は、私にとって思い出深い村である。国が合併促進策を始めたところに、この問題で講演に呼ばれたのが最初（２００１年）であり、その後何度も伺うことになった。２００７年には30人余の学生と一緒にゼミ合宿をさせてもらい、村内で農家のお手伝いをさせてもらいながら、村長や職員の皆さんから話を伺った。

思い出の場所はしかし、変わり果てていた。

ひと気のない飯舘村役場

全村避難

飯舘村は、原発事故で計画的避難区域に指定され、全村避難となっ

役場の前の放射線モニター

た(2)。２０１３年６月の放射線量は村役場の前で、０・６６マイクロシーベルト（μSv）であった(3)。一時間に０・２３μSvが、国が定めた限界値とされており、まだ、高いことが分かる。しかし、ここは、線量計の廻りを除染し下の石畳をすべて取り換えているとのことである。道路に出るともっと高く、ホットスポットでは相当に高い数値になるという。

　下の左の写真は、２００７年のゼミ合宿の時、ボランティア活動でお世話になった当時のMさんの牛舎前である。畜産農家で、多くの牛を飼っていた。ボランティアの後、お世話になったご家庭からたくさんの野菜の差入れをいただいたものである。その牛舎が、一変していた。あの時、説明していただいた奥さまやご主人、家の前で高く育った朝顔を自慢そうに見せてくれたお祖父さん。今はどう

左：2007 年 9 月の M さんの牛舎前
右：原発事故後の牛舎付近、草ボウボウ

茅葺きの村施設も荒れ果てていた

されているのだろう（２０１３年6月時点）。
ゼミ合宿の時、蕎麦打ち体験をさせてもらった茅葺きの村施設（民家園ふるさと）にも行ってみた。当時、周囲にごみ一つ落ちておらず、きれいに草刈りがしてあり、周辺の木々も見事に手入れが行き届いていた。村人たちが日本一美しい村と自慢そうに話していて、学生たちと一緒に強く頷いたことを思い出す。

避難しなかった「いいだてホーム」

２０１３年6月に飯舘村に伺った際、村内に残って運営を続ける特別養護老人ホーム「いいたてホーム」を訪ねることができた。施設長さんの説明は実に丁寧だった。
いいたてホームは、原発事故の後も避難をせず、地元で運営を続けたことで知られている。放射線量の高いこの地域で、本当に大丈夫なのか、入所者は元気に暮らしているのか、職員は通えるのか、など数々の疑問に答えていただいた。いいたてホームは、村が建てた施設を社会福祉法人のいいたて福祉会が運営している。社会福祉法人の理事長は、村長なので、実質的に村の意向で運営されていると言ってよいだろう。入所者は、事故当時１１２名だっ

左：村内で運営を続ける「いいたてホーム」
右：自動販売機は業者が入れ替えをしてくれない。

たが、このとき72名であった。職員数が減っているのでこれ以上は難しいとのことである。

原発事故後に、他の地域に避難しなかった理由は、意外にも高齢者の移動にリスクがあったためだ、という。飯舘村は、地元への帰還を強く求めている村なので、最初から出ていくつもりがなかったのだ、と勝手に思い込んでいた。そうではなかったのである。実際、隣の南相馬市の施設は、一旦、250名全員が横浜に避難したものの、そこから、数人ずつ全国に散らばり、再度、山形県に集まって、その後南相馬市に戻ってきたとのことであった。大熊町や双葉町の特別養護老人ホームも、移動に次ぐ移動だったそうである。避難によって老人介護施設の死亡率が2・7倍になったという研究もある(4)。入所者を放射線の危険に晒しているという批判がある一方で、避難に大きなリスクがある実態はあまり知られていない。大災害時における福祉施設の避難はほとんど体制ができていない。今後の大きな課題である。

ここの入所者の平均年齢は85・2歳、介護保険の要介護度の平均は3・92、一番重い要介護度5の高齢者が29名おられる（2013年6月時点）。仮に、ここから出て避難するとなると、肉親からは遠い施設に入所することになる。家族のいる仮設住宅では、自宅で看病するというわけにもいかない。この施設がここで運営を続けているのには、厳然とした理由があった。心配される放射線量だが、施設の外は高いもののホームの施設内は1／4から1／10とかなり低いのだそうである。屋外に良く出かける施設長ご本人も年間9・7ミリシーベルト程度ということで、施設の中に居る限りは安全だという説明であった。それでも周辺地の更なる除染は必要と考えていて、なんども国に除染を要求しているが、なかなかしてくれないという。職員数は70名となっていた。原発事故時130名だったのでかなり減っている。ここは全村避難地域であり、当然ながら職員全員が福島市、南相馬市などから通勤している。職員の負担は相当に重いといえるだろう。

食料や燃料はどうしているのかを尋ねた。燃料は、デンマーク製の木質バイオマスボイラーを入れており、木材は確保できるので大丈夫だという。しかし、自動販売機など飲食料の搬入は、業者はしてくれない。自分たちで調達している、ということであった。施設そのものは、広々としたホールや通路で内装に木がふんだんに使われ、大半が一人部屋という素晴らしい施設であった。原発事故さえなければ、という言葉がなんども頭をよぎった。

（2）役場の避難　——飯舘村2

福島県における原発被災地の状況を簡単におさらいしておきたい(5)。大熊町と双葉町にある福島第一原発は、2011年3月11日の翌日から次々と爆発し放射能を撒き散らした。地図を見るとわかるように飯舘村は、原発から30キロ以上離れており、国が事故直後に避難を指示した避難指示区域（20キロ）や屋内退避区域（30キロ）でもなかった。ところが放射能の多くは、同心円状ではなく北西に向かって広がっており、飯舘村はほぼ全域が高い放射能汚染地域となってしまう。4月22日、国

避難指示区域の概念図

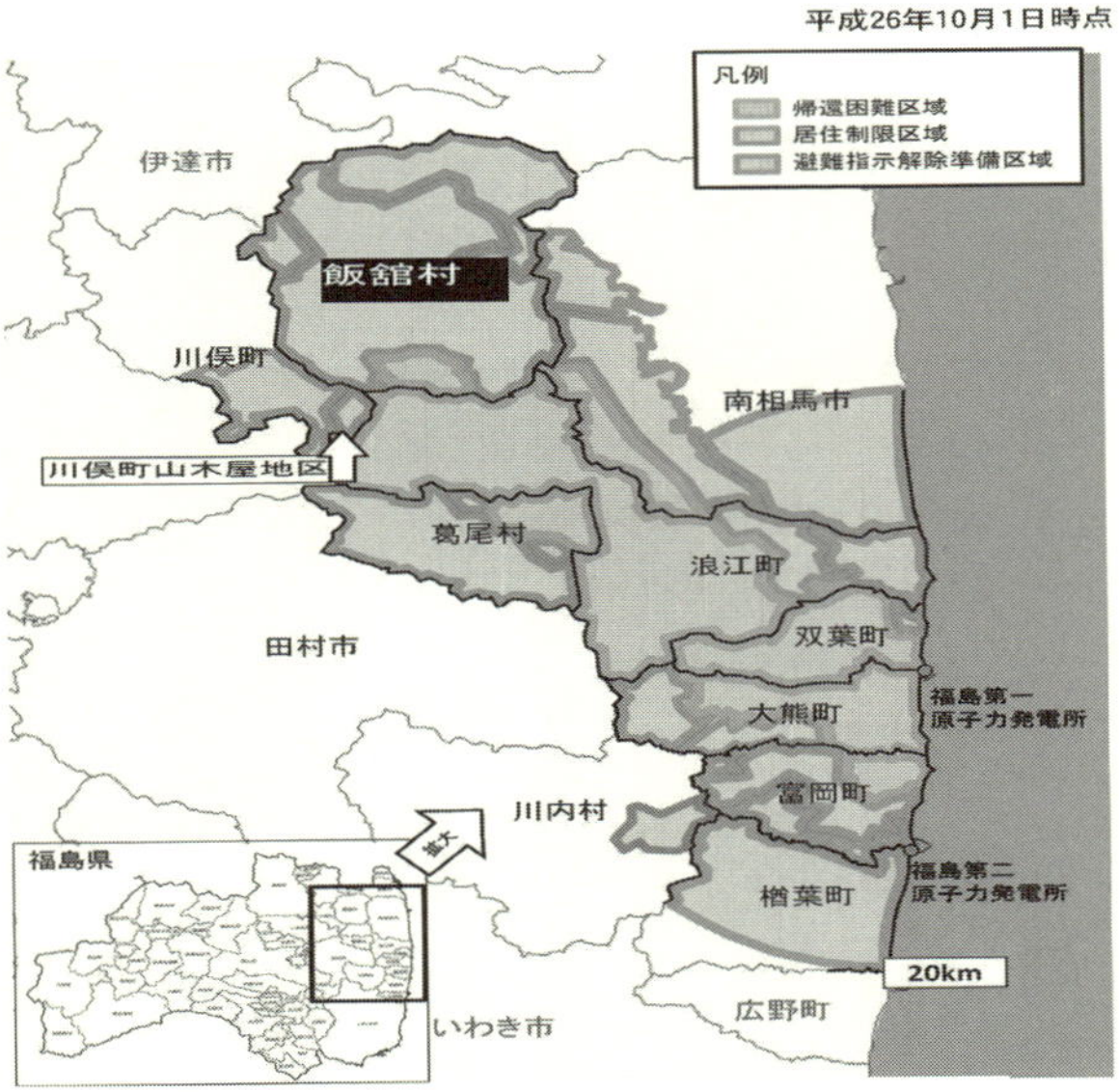

「原発避難地域」2014 年 10 月以降（官邸 HP を加工）

「までい」はこのように
使われています。
食べものは
までいに食えよ。
子どもは
までいに育てろよ。

飯舘村の「までいライフ」

がここを計画的避難区域に指定し、村民は次々と村を離れ、6月22日、村は役場を福島市飯野町に移転する。

震災前、飯舘村は約1700世帯6200人の村だった。村のスローガンは「までいライフ」である。「までい」とは地元言葉で、「大事に」「手間暇を惜しまず」「丁寧に」というような意味で、現代風に言えばスローライフということである。都会とは違う、村ならではの価値観を大切にしていこうと、村役場が本屋を経営したり、若い女性を海外に派遣したり（若妻の翼事業）、さらには、村の基本計画を行政区ごとに立ててそれに予算を付けたり、と独自施策をたくさんやっていることで有名だった。ある地区は国道沿いに炭焼き販売所を作り、ある地区は子どもたちによる太鼓演奏を実現したり、地区の文化祭をしたりと地区ごとの活性化策が

飯舘村役場が避難した福島市飯野出張所

花開いていたし、市町村合併については、住民たちが賛成・反対に分かれてディベートを行い、徹底して議論し最終的に非合併を貫いた。

原発事故のあと、村の世帯数は、２０１５年３月１日現在、３０９８世帯となっている。震災前の２倍弱になっており、それまで３世帯で住んでいた家族がバラバラになったことを意味している。コミュニティを大事にする施策は、避難した後も続いていて、説明会は行政区単位で行われていたが、以前の家、集落の一体感からはほど遠い。村は、村民の一体性を確保するためにタブレット端末を全世帯に配布し、村からの通知と村民相互連絡に役立てている。

村は、この後、村内に大規模な太陽光発電所の建設を決め、さらに、帰還後のために村内拠点エリアの計画も策定した（２０１４年４月）。「絶対に帰る」というのが、このときの村の基本姿勢であった。

（3）除染という困難　――飯舘村3

福島に行って目につくのは、あちらこちらにある「除染中」の看板である。市町村が独自に行っている地域もあるが、原発事故の避難区域とされた地域では、国が直轄で、除染を行っている。そして、福島復興の最初の壁が、その除染であった。

福島県内の道路わきで行われていた除染

飯舘村における国（環境省）が行う本格的な除染事業は、２０１２年９月から始まった。しかし、その方法には大きな問題があった。村は２０１３年４月から住民説明会を行っており、住民の意見を村の広報から見てみることにしよう。

以下、は村の行政区懇談会の様子である（広報いいたて・平成25年６月号から一部抜粋）。＊印は、私のコメントである。

住民　川やため池の除染はしないのですか。全て生活と関わっています。

環境省（国）　川やため池の泥に放射性物質が蓄積していることが分かっています。しかしながら、その除去については技術的な解決策が見出せていません。一部農水省でモデル事業を予定しているので、それらの結果を含めて対応を検討します。なお、細い用水路は除染します。

＊このとき、生活する人を基準にした除染になっていなかったことが分かる。住民の暮らしを基準とした除染方法にしなければ、生活は元に戻らない。

住民　国は今年、１日４３００人の作業員を入れて除染を加速すると言っていましたが、現状は全く違います。どうなっているのでしょうか。

環境省（国）　仮置き場が確保され、同意が得られれば、１日４３００人の作業員で25年度末までに除染が終わる計画を立てました。しかしながら現状では、同意や仮置き場の確保が進まず、居久根（著者注：いぐね、屋敷林のこと）伐採にも時間を要しているため、計画通りの作業に至っていません。

住民　始まっている場所も、人数をかけているようには見えません

環境省（国）　効果が見えるよう、加速しながら除染を行なっていきます。

住民　外に置いてあった物や、除染不可能工作物を解体した廃材は、どうなりますか。

環境省（国）　廃棄物用の仮置き場が整ってからの運び出しになるため、当面敷地内での保管をお願いするようになります。

＊住民に対して、仮置き場にすることを同意するよう、暗に促しているわけである。しかし、一旦、仮置き場になれば、その先の処理施設が見つかるまで、そのままになる。この段階では中間処理施設でさえ決まらない状況にあった。

住民　放射性物質は幹にはないので、シイタケの原木は置いてください（原文のママ）と言われました。シイタケに放射性物質が出るのに原木にないはずはないと思います。竹林についても、タケノコに出ているのに、竹の除染の必要がないというのはおかしいと思います。

環境省（国）　実証実験等のデータに基づき除染方法を検討してきましたが、不足しているところは早急に勉強します。

＊環境省のガイドラインは不十分なものであった。

こうした住民に対する説明会には、環境省から数人の職員が参加していたという。しかし、霞が

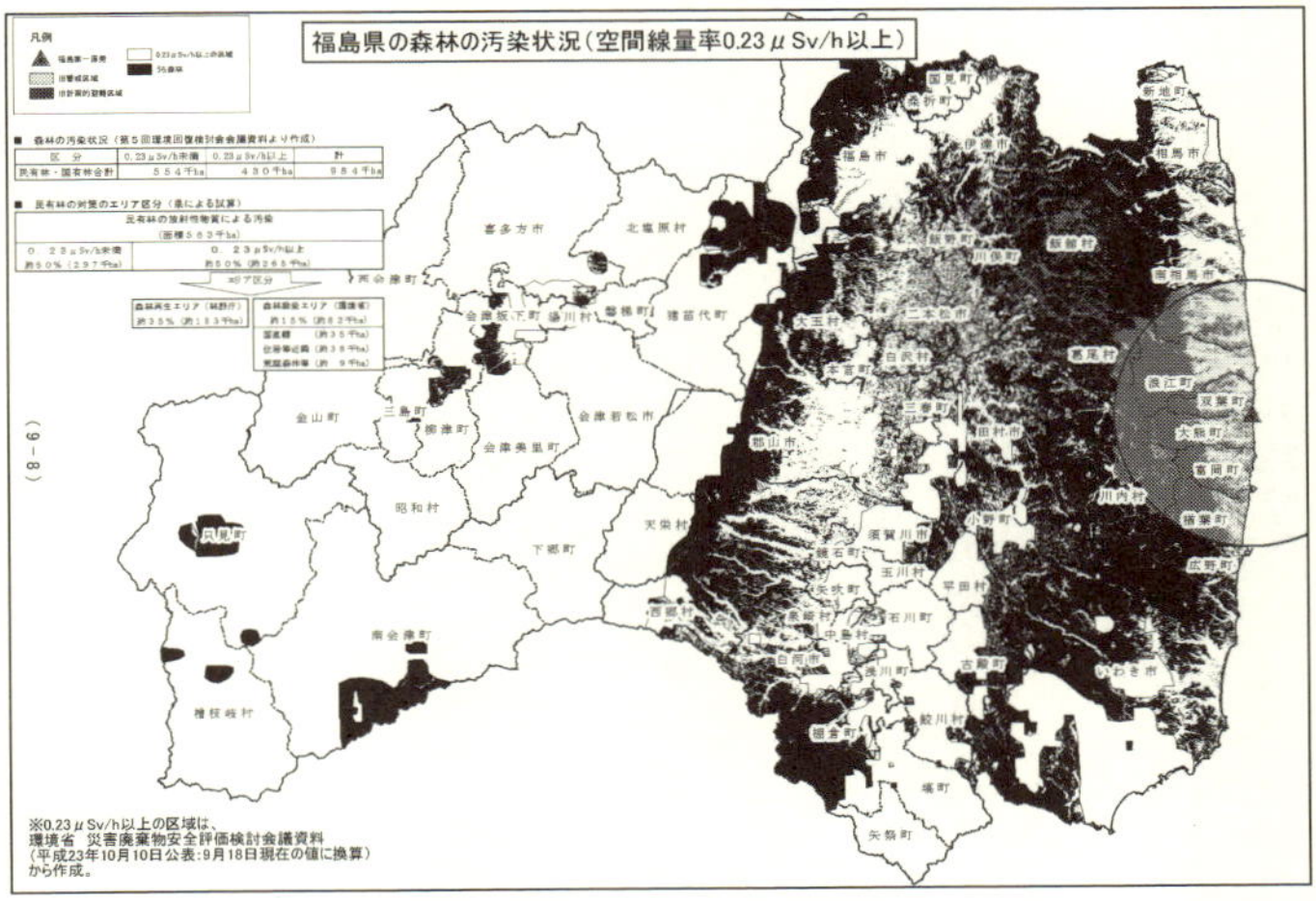

色の濃い部分は、0.23 μ sv 以上

福島県農林水産部森林計画課
「森林の放射性物質による汚染状況調査（中間報告）について」

関から来る官僚は、挨拶程度の発言だけで、主要な説明は皆、臨時の任期付き職員が行っているというのである。調べてみると、環境省は2年から3年の任期付職員を大量に募集していた(6)。ここでも、弱い者への負担転嫁の連鎖がある。

除染は問題だらけだが、中でも最大の問題は、家に近い樹木（居久根や庭木）や森林の除染といえるだろう。飯舘村の多くの家は山や林の近くにあり、家の周辺だけを除染しても樹木に付着した放射能のために線量は落ちない。また雨が降れば樹木や森林からの流水で再び汚染される可能性が高い、と思われたのである。樹木の伐採は、たくさんの除染廃棄物を発生させるので、環境省は、処理先の決まらない段階での実施に躊躇していた、と思われる(7)。なお、庭木や家近くの森の除染については、家から斜めに10ｍまでは行われている(8)。しかし、住民からは、今でもなお放射線量が下がっていないという不満がでている(9)。

難しい放射能汚染廃棄物の処理

ところで、除染はどのような役割分担で、誰がすることになっているのだろう。除染の根拠は「放射能物質汚染対処特措法」（２０１１年8月30日制定）にある。これによれば、年間20ミリシーベルトを超える恐れのある警戒区域や計画的避難区域になった福島県11町村は「除染特別地域」として国が直接除染し、年間1ミリシーベルト以上の地域は、「汚染状況重点調査地域」として市町村が策定する計画に基づいて除染することになっている。やや脇道にそれるが、この「汚染状況重点調査地域」に該当する地域は、福島県だけでなく、８県１０４市町村もあることに注意しておきたい。埼玉県にも2市、千葉県は9市も入っている。こうした情報は、報道されることがなく、地域住民もほとんど知らない。

そもそも放射能汚染物質のような処理の難しい廃棄物は、だれが責任を持つべきなのだろう。この放射能汚染廃棄物の処理を引き受けるかどうかをめぐり、全国あちこちの自治体で、住民の反対運動が起ったことを覚えているだろうか。東日本大震災における災害廃棄物は、津波堆積物を含めて約３０００万トンもの量となった(10)。阪神淡路大震災時の約倍といわれており被災市町村は処理できず、復旧・復興の妨げとなり、全国の支援が必要とされていたのである。しかし、福島から遠く離れた陸前高田市の松でさえ、放射能汚染の恐れがあると、京都では反対があって使われなかった。

廃棄物処理の制度（廃棄物の処理及び清掃に関する法律：廃棄物処理法）は、どのようになっているだろう。産業廃棄物には排出者責任の原則が採用されていて、排出した企業の責任となる。その考え方を適用すれば、除染の責任は東電にある。原発が安全だと言っていた国にも当然責任がある。かつてＰＣＢ（ポリ塩化ビフェニル）汚染が問題になった時、強毒性のＰＣＢ処理を全国の市町村が拒否したため、国は特別の法律を作って対応した。国は、法律に基づく特別な会社を作り全国５か所の工場で処理している(11)。その工場の一つを引き受けたのが北九州市で、かつてこの地で公害に苦しんだ住民が大きな反対運動を起こした、という経緯がある。ＰＣＢと同じように、放射能汚染廃棄物は、国が全責任を負って処理、管理するというのが筋なのではないか。今回の場合、排出者責任原則からも、汚染者責任原則（ＰＰＰ原則）からも東電に全責任があることは明らかである。少なくとも、地元自治体や住民には、何の責任もない。

（4）「仮の町」――飯舘村４

２０１３年６月のことだが、福島において「仮の町」を整備することが決まったというニュースが流れて不思議に思った(12)。なぜかというと、福島で会った自治体関係者が、皆、「仮の町」ができることを否定していたからである。原発避難者をたくさん引き受けている自治体の首長が、「仮の町」のことを「きらいだ」と、はっきり言うのを聞いたことがある[13]。

このときの報道によれば、「仮の町」を整備することで、国と県、関係市町村が合意したというのである。仮の町が整備されるのは福島市、いわき市など10市町村で、富岡、大熊、双葉、浪江、葛尾、飯舘の6町村を受け入れる、とある。一体どうなっているのだろう。住民からは、帰還を諦めて別の地域に移ることを要望する声がある[14]。半永久的に住める避難村（仮設村）を提唱している学者もいた。

「仮の町」整備を決めたとされた、復興庁の「長期避難者等の生活拠点の検討のための協議会」を調べてみた。国と県と福島県内市町村で構成されており、２０１２年９月に設置され２０１３年６月９日に第２回目が開催され、以降開かれていない。復興庁ＨＰから、当日の資料を見ると「長期避難者生活拠点形成交付金」の説明があり、「災害公営住宅の整備を中心とした生活拠点の形成を促進する」ことを目的するという（予算、２０１３年度５０３億円）。

また、復興庁が作った「避難解除等区域復興再生計画」（２０１３年３月19日）という、原発被害のもっとも激しい地域の復興計画をみると、「避難元自治体及び・・受け入れ自治体からなる協議会において・・・・生活の基盤となる災害公営住宅の整備の早急な実施を検討」と書いてある。

ようするに、区域見直しをしても、戻ることが難しい「帰還困難区域」の住民を対象に、災害公営住宅を作る、ということであった。作られる災害公営住宅は３７００戸だという（２０１３年６月14日復興庁発表）。対象となった６町村だけでも仮設住宅戸数（借上げ住宅含む）は、１万５０９９戸

（２０１５年2月28日現在）に上っている。６町村以外の地域、さらには知人宅や県外への避難者は、全くの対象外である。これで「仮の町」と呼べるのだろうか。

先に述べた、「仮の町」を嫌う首長の主張は、避難者に関してかかる費用は国が面倒をみるとされているものの(15)、これまでの制度では手当てできない規模であり、しかもいつ終わるとも分からないものであって、避難者以外の地元一般市民への負担転嫁は容認できない、ということのようであった。住居だけでなく、道路や上下水道、学校などの整備も必要になるのに、避難者は税金を（元の町村に払うので）避難先市町村には払わない、どうしてくれるのか、ということだろう。

一方で、放射能の被害は測り知れず、帰還をあきらめる住民も多くなっている。避難住民の疲労、その避難住民に対する心ない罵倒、住民同士のトラブルが、各地で起こっている。現地の深刻な対立を知れば知るほど、原因者への怒りがこみ上げるのは私だけではないだろう。

（5）「帰る」「帰らない」という対立——飯舘村5

再び、飯舘村のことである。

村では、帰還を目指す人と、帰らない（あるいは帰れない）と考えている人との間で、深刻な対立が生まれている。私がおこなったヒアリングの中からも、そうした空気を感じ取ることができた。

帰還を目指す人たちは、村長を筆頭とする人々であり、国に対して除染を早く終わらせるよう求め続けている(16)。さらに、村外に子育て施設を開設して当面の体制を整えつつ、将来的には、村内に拠点施設を作ることを計画している。

一方、帰らないと主張する人たちは、村に対し、強い不信感を抱いている。それは、原発事故直後に、村が放射能汚染について、情報を村民に隠したことに端を発しているようである。しかも、相当程度の放射線被ばくでも安全だと説明した学者を招来し、避難の必要がないかのような広報を行ったことも不信の原因となっているようである(17)。村は、原発事故の後もしばらく動かずに居ようとしていたが、国は、原発事故の一ヶ月後、計画的避難区域とする決定を下し、全村避難までの間、住民を危険に晒すことになったというわけである。

第三の選択

村長は、どうやら、飯舘村という自治体の存続には元の地域や土地が欠かせない、という考えに立っているようである。住民が登録されているだけで土地のない仮想の村、あるいは、どこか他の市町村に土地を間借りして、仮の村・集落を建設するようなことは想定できないのだろう。今は、あくまでも、いっときの災害・核害から避難しているのであって、必ず同じ土地に戻るという方針である。

帰らないと主張する人たちは、放射能汚染の厳しさを考えてのことだろう。月日が経つにつれて、そのような人たちは増え続けているようである。歳月を経て避難先における生活が重みを増し、あるいは、稼ぎ手の単身赴任など非正常な家族生活を解消する必要に迫られ、かつての飯舘村という居住環境を断ち切らざるを得なくなっているのである。その意味では、「帰らない」としつつ、本当の気持ちは揺れているのかもしれない。「帰れない」というのが、本心ではないか。

都会人からみれば、転居は当たり前のことであり、引っ越さないということ自体が、正確には理解できない世界である。しかし、飯舘村のような地域では、家や田畑、山林に数百年もの歴史があり、地域には祭礼や信仰や文化があり、農産物や特産物があり、それに繋がる人間関係がある。人生で一度も地域から離れたことがない人もいて、他の土地で暮らすこと自体が考えられないのだろう。地域から離れていくことは、地域のすべてを捨てることを意味する。その重さは都会人の理解を遥かに超えるものである。

ただ、「仮の町」を許さない、という周辺自治体の土地柄も、都会人には理解できないかもしれない。数十年も前から、都市近郊の至るところに、団地などの集合住宅が忽然とでき、独立した自治会運営がなされていて、まるで自治体内自治体の様相を呈しているからである。

今一度、帰る、帰らない、帰らないという意見の対立について、考えてみる。いうまでもなく、放射能についての責任、すなわち除染と賠償の責任は、国と東電にある。

しかし、国と電力会社の本音は原発再開にある。この考えに立つなら、線量の高い地域はすべて居住禁止にして放射能廃棄物の最終処分場にしかねない。大規模な最終処分場ができれば、除染もどんどんできるし、最大課題である核廃棄物の廃棄場にもできるかもしれない。それを止めさせるためにも、国に対し帰還と除染を迫るのは、一つの方法といえないか。それに「地元に帰る」というのは、当たり前の人間感情でもある。

とはいえ、除染はいつ終わるとも知れず、放射能被ばくの危険が長期間続く可能性があるという現実問題もある。帰らないことにした場合、放射能からは逃れることができる。しかし、どこかに村を移さなければならない。周辺の自治体は、住民感情から受け入れが難しいだろう。関東などの都市部に移る場合は、これまでのような自然豊かな世界、農的な世界はあきらめるしかない。

どちらも、正解であり、正解でない、ように私には思える。しかし、原発被災地の住民に対しては、どちらかを迫るという非条理な状況があるわけだ。だからこそ、原発被害の避難者に「帰る」、「帰らない」のどちらかを迫るのではない、第三の選択（二重の住民登録）という主張に説得力があるだと思う(18)。

（6）避難指示解除準備地区の様子　――川俣町山木屋地区

三度目（2014年6月）に、福島県に伺った際、川俣町山木屋地区に伺うことができた。原発事故後に計画的避難地区に指定され、その後（2013年8月から）、避難指示解除準備区域になった地域である。ほかの自治体では避難指示が解除された地区もあり(19)、ここも、やがては住民が戻ってくる予定、とされている地域である。

2014年2月に大雪が降り、山木屋地区でも家屋やビニールハウスは大きな被害を受け、放置

上：除染中の農地
下：放射能廃棄物の山

されていた。さらに印象深かったのは、農地の除染である。

除染作業中というピンクの旗がはためく中、ショベルカーが田畑の表土をごっそりはぎとっていく。それをまっ黒なフレコンパック（地元の人たちはトンパックと呼ぶ）に詰め込んで、積み上げていくのである。そのあと、10センチ余りの砂を被せている[20]。確かにこうすれば、放射線量は落ちるだろう。しかし今後、一体どうやって農地として使えというのだろうか。これでは、住民はたとえ帰ってきたとしても、生活ができない。「農地としての除染をしていない」（野中昌法・新潟大学教授）という話を地元で聞いたが、このことだったのだ。

街中は、防犯のための軽トラックしか走っておらず、放射線量を測るモニタリングポストが、あちこちに設置されていた。

（7）有機農業のまち　——二本松市東和地区1

左：ゆうきの里東和の有機たい肥センター
右：有機肥料の「げんき」

原発事故の後、将来を悲観し自殺した農業者や酪農家のことが報道された。農林漁業に携わる人々にとって、放射能汚染は死活問題である。ましてや、化学肥料や農薬に頼らず、自然循環を基本とした有機農業への打撃は、測り知れない。有機農業の生産物は、もともと食べ物に気を使っている人々が買っていたためである。

かねてより有機農業を進めてきた二本松市東和地区に伺って話を聞いた。二本松市東和地区は、川俣町山木屋地区のすぐ隣に位置しているが、避難指示区域となることは免れた。農業の拠点は、道の駅「ふくしま東和」にあった[21]。

住民たちの組織は、NPO法人「ゆうきの里東和・ふるさとづくり協議会」という。この組織の活動は、有機農業を基礎としているのだが、そのほかに道の駅の経営、土づくり（有機たい肥工場の運営）、特産品の開発、定住促進、新規就農支援、ホームステイの斡旋など実に多様である。会員約250人、このうち約160戸が農家だという。

左：野菜の残放射能を測る「野菜くん」、右：米用の「お米ちゃん」

もともと、養蚕と畜産が盛んな地域で、有機農業を行う農家が多かったところだそうである。有機農業において最も大切なのが肥料である。ということから、２００３年に自分たちでたい肥工場（地域資源循環センター「ゆうきの里・東和」）を作っている。

原材料は、牛糞、おがくず、わら、もみ殻、鶏糞、野菜、そばヌカなどであり、50回もの切返しを

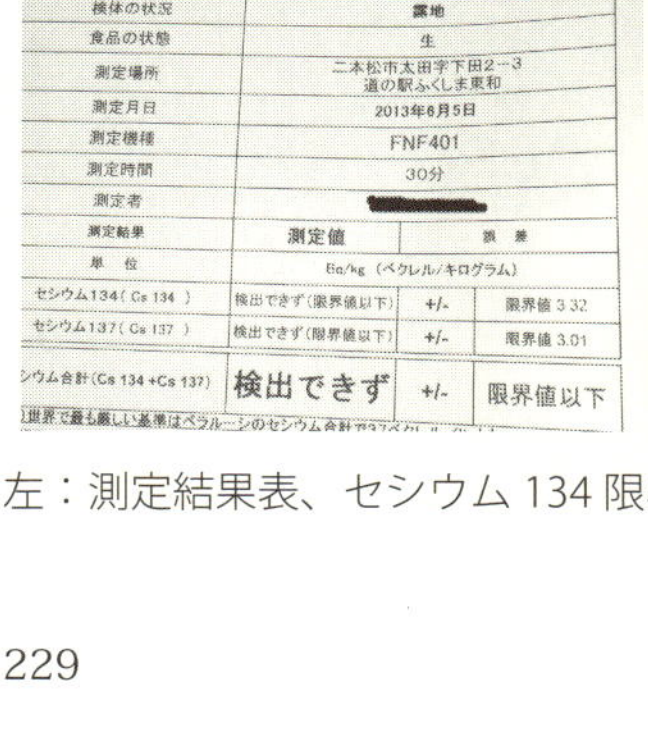
測定結果表

[redacted]様

（住所）	[redacted]		
（名前）	[redacted]		
（採取年月日）	2013年6月3日		
（採取場所）	太田字鍛冶内		
整理番号	2682		
検体の種類	玉ねぎ		
検体の状況	露地		
食品の状態	生		
測定場所	二本松市太田字下田2−3 道の駅ふくしま東和		
測定月日	2013年6月5日		
測定機種	FNF401		
測定時間	30分		
測定者	[redacted]		
測定結果	測定値	誤差	
単位	Bq/kg（ベクレル/キログラム）		
セシウム134（Cs 134）	検出できず（限界値以下）	+/-	限界値 3.32
セシウム137（Cs 137）	検出できず（限界値以下）	+/-	限界値 3.01
シウム合計（Cs 134 +Cs 137）	検出できず	+/-	限界値以下

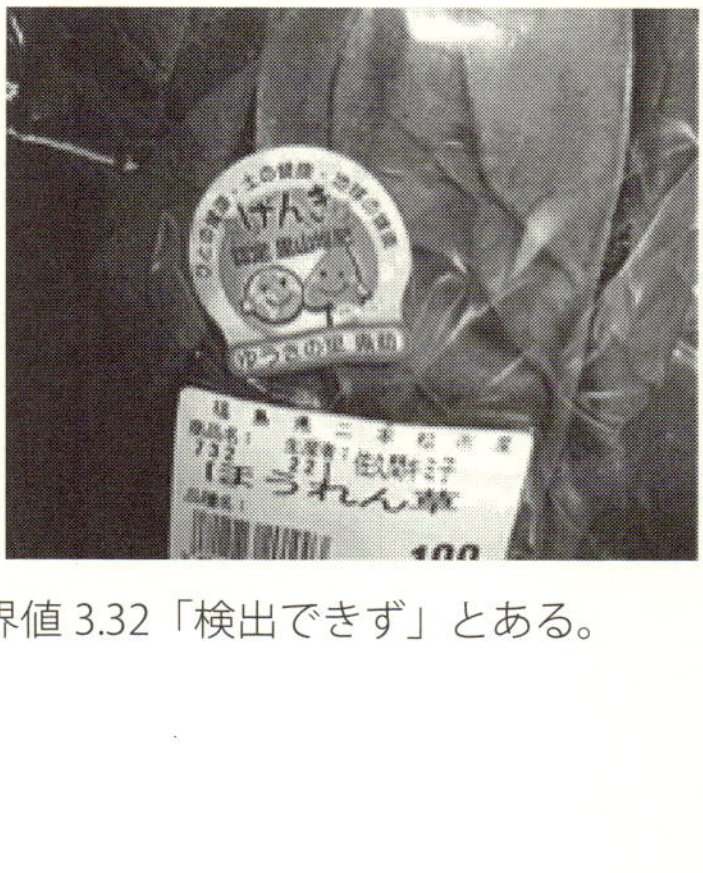

左：測定結果表、セシウム134限界値3.32「検出できず」とある。

行って完熟させている。このたい肥を使って作られた野菜や果物が道の駅や産直で販売されてきた。そして、２００５年、東和町が二本松市と合併したとき、道の駅の運営を任されることになる。

しかし、原発事故の後、農産物から放射能が検出され、販売量は激減してしまう。地域を救ったのは、再び、有機農業であった。ごく簡単に言えば、有機農業によって土を活かす取組みを徹底してやることで、農地の放射能の低減化に成功し、さらに、農産物の放射能を測って公開することで消費者の信頼を勝ち得ているのである。放射能を測る機械で、コメと野菜の放射能を測り、一品ごとに測定結果表を作り、店内で閲覧できるようにしている。そして、合格したものには「ゆうきの里　東和」のシールが貼られる。遠く福島市からも買い物客が来ているそうで、この日も平日の日中というのに、結構な人が買い物をしていた。

農地を耕す（耕転、プラウ耕）ことで、セシウムの値は格段に低減し、ゼオライトやカリウムを投入することで、農産物へのセシウムの移行を大幅に防ぐことができているという[22]。

放射能と聞くと、ただただ恐れる人が多い。東京でも水道水への放射能混入で起こったパニックが思い出される。もちろん、放射能は怖い。しかし、一時のエイズのように非科学的な恐怖心が、差別に繋がっていったことも忘れてはならないだろう。

（８）新規就農者がやってきた　――二本松市東和地区２

左：新規就農パンフ。右：農家民宿の看板、「しびらっこく」とは「しぶとく」というような意味だとか

東和地区のワイン工場

二本松市東和地区には、都会からの新規就農者が多い。原発事故の後にやってきた人もいる。市も窓口を作っているだけでなく、研修体制や資金援助を行っている。しかし、「ゆうきの里・東和　ふるさとづくり協議会」が、世話役と体制をしっかり作っていることが、決め手になっているといってよいだろう。

惚れ込むような土地柄であるし、よそ者にも温かい。しかし実際に見知らぬ土地に住むのには決断がいる。いざその場に住むとなると心配になることが山のようあるからである。買い物や医療機関は日常生活に欠かせないし、家族がいれば学校や福祉施設の状態も知りたい。ちょっとしたことを聞ける人がいるのといないのとでは、地域における生活はまったく違ってくる。そうした存在が、この協議会なのである。

この地域のもう一つの需要な要素は、人々が心から生活を楽しんでいることである。原発事故後にぶどうの栽培を始め、２０１３年、地域の農家が出資してワイン工場を作った。私が伺った時は、ぶどうの収穫が本格化するまで、ということでリンゴを使ったシードルを作っていた。これが大人気。２０１３年は完売したという。ここで、代表のＳさんに伺った話が忘れられない。

「このぶどう畑でバーベキューをしながら、自分で作ったワインを飲むのは最高だよ。しかも、いのししのジャーキーをかじって、阿武隈山系を眺めるのさ。都会人には絶対にできないよ。」しかり！

(1)　この節、全体の参考文献として、金井利之著『原発と自治体―核害とどう向き合うか』岩波ブックレット２０１２年、石橋克彦編『原発を終わらせる』岩波新書２０１１年参照。

(2)　２０１２年７月の避難区域再編によって、飯舘村の村内は、「帰還困難区域」「居住制限区域」「避難指示解除準備区域」の３つに分断されることになった。

(3)　その後、放射線量は若干減りつつあり、２０１５年３月18日現在、村役場前は０・４３μＳＶである。

(4)　渋谷健司・東京大学教授ほか「福島原発事故後の避難による高齢者死亡リスクの分析」２０１３年３月27日、東京大学報道リリース

(5) 飯舘村の原発被害については、千葉悦子・松野光伸著『飯舘村は負けない』２０１２年　岩波新書、参照。
(6) 環境省が除染のために募集した任期付き職員は１００名に上り、業務内容には、「調査や除染等に伴う住民了解、同意」が入っている。http://www.rinya.maff.go.jp/tohoku/pdf/kankyousyou.pdf
(7) 環境省「除染関係ガイドライン」２０１３年5月第2版には、庭木についての記述がない。また、森林の除染の記述については、２０１３年12月に全面見直しが行われ、「森林の除染においては、現場の状況に応じて適切な範囲内において落葉等の堆積有機物除去を行います。また、必要に応じて、林縁の立木の枝葉の除去や、堆積有機物残さ除去を行います。」(2-119頁) となった。
(8) 環境省福島環境再生事務所「家のそばの森はどうやって除染するの?」２０１４年1月版、８頁。住民に対する説明では、初めは水平に10ｍという話だったが後に斜めに10ｍになったという。
(9) 「飯舘の居久根除染　国の不備指摘」河北新報２０１４年10月7日
(10) 環境省・災害廃棄物処理情報サイトより http://kouikishori.env.go.jp/disaster_waste/progress/#progress01
(11) ＰＣＢ処理の特別法は、ポリ塩化ビフェニル廃棄物の適正な処理の推進に関する特別措置法、国が特別に作った法人は、独立行政法人・環境再生保全機構。
(12) 「10市町村に仮の町整備で合意」福島民報２０１３年6月11日
(13) ２０１３年3月30日日本自治学会セミナー、於・福島市
(14) 例えば、飯舘村「新天地を求める会」の要望書２０１２年1月20日、参照。
(15) 国は、避難先自治体に対して、避難者受け入れにかかる費用（保育所受入や救急など）を地方交付税の特別交付税で支払っている。

(16) 菅野典雄著『美しい村に放射能が降った』ワニブックス２０１１年、参照。
(17) 長谷川健一著『原発に「ふるさと」を奪われて』宝島社２０１２年、参照。
(18) 今井照著『自治体再建―原発避難と「移動する村」』ちくま新書２０１４年、参照。
(19) 田村市都路地区（旧都路村）が２０１４年４月１日、川内村東部が２０１４年10月１日に避難指示解除準備区域から外され、帰ることができることになった。しかし、実際に現地に住む人は半数程度で、居住環境は元に戻らない。
(20) 「除染　〝農業再開の足かせに〟」ＮＨＫニュース・おはよう日本、２０１４年６月13日（金）放送
(21) 二本松市東和地区には、２０１３年６月、２０１４年６月、９月と３回訪問しており、ここでは合わせて報告する。なお、菅野正寿・長谷川浩編著『放射能に克つ農の営み』コモンズ２０１２年　参照。
(22) 脚注21・参考文献：野中昌法新潟大学教授の論文参照。

3　津波被災地・岩手県大槌町の復興

（1）大槌町における鉄道の復旧

大災害の救援や復旧・復興のためには、交通の確保が第一である。地元で対応不可能となったら外部から助けに行くしかない、からである[(1)]。阪神淡路大震災（1995年1月17日発生）ではJRの在来線が、わずか2カ月半で復旧・開通した[(2)]。そのことが、一般のボランティアを含め救援や復旧の足として大いに役立ったことはいうまでもない。しかし、東日本大震災の場合、震災後4年経っても多くの鉄道はまだ開通していない。

震災後、私は、被災地の一つ岩手県大槌町に向うことにした[(3)]。鉄道で行くなら、東北新幹線・新花巻駅で降りて、釜石線で釜石駅まで行き、そこからさらにJR山田線（釜石―山田間）に乗り換えるのだが、復旧がまだのためバスに乗ることになる（2015年3月末現在）。しかし、釜石線は一日に10本しか走っていない。大槌町は、宮古市と釜石市の中間にあるので、JR盛岡駅から宮古回りで行く方法もある。しかし、JR山田線（盛岡―宮古間）の宮古行は1日4本しかない。急行バス（通称「106急行」を使うのがよいが、宮古から先はやはり山田線運休のためバスを乗り継ぐしかない。

津波で破壊されたJR山田線・大槌川橋梁（大槌町）（2013年4月撮影）

内陸から大槌町に行くには車を使うのが常識、と言ってよいだろう(4)。しかし、これもまた時間がかかる。盛岡市からはおよそ130キロ、2時間半から3時間は見ておかなければならない。復興道路と称する自動車専用道路が震災後、建設中だが、震災後に開通（図の「供用済」区間）したのは、東

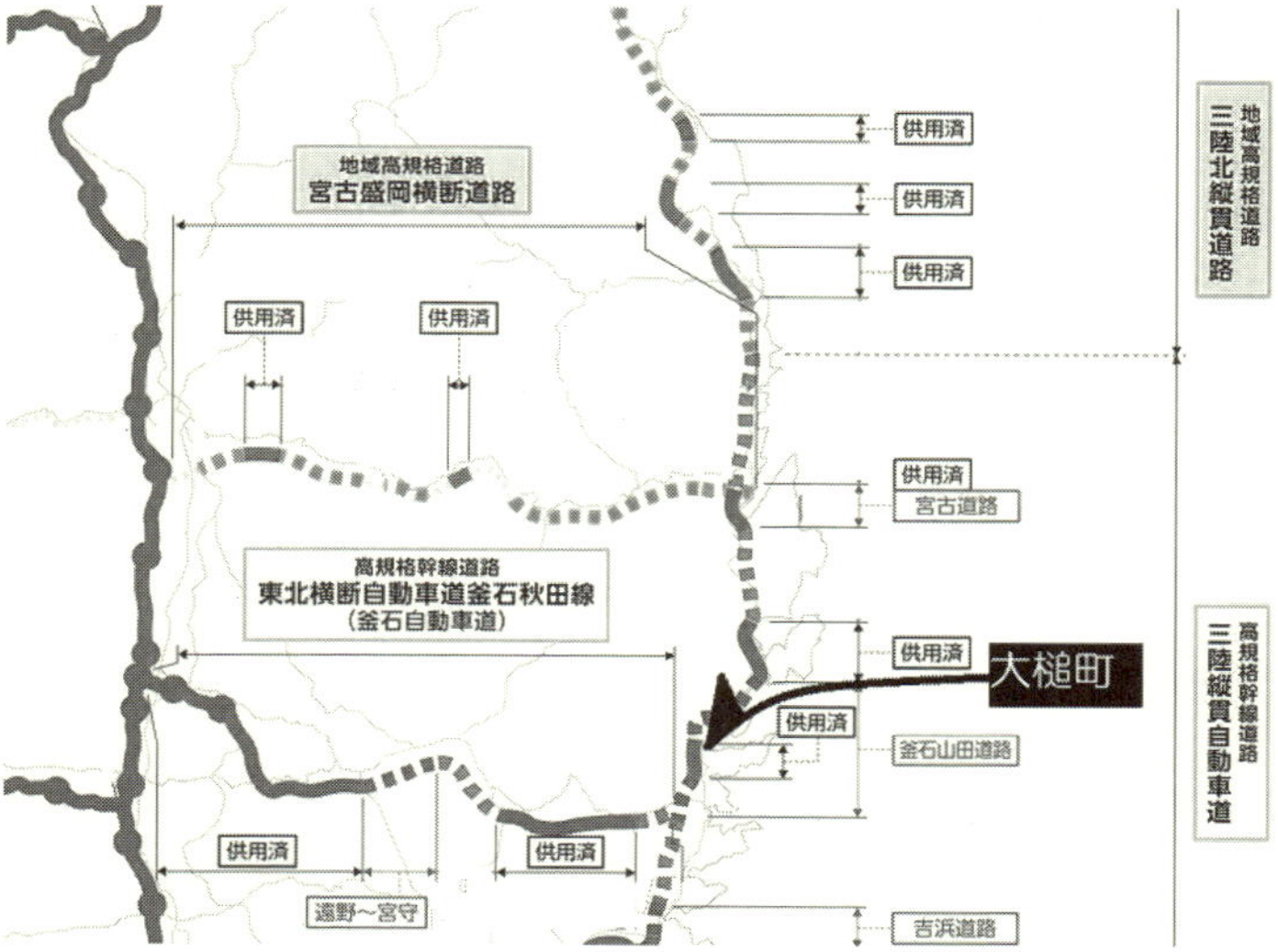

2015年3月現在の高規格道路網（岩手県HPを加工）

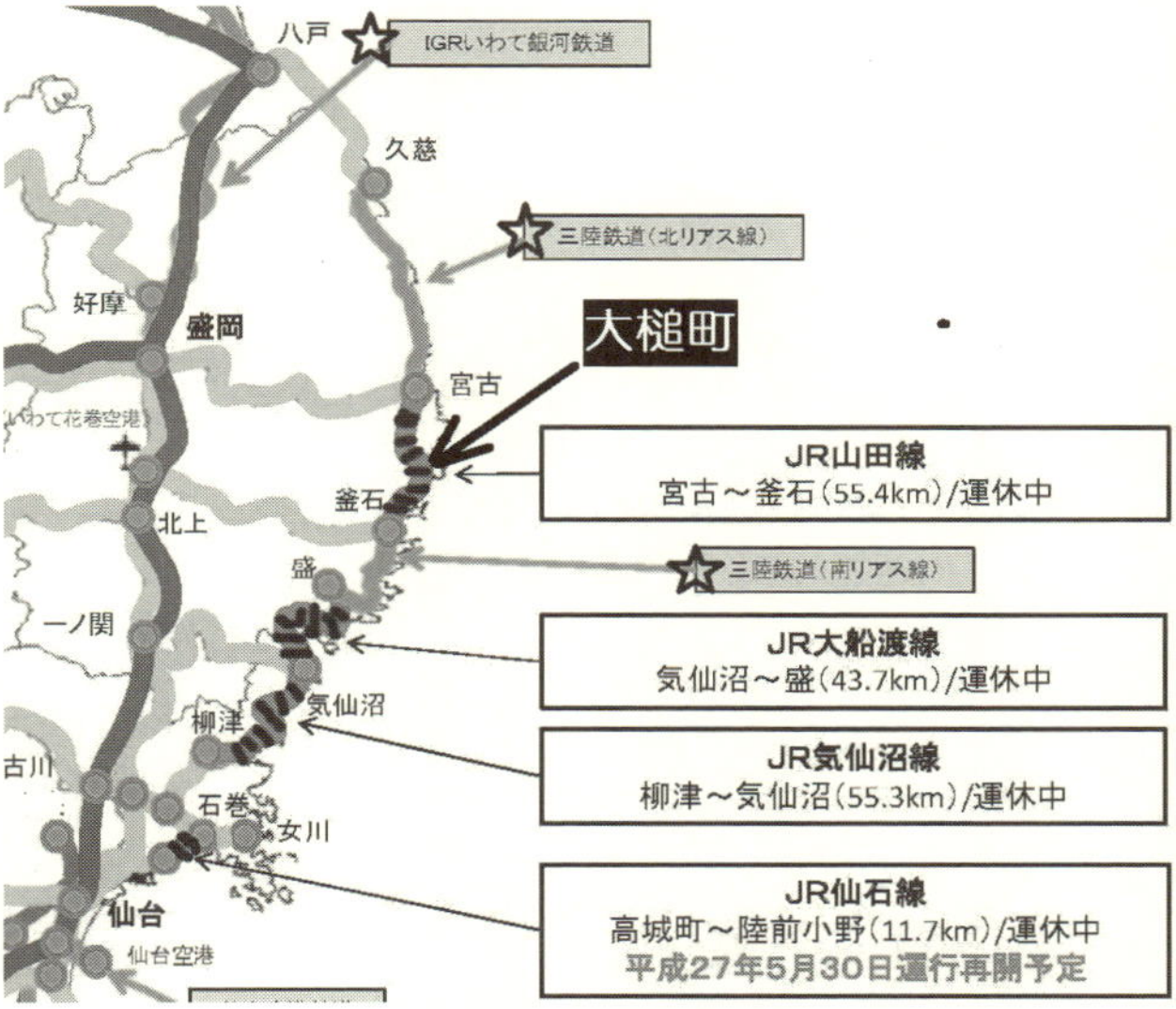

岩手県の鉄道路線（国交省 HP を加工）

北横断自動車釜石秋田線が「宮守～東和間」（23・7キロ、２０１２年11月開通）、宮古盛岡横断道路が「梁川道路」（6・7キロ、２０１３年３月開通）と、わずかである。レンタカーのナビは古くてあてにならない。さらに冬は雪が降り山間部は凍結する（4月末まで冬用タイヤ）。全国を取材した中でも移動に苦労した場所の一つであった。

本音は赤字路線の切り捨て？

三陸地方における交通状況は、大槌町と大差はない。ＮＨＫの朝の連続ドラマ「あまちゃん」で有名になった第三セクターの三陸鉄道は、北リアス線の一部が震災から３か月後に復旧し、２０１４年３月には南リアス線を含めて全線が復旧した。しかし、多くのＪＲ線は4年経っても再開していない。ＪＲ気仙沼線（気仙沼―柳津間）とＪＲ大船渡線（盛―気仙沼間）は、それぞれ２０１２年8月、２０１３年3月に、バスによる仮復旧が行われているが、ＪＲ山田線（釜石―宮古間）については、ようやく復旧工事が始まったところである(5)（２０１５年5月30日、ＪＲ仙石線が全線再開した。）。

首相演説をはじめ国は、東北の復旧・復興を高々と謳い上げてきた。このために、地元住民は当然、鉄道も早急に復旧されるものと信じていたのである。しかし、過去の復旧工事との落差は歴然としている。本音は赤字路線の切り捨てであろう。東北の復興における鉄道状況は、建前と本音が見事に浮彫になる局面である。

もう一つ、内陸と沿岸部の距離に関連して述べておきたいことがある。今回の震災における県の対応には市町村から強い不満があった。岩手は県庁が被災地から遠かったこともあり、県への批判が強かった地域といえるだろう(6)。全国的には、震災時のことが一つの理由となって、２０１２年には国の地方出先機関改革に対して市町村から反対運動が起こったほどである。震災対応で働いたのは国の出先機関で、県は動かなかったというのである(7)。国と市町村に挟まれながら、県には県としてのやるべきことがあったことは間違いない。しかし、少なくとも、大災害時における都道府県の役割は見直すべきだ、と私は考えている(8)。

（2）津波警報のあり方・震源地の誤報

大槌町に、三度目に伺ったとき、現地で震度４の地震を経験した（２０１５年２月17日）。すぐに津波注意報が出たため沿岸部の自治体は、住民に避難を呼びかけた。大槌町は、住民に対して避難指示という強い対応を取った。沿岸の復興工事はすべてがストップして、工事関係者は高台に避難した。

東日本大震災の際は、地震から津波の到達まで約30分と時間があったのに、多くの人が逃げ遅れた。なぜ、すぐに逃げなかったのか不思議に思った人が多かったのではないか。しかし、このたび私自身が現地で地震を経験して、気持ちが分かった気がした。どうしても海の様子を直接見て、水面の状態を確認したくなるのである。人間は、危険の度合いを確認せずに、ただ遮二無二逃げることは、なかなかできない。火事や強風のようなものは、直接脅威を感じるので、身を守る行動をとることができる。しかし、水の災害、とくに津波や高潮、鉄砲水などの場合、直接脅威を感

左：2015 年 2 月 17 日地震の際、避難した車（山田町・道の駅）
右：電子掲示板の注意報（2015 年 2 月 17 日撮影）

じた時は、もう手遅れである。

最善の津波対策は、逃げることだろう。津波が到達しない場所が近くにあればよい。ただ逃げるためには、正確な予報、的確な警報が必要だ。東日本大震災では、気象庁が津波の高さを当初3ｍとする予報を出し（後で訂正）人々の油断を誘った。だからといって過大な警報が続けば、人々が高を括るのは目に見えている。最悪の事態の際、警報の意味をなさないので、警報はできるだけ正確なものでなければならない。

私が経験した2015年2月の地震の場合、気象庁の情報に間違いがあった。当初、「三陸沖・宮古の東、約210キロ付近」としていたのだが、実は約100キロも陸に近かったのである(9)。かなりまずい話だが、検証は行われているのだろうか。

じつは、私が経験した地震のときも、住民みんなが逃げたわけではない。私が泊まった宿では、本来なら客を避難させるべきところ、客室待機にしたという。海の近くの家では庭先を掃除している人がいた。町役場が避難指示を出しても、住民はそれぞれが独自の判断をしているのである。一方で、実際の津波は、一番高い久慈港で20センチ、避難指示や勧告が解除されたのは2時間後であった。

現地の堤防は先の震災で破壊されたままで、造られていない。予報が出されれば、役場は住民に避難を呼びかけざるを得ない。しかし、かといって、住民にもそれぞれ事情がある。切迫した状況にあると思えなければ、日常生活を中断できないだろう。予報の精度を上げることは、やはり重要なことだと私は思う。

（３）東日本大震災における大槌町の被害

まず大槌町の概況を確認しておきたい。釜石市の北に位置し、面積は約２万ｈａ、東京23区全体の１／３程度の広さである。しかし、可住面積は２２２７ｈａと約１割に過ぎず、大半が山林で山が海に迫る典型的はリアス式海岸の地形である。震災前の大槌町の人口は１万５２７６人（２０１０年国勢調査）であった。

大槌町の東日本大震災における死者・行方不明者は１２８４人に上っている。被害を受けた家は、総戸数６５０７のうち３８７８戸（59・６％）というすごさであった(10)。特に、町の中心部である町方地区の被害が激しく、被災者率は13・５％、家屋については一部損壊の１棟を除いて１４２１棟のすべてが全壊した。

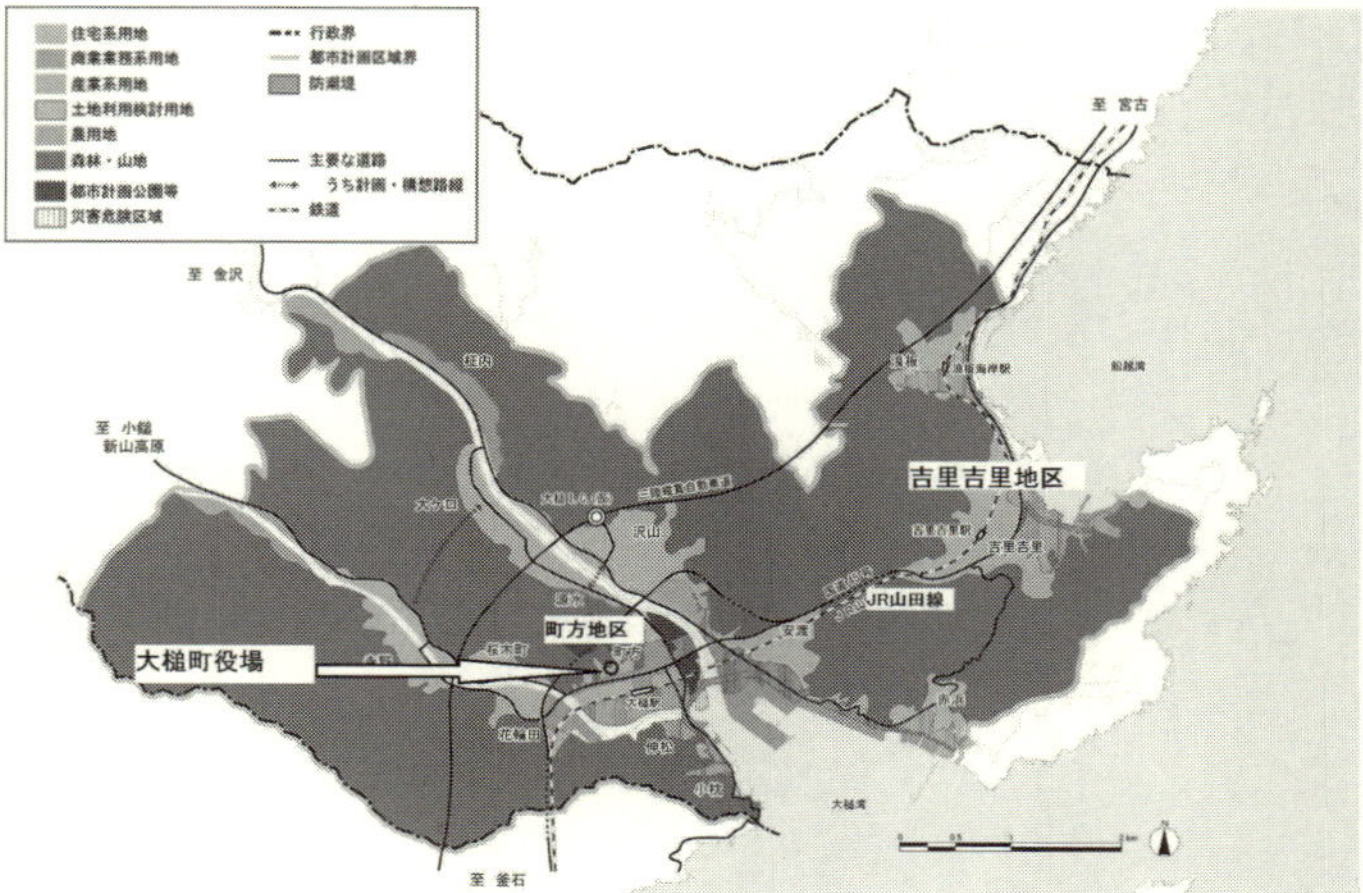

大槌町の地図（町都市計画マスタープランを加工）

左：震災で破壊された吉里吉里浜の防潮堤
右：旧町役場（いずれも 2013 年 4 月撮影）

報道されたように、町職員１４０人のうち町長を含む40人が亡くなっている。町長不在の中で復興しなければならないという、とてつもない苦難にみまわれた自治体であった。

町の北部（地図の右上方向）にあたる吉里吉里地区でも、堤防を越えた津波が民家を襲った。当時はまだ寒く、多くの家が石油ストーブを使っていて、そこから灯油が漏れ一面は油の海と化した。そこに、たった二ヶ所だそうだが、火が付いてしまう。地元の方から伺ったところによれば、堤防が邪魔をして、三日間も水が引かなかったそうである。

町役場では、屋上に逃れた方以外は皆、流されたという。旧町役場跡は、津波の恐ろしさを物語る存在と言えるだろう。窓や扉は跡形もなく、1階部分は壁すらなくなっている。被災状況について大槌町は、町として検証を行っている（以下、同報告書）[11]。それによれば、町役場は地震発生直後、役場の前に机を持ち出しその場を災害対策本部とした。高台である城山に本部を移そうとしなかったことからも、町全体が津波に対して無防備であったと言えるだろう。

今後の対策という意味では、防災関連施設をどう造るかに関心が集まる。ただ、頑丈なもの強固なものを造ればよいとも思えない。建設の費用や期間の問題だけでなく、過剰な安心感を生む可能性もある。

多くの方が自宅で亡くなったと推定されている[12]。もちろん、巨大な津波が来ると思わなかったことが第一にあるだろう。ただそれ以上に、気象庁が出した津波警報（３ｍ）が、大槌町の防潮堤（６・４ｍ、吉里吉里地区６・３ｍ）より低かったことが影響していたのではないか（同報告書15頁）。防潮堤があれば、警報の高さがそれより低いと、人々が油断することは避けられない。

さらに普段の訓練に使われていた「避難場所」（寺の本堂）でも多くの方が亡くなっていることに注目すべきだと思う（同報告書31頁）。そこは本当の避難所ではなかった。逃げても助からない、としたら死ぬのを覚悟するしかない。「避難場所」とされていた場所で津波のときいくら呼びかけても動かない人たちがいたという証言を聞いた。もしかすると、ここでダメなら死ぬしかないと考えた人がいたのでは

左：江岸寺の焼けた仏像・1100度以上の高温でないとこのようにならないという。
右：江岸寺の裏手、城山に上る階段・丸印は寺が震災後に作った「津波到達の地」の碑。避難した人たちがこれより上に逃げていたら、助かっていた。

ないか。最初から高台である城山を避難所とし、そこに逃げる訓練をしていたら、と思えてならない。

町では、いまでも津波対策についての見解が、住民間で二分している。県が作る防潮堤は14・5mであり、5階建てマンションの高さにも匹敵する。刑務所の塀の倍以上はあるだろう。海が見えず塀に囲まれた生活を懸念する住民と、安全面から建設を希望する住民がいる。壊れた役場跡を震災遺構として残すことにも賛成と反対があったという。あまりに恐ろしい経験をしたので思い出すことさえ嫌だというのであろう。しかし、完全に忘れてしまえば、津波への警戒心も消えてしまう。あのとき、何があったのかをできるだけ正確に検証することは、未来のまち、子々孫々のためにも必要なことだ、と私は思う。

震災時の火災については、あまり多くが語られていない。ニュースなどの記録映像でもほとんど流されていない。あまりに悲惨な状況であったため、人々も口にしないのである。しかし、阪神淡路大震災でも火災で亡くなった人が多く、震災時における停電後の通電による電気機器からの発火が問題視されてきたのに、教訓は生かされなかった[(13)]。大槌町でも、津波後の大火災によって高温状態となり、原爆の跡のような光景があったという話を聞いた。困難ではあるが、津波だけでなく火災についても詳細な検証が求められている。

(4)「遅れ」——大槌町における復興課題1

東日本大震災の復興は遅れている。応急仮設住宅で暮らしている期間を近年の大災害と比較してみたい。仮設住宅は、入居期限を2年（災害救助法に係る厚労省告示）と定められていて、その間に被災者の住宅を再建することが想定されているからである。

阪神淡路大震災の場合、発災（１９９５年1月17日）から3年後に入居世帯数は半減し、４年後には1割以下になっている(14)。中越地震（２００４年10月23日）では、３年２カ月後に全員が仮設住宅から退去した(15)。しかし東日本大震災においては、発災後33万人（２０１１年12月1日時点）いた避難者が、約４年経過（２０１５年2月12日）してもなお約23万人もいる。仮設住宅等（公営、仮設、民間、病院含む）への入居者数を見ると、31万４２５５人から20万９８６２人と、わずか3割（33・2％）しか減少していない(16)。

大槌町の場合、発災直後２０３９世帯、４７３２人（２０１１年8月18日）が仮設住宅に暮らしていたが、４年後でもなお１６８１世帯、３４７２人の方がおられる(17)。世帯数で17・６％減、人数でも26・６％減と１／４程度しか減っていない。町全体でみても、住民の１／３はまだ仮設生活なのである。過去の災害と比べても復興が相当に遅いことが分かるだろう。

盛土作業。ここは4.1 mの盛土をする。それより高く盛土し沈降してから削るため、時間がかかる。

上：2013 年 8 月、旧町役場（中央・左の建物）付近
下：2015 年 2 月

２つの写真を見てほしい。震災から2年半後、大槌町の高台（城山公園）から、旧町役場付近（左の中央の建物）を撮ったものと、震災からほぼ4年がたった２０１５年２月、同じ場所からのものである。２年半後の方をみると、がれきがようやく片付いたところで工事はほとんど始まっていない。４年経ち土を盛って高くする嵩上げ工事が始まり、建物の大半が取り壊された。それでも家が建てられるようになるのは、早くてさらに1年半後といわれており、町が作成した工程表でも２０１７年度以降に建てる家が４００戸以上にも上っている（２０１５年２月５日時点）。復興完了といえるのはいつのことか分からない、という状況なのである。

（5）住宅の再建　――大槌町における復興課題2

被災者を苦しめているのは、復興工事が長引いていることだけではない。建設費用が高騰しているのである。土地の価格、建築費とも、震災前の約2倍に跳ね上がっているという[18]。２０１３年度、大槌町の地価は全国一上昇した[19]。建築費に至っては、坪（３・３㎡）当り70万円程度と証言する人が多かったが、それでは東京周辺とあまり変わらない。しかも、60歳以上になると多くの銀行が住宅ローンを組んでくれない。

このため、大槌町は、国の制度（最大３００万円、被災者生活再建支援法）と県の制度（最大１００万円）に加えて、独自に最大２００万円上乗せする制度を作った（２０１３年８月）。全部で最大６００万円の助成である。しかし、30坪程度の家を作るとすると１５００〜２０００万円程度の資金が必要になる。２０１２年度の岩手県の市町村民所得（年間）を見ると、大槌町は１６８・２万円と県内最低であった[20]。本当に、自立再建は可能なのだろうか。

町は、住民に対し２０１５年１月、新たにつくる造成地（防災

2013 年に入居が行われている公営住宅

集団移転促進事業団地）と災害公営住宅への入居希望の最終確認（町はこれを「仮申込み」と呼んでいる）を行った。結果は、造成地への希望が約半数（213／390区画、54・6％）に過ぎず、公営住宅入居へと希望が大幅に移っていた。造成地に家を建てるためは、自己資金が必要となるためであろう。

大槌町は、公営住宅に980戸、自立再建用（民間住宅等用宅地）に1657戸分を用意する予定にしている。しかし、このままだと公営住宅はもっと必要になる。建設費用を抑える方法はないのだろうか。

地価については、県が国土利用計画法に基づいて監視区域に指定し、上昇を抑える方法があるが、岩手県は活用しなかった[21]。資材など建築費の上昇については、国に責任があるといえる。小泉政権から民主党政権までは公共事業が問題視され大幅に縮小されていた。ところが、政権交代で「国土強靱化」と称する建設事業が全国で始まり、加えて東京オリンピックによる建設ラッシュが起こったのである。このため、建築資材と作業労働者の賃金が高騰している[22]。東北復興には、膨大な資材と多くの作業労働者が必要と分かっていながら、国が一連の施策を打ったことが直接の原因といってよいだろう。建設費用の値上がり分を国が負担してほしいという要望が地元から出ているが、もっともである[23]。

公営住宅に話を戻す。2013年、地方分権の一環で公営住宅法が改正され、市町村の意向で入居条件など制度上緩和できる幅が広がった。これまでは法律の要件が厳しく町や村が移住者用に公営住宅を提供しようとしても難しかったが、かなりできるようになったのである。

そもそも公営住宅については、民間業者ができる分野に行政が仕事をすべきでないという見解（民業圧迫論）があり、一方で、格差が拡大するなか若者への福祉という意味から公営住宅の提供が重要だという見解[24]があって、自治体によって対応がかなり異なっている。今回、岩手県は、住民の要望にできるだけ応えるという姿勢であり建設戸数の半分は県が造る。が、管理経費の上昇を恐れてか、建設後はその半分を市町村管理とする。したがって全体の３／４は市町村が管理することになる。ならば町が独自の設計や入居条件を設定してもよいはずだが、残念ながらそのようにはなっていない。町の公営住宅条例の内容は、県のそれと変わらない。前に述べた山古志のような公営住宅を造ることは、できないのだろうか。

２０１５年1月に町が行った居住確認（仮申込み）の際、回答しなかった世帯が５０２（町内・全世帯の9・３％）あった。このうち、町外が３７１世帯、町内が１３１世帯だったという[25]。町は町外の世帯は帰ってこないと踏んでいるようである。しかし、今は町外に居ても帰りたいという人は、少なくないはずである。魅力ある公営住宅は、その一歩となるのではないか。

（6）復興の全体像と制度 ――大槌町における復興課題3

大槌町の復興のコンセプトは、「海の見えるつい散歩したくなるこだわりのある『美しいまち』」

である。このコンセプトは、町長が立候補したときの公約であり、２０１１年12月に策定された最初の復興計画（大槌町東日本大震災津波復興計画・基本計画）の冒頭に、「まちの将来像」として掲げられている。

ところが、２年半後の改訂版（２０１４年３月）では、このコンセプトは小さくなって、その上に基本理念として「希望の大槌への挑戦」という文字が掲げられた。前のコンセプトと比べると大分、インパクトが小さい。当初の精神のまま、大槌町の復興が行われたなら、また違った復興があったと思えるのだがいかがだろう。

東日本大震災の復興は、東日本大震災復興特別区域法という特別な法律をもとに行われている。その内容を簡単に述べれば、市町村が復興についての事業計画を策定し、その費用については「復興交付金」などによって、全額、国が交付するというものである。市町村に都合のよい制度のように思える。しかし、この制度には問題があった。復興交付金のメニューは国が用意した40事業に限定され、採択にあたっても「まずは住宅建設から」というように誘導が行われ、道路や施設の整備は後回しになった。また、国や県の関与は変わらなかったため、市町村の仕事の進め方そのものは従来と変わらず、市町村の膨大な仕事量は減らなかった。そのほか復興に関わる重要な手法は、すべて国が示したといってよいだろう。

例えば、防潮堤については、県の仕事とされたものの、１００年に一度のレベル（Ｌ１）という基準は国が示した(26)。また、土地の嵩上げは２ｍが目安とされたが、これも国が示したものであった(27)。

住民は嵩上げだけを求めていたのに、国は、その場所には土地区画整理事業を行うことが前提だとした(28)。東日本大震災の復興手法は、簡単に言えば、国が用意した枠の中で市町村が選択するというものだった。

さらに、住宅建設の全体像が固まった後から、市街地の拠点を造る事業を入れたことも地域に混乱をもたらすことになった(29)。街並みの有り様を決定してから街のヘソとなる拠点を作るという、逆転したまちづくりが行われているのである。

大槌町では、新町地区と安渡地区の二か所に「産業集積地」という町の拠点を造る事業（津波復興拠点整備事業）を行っている。新町の方は土地の整備が終わり、すでに19の事業者が入ることを予定しているという。しかし、その場所は駅からは離れており、周辺の住宅再建は数年後となる。しかもマストというスーパーがすでに反対側の場所で営業している。これまで仮設商店街（福幸きらり商店街）に入っていた店でも産業集積地に行かない店が多いという。どこの商店街も同じだが、経営者が高齢化していて後継者がいない。多額の借金をして出店するリスクを考えると踏み出せない人が多いのだろう。

この近くには、御社池（おしゃち）という、かつて天満宮があったといわれる池があり町の中心地があった(30)。初めからここを復興の拠点として、ＪＲの駅もこの近くに移動するようなことはできなかったのだろうか。宗教上の施設に行政がカネを出すことには壁があることは理解できる。しかし、町の復興に不可欠なものなら、知恵を絞るのが行政と政治の仕事ではないか。

（7）民間委託――大槌町における復興課題4

今や、復興事業を担う主体は民間業者である。町はＣＭ（コンストラクション・マネジメント）という一括委託方式によって、復興事業を進めている。ＣＭとは新たな包括的委託方式のことで、国交省の説明書によれば、その委託先（CMR：コンストラクション・マネージャー）が、技術的な中立性を保ちつつ発注者の側に立って、設計、発注、施工の各段階で、設計の検討、工程管理、品質管理、コスト管理などの管理業務を行うことだ、という。実際の事業はさらに民間事業者に委託する。設計、発注から建設まで、公共事業の丸投げである。

大槌町においては、都市再生機構（ＵＲ）が町を支援し、ＣＭＲという管理業者を選定するにあたっては、専門家を入れた委員会が選定している。事業を発注しても、前に述べたように建材高騰などのため引き受けてくれる会社がない（入札不調）。そこでこうした新手の手法が導入されることになったと説明されている。しかし、公共事業については、これまでも過大な費用、談合、費用の追加請求など多くの問題が発生している(31)。丸投げによって事業内容が不透明化し、町が住民にきちんとした説明ができなくなる恐れがある(32)。

また、大槌町は「(株）復興まちづくり大槌」という第三セクターを２０１３年3月1日に設立している（大槌町出資比率82・４％）。社長は町長が兼任し、新たに町外などの若者を雇用した。会社の目的は、役場の人手不足、民間事業へのサポートと町長は説明する(33)。ところが、この第三セクターの評判は散々である。第三セクターの役割として、地元事業者と役場の間を取り持つはずが、一方的に企画内容を伝えるだけで事業者側の事情や要望をまったく聞かないという。かえって復興のハードルだという声さえあった。この会社が運営する「ホワイトベース」も、復興工事関係者を泊めるために作られた宿泊施設とされているが、営業が始まる（２０１４年４月）と地元宿泊施設から多くの客を奪っているという。

いずれの民間利用も、復興という非常時とはいえ疑問が残る。安易な民間利用は、かえって、非効率や過大な費用をもたらすし、住民意向から逸脱する。そうでなくとも、画一化、没個性化に繋がる可能性が高い。効率を追求すれば全国標準や、画一的な方法を用いるしかない、からである。

（８）人口減少——大槌町における復興課題５

復興が遅れ、自立再建に展望が見いだせないとなると、人々が転出する可能性が高くなる。このグラフは、２０１４年10月時点における大槌町の各年齢の（震災前からの）人口減少率の推計値を示したものである。推計値というのは、２０１０年数値が国勢調査であるのに対し、後年は住民基本台帳上の移動数値を使っているためである(34)。例えば、23歳の人は、震災前（２０１０年国勢調査時点、19歳）には61人いたが２０１４年にはゼロ、24歳の人（震災前20歳）は69人いたが28人になってい

大槌町・震災後の人口減少（推定）
（2014年時・年齢における2010年時からの減少率）

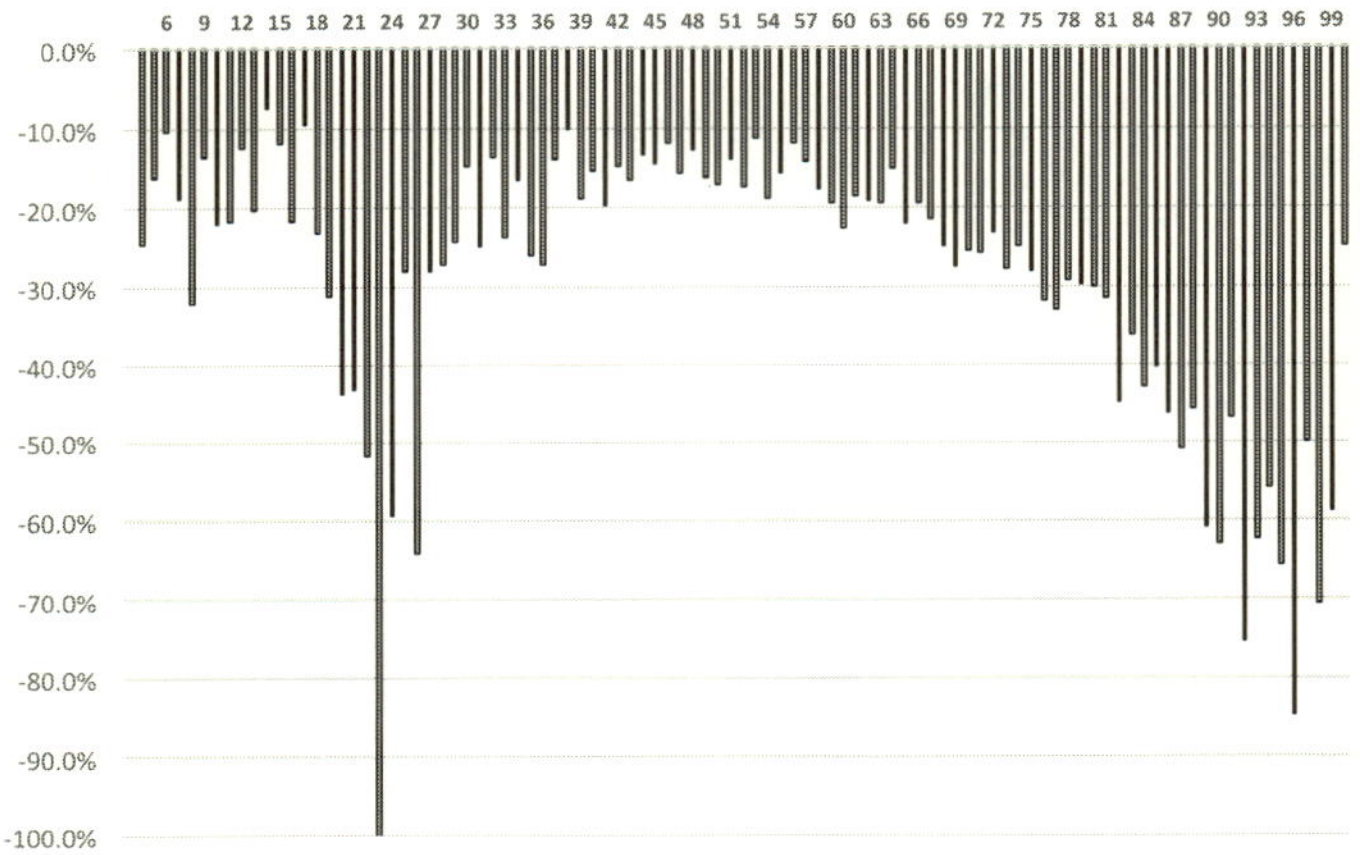

ることになる。もっともこの年齢層は震災時には学生だった人が多く、国勢調査と住民基本台帳の統計上の誤差がそのまま出ている可能性はある。

２０１０年の国勢調査における大槌町の人口は、１万５２７６人であり、県が把握している数値では２０１４年10月段階で、１万１６９０人（23・6％減）であった。数値に誤差があるとしても、18歳から25歳の高校卒業後の若者の人口減少が激しく、特に震災時19～21歳であった人たちの多くが転出したことは確かであろう。新卒者は、他の土地でも就職できる可能性が高く、人生の選択という場面でもあり希望する進路を止めることは誰にもできない。

働く場の用意は当然、必要なのだが、地域を若者たちに希望ある場所にしていくことが、大切であることをこのグラフは物語っている。

（9）住民参加――大槌町における復興課題6

復興には住民参加が欠かせない。大災害後の復興時には、町の判断が、住民生活にとって決定的な意味を持つからである。町から出ていかねばならないか、家を持てるか持てないか、仕事があるか無くなるか、そのような生活の分水嶺となる決定を、町が次々と下していく。しかも、時間の流れとともに状況はどんどん変わる。復興を進めるにあたっては、行政が逐次、住民の声を直接聴き、住民と対話することが最も重要になる。

大槌町は、復興が始まる前に町の復興への基本姿勢を定める条例（大槌町災害復興基本条例、2011年9月30日）を制定している。そこには町長の責務として「町民等及び復興町民会議の適正な合意形成に努めなければならない」（4条3項）とあって、さらに「町民等の参画と協働を保障し、地域住民の力を最大限に活かした復興を推進するものとする」（6条）と定めている。住民との合意に基づく復興を誓ったものといってよいだろう。大槌町では、事業の推進に当たって住民への説明が頻繁に行われており、事業計画の変更も何度も行われている。しかし、疑問もある。

例えば、情報公開の不徹底である。住民説明会などで住民から出た意見は、当初はホームページに公開されていたが、今はない。住民基本台帳データなどの統計情報もホームページにない。さらに、私が役場にお願いしたものであるが、町から国への要望内容、取崩し型復興基金などの利用状況、財政状況についての説明書については、すべて提供を断られた。復興庁によれば、大槌町の総復興事業費は、１０２９億円にのぼることが分かる[35]が、町の復興計画（改訂版）には財政計画が載せられていない。単なる不親切、の可能性もないわけではないが、情報提供は住民参加の基礎である。住民が状況を把握できるよう、徹底した情報公開を進めるべきである。

さらに、都市計画や公営住宅など、町の重要な審議会への住民参加が行われていないことも問題である。都市計画審議会には公募住民は入っていないし、災害公営住宅の条例を審議した委員会（災害公営住宅整備計画検討委員会）は、すべて非公開で行われた。

住民から、町の企画決定への参画を求める請願が、２０１２年12月、町議会に出されたが、議会はこれを不採択にしている[36]。

もちろん、住民の意向がすべて正しいというわけではないし、住民の中でも意見が分かれることは多い。復興時、町職員の仕事が大変なことも理解できる。職員側に立てば、いちいち住民の意向を聞いていたら仕事にならない、という気持ちにもなるだろう。しかし、それでもなお、町の施策は住民の意向を根拠にして行われなければならない。町は、住民の信託を受けて仕事をする存在だからである。

（10）町の希望

大槌町が国の画一的対応に風穴を開ける出来事があった。町が希望したことで、仮設住宅に、町へのU・Iターンを希望する人が住めるようになったのである（２０１４年４月から）。国の規定上は、被災者でなければ仮設住宅に住むことはできない(37)。しかし、被災地にはアパートなど賃貸住宅がない。そのため、ボランティアや他の自治体の応援職員も住める場所がなく、必要になるたびに、国がいちいち通知を出して居住を認めてきた経緯がある。

しかし、仮設住宅は、もともと県が造ったもので県の施設である。そこで今回のU・Iターン者については、県が対応することで決着した(38)。実は、国はじわじわと仮

井上ひさしの「吉里吉里人」が出版された後、地元の人が作った「吉里吉里酒」

ひょっこりひょうたん島のモデルとなった蓬莱島

設住宅の統廃合を求め始めており、それとの不整合を嫌って県に対応を押し付けたのかもしれない。ただ、分権時代である。仮設住宅の管理は、最初から県に対応を委ねれば良かったのではないか。

仮設住宅に関連して、現地で驚く話を聞いた。このまま仮設住宅に住み続けたいという人が増えている、というのである。仮設住宅に4年間も住み、仮設の人間関係にも慣れ、場所によってはコミュニティ活動も活発に行われているというのである。戸建て住宅にせよ、公営住宅にせよ、引越しとなれば新たな近隣付き合いが必要となる。高齢者にとっては、難儀なことであろう。それも一体いつになるかわからない。となれば仮設住宅のままがよい、ということになるのかもしれない。これまで私も含め多くの人は、仮設住宅からの脱出が復興のあるべき姿だと考えていたのではないか。そろそろまったく逆転した発想をしなければならないのかもしれない。

そもそも、大槌町は、独立精神の旺盛なまちである。平成の大合併も拒否している。井上ひさしが吉里吉里人やひょっこりひょうたん島の着想を得たのも、そうしたまちであったからだろう。

現地で、地域を案内するツアーや企業研修を引き受けている住民団体に話を聞いた(39)。若者中心の団体といってよいだろう。高校生などの語り部が震災の町を案内したり、復興活動を続ける農林漁業の現場体験をしたり、住民と交流したりすることが活動の内容となっている。研修には企業や大学がリピーターとなって来ているそうである。

研修など全体のコンセプトは「人としてどう生きていくのか」「生きるための覚悟」だ、という話であった。大上段に構えた、とおもえなくもない。年寄りが話すそのような話は、大抵、説教臭くて、聞く方は白々しく思えるものだ。「生きるための覚悟」を教える自信がある人はどれだけいるだろう。しかし、大槌町という場はほかとは違う。極限の状況を生き抜いたこの地の人々だからこそ、そしてそのことが分かる環境にあるからこそ、できることがある。見事な着想である。

(1)　私ごとだが、震災直後、私が岩手に救援に行く際に利用したのは「Google Crisis Response 自動車・通行実績情報マップ」であった。ホンダの通信型カーナビ「インターナビ」をグーグルがインターネット上にアップしていたもので、毎日更新されていた。これが実に役に立った。http://www.google.org/crisisresponse/kiroku311/chapter_12.html

(2)　阪神淡路大震災では、一番遅かった神戸新交通（六甲ライナー）も7か月後には復旧している（「阪神・淡路大震災教訓情報資料集【０７】鉄道の復旧、内閣府・防災情報のページより）。

(3)　大槌町を取材した期日は、２０１３年４月、８月、２０１５年２月の３回である。この節全体についての参考資料として、拙著「岩手県大槌町にみる東日本大震災の復興課題」自治総研２０１３年11月号参照。このほか、竹沢尚一郎著『被災後を生きる』中央公論新社２０１３年、東野真和著『大槌町　震災からの３６５日』岩波書店２０１２年、同『大槌町　震災２年目の３６５日』岩波書店２０１３年、同『大槌町　震災３年目の３６５日』大槌ぶんこ２０１４年、碇川豊著『希望の大槌』明石書店２０１３年、参照。

(4)　盛岡から大槌行のバスが、一日に一本だけある。

(5)　ＪＲ山田線（宮古―釜石間55・４㎞）は、ＪＲ東日本が、第三セクター三陸鉄道に移管することが２０１４年11月に決まった。復旧費２１０億円のうちＪＲが１４０億円を負担し残りは国の復興交付金を基に地元が負担する。ＪＲは、三鉄へ移管協力金として30億円を支払うという（岩手日報２０１５年３月８日付など）。

(6) 沿岸部の後方支援の拠点として遠野市が活躍したことが知られているが、県は、遠野市に「支援基地」を設置しながらその場で意思決定できる体制を作らなかったという（遠野市『３・11東日本大震災　遠野市後方支援活動検証記録誌』２０１３年58‐59頁）。

(7) 全国の市町村長が５００人ほど参加して「地方を守る会」を作り、国の仕事が県に移管されることに対して反対運動が起こった（立谷秀清「出先機関移管には大震災の検証と十分な制度設計が不可欠」ガバナンス２０１２年８月号　18‐20頁）。ただ、国の出先機関改革そのものには関係中央省庁が強く反対しており、自治体に呼び掛け主導する運動が行われてきたことも見過ごせない。

(8) 大震災時における都道府県の役割見直しについての具体的な提言内容については、脚注３、拙著２０１３年論文参照。

(9) 気象庁報道発表資料、平成27年２月17日09時40分「平成23年（２０１１年）東北地方太平洋沖地震」について（第74報）‐平成27年２月17日08時06分頃の三陸沖の地震‐

(10) 大槌町東日本大震災津波復興計画・基本計画（改訂版）（２０１３年３月）、87‐88頁

(11) 「大槌町東日本大震災検証報告書」（２０１４年３月）同委員会

(12) 岩手大学・麦倉教授の調査によれば、大槌町吉里吉里地区の場合、津波による死者93名中65名（69・９％）が自宅で亡くなっている（「沿岸地域の復興とコミュニティの再建ならびに持続可能な社会の構築に関する研究」２０１４年10月31日、73頁）。

(13)「原因の判明した火災については、地震直後では電気・ガス関連が多く、地震の数時間後およびその翌日以降では電気関連が多かったとされ、『電気火災』が注目された」(「阪神・淡路大震災教訓情報資料集【04】火災の発生と延焼拡大、内閣府・防災情報のページより)

(14)兵庫県県土整備部「阪神・淡路大震災に係る応急仮設住宅の記録」２０００年８月

(15)内閣府「新潟県中越地震復旧・復興フォローアップ調査報告書」２００８年

(16)いずれも復興庁データ

(17)２０１１年データは、岩手大学震災復興プロジェクト「大槌町仮設住宅住民アンケート」(７頁)、２０１５年データは岩手県復興局生活再建課より。

(18)建築費用が2倍になっている話は、現地で複数の方から聞いた。地価は坪７〜14万円前後、建築費は坪65〜80万円という人が多かった。

(19)大槌町大ケ口で＋30・５％上昇した(岩手県「平成25年度地価調査結果」)。

(20)「市町村民所得２５５万３千円、県内12年度」岩手日報２０１５年２月12日記事。これによると大槌町は、２０１１年度より23・５％も増額したという。

(21)大槌町大ケ口の地価上昇について、今後上がる見込みはないとのことであるが、なぜ上昇前に監視区域にしなかったのかは不明である(岩手県「監視区域に係る検討状況および今後の対応について」)。http://www.pref.iwate.jp/dbps_data/_material_/_files/000/000/016/850/shiryo03.pdf

(22)国交省が毎年示す公共事業設計労務単価によって、岩手県の普通作業員の労務単価を２０１０年と２０１５年を比べると、１万２１００円から１万６４００円へ４３００円(35・５％)も上昇している。

(23)「国は建設費支援後押しを」中村一郎・岩手県復興局長（朝日新聞・私の視点、2015年3月28日）

(24)広井良典は、住宅を「人生前半の社会保障」の主要な要素であり「ストックに関する社会保障」と捉え、公的住宅の拡充を主張している（『コミュニティを問い直す』ちくま新書2009年、178頁）。

(25)2015年2月6日大槌町長定例記者会見より

(26)「設計津波の水位の設定方法等について〜復興計画策定の基礎となる海岸堤防の高さ決定の基準〜」（国土交通省港湾局海岸・防災課長などから、各海岸管理部局宛、2011年7月8日）

(27)「津波被災市街地復興手法検討調査（とりまとめ）」2012年4月、国土交通省都市局

(28)土地区画整理事業は、土地の区画を良くすることで地価が上昇することを前提とするものだが、人口減少となっている現地では、空き家や空き地が目立っていた。また、事業そのものも時間がかかるとの批判がある。

(29)国は、復興特区法と並行して「津波防災地域づくりに関する法律」（2011年12月27日施行）を作り、被災市町村については、復興のための「拠点建設」ができるとし補助金も用意した（津波復興拠点整備事業）。

(30)佐々木健・大槌町教育委員会事務局生涯学習課長「大槌学のすすめ・祈りの空間　御社池『天満宮』再興を」広報おおつち、2015年3月号24頁

(31)大槌町でも2015年3月30日、復興事業で施工不良が見つかっている（寺野地区臼澤団地下水道工事）。

(32)大槌町復興整備事業CM業務選定委員会設置要綱によれば、選定委員は6人。委員に守秘義務を課し、「選定結果及び経緯については、速やかに公表を行う」とあるものの、議事録の作成、公開の規定はない。

(33)株式会社・復興まちづくり大槌のHPによると、工事関係者用の宿泊施設「ホワイトベース大槌」の運営や中心市街地への商業集積への協力などを行っている。

(34)　岩手県ＨＰの統計より、２０１０年は国勢調査を使用し、後年は、岩手県人口移動報告年報（国勢調査の数値から、後年、住民基本台帳上の数値で移動をしたもの）の数値を利用している。

(35)　復興庁「復興の取組と関連諸制度（参考）」２０１５年3月10日、76頁

(36)　大槌町の７つの住民団体が出した請願の内容は、町づくりの企画決定の過程に参画させてほしいというものである（「まちづくり及び町づくり会社の企画運営の参画に関する請願書」（代表・おらが大槌夢広場ほか7団体）２０１２年12月3日付）。町議会はこれに対して、町づくり会社の企画運営は出資者（つまり、町長）と協議すべきだ、として不採択とした（２０１２年12月12日第４回町議会議事録１３５頁）。両者の主張に齟齬があったと思われる。議会で請願した住民から意見の発表を受けて審議するなど、議会改革の必要性も浮かび上がる。

(37)　応急仮設住宅についての居住者の制限の根拠は、内閣府告示（平成25年内閣府告示第２２８号「災害救助法による救助の程度、方法及び期間並びに実費弁償の基準」第2条2項イ）にある。この告示にどの程度の規定力があるとみるべきか、議論の余地はあるだろう。

(38)　応急仮設住宅は県の行政財産にあたるので、県が行政財産の目的外使用（地方自治法第２３８条の４、７項）を認める要領を作って、県内市町村に通知した。この結果、大槌町のほか陸前高田市と釜石市でもＵＩターン者が仮設住宅に住めるようにしているという（家賃は月額1万円）。なお、この過程で、岩手県は復興庁に対し、内容照会という形で文書回答を得て行っている。仮設住宅は国からの補助が多額であることが原因のようだが、自治体による独自裁量への道は遠いようである。

(39)　一般社団法人・おらが大槌夢広場　活動や研修内容はホームページで見ることができる。http://www.oraga-otsuchi.jp/

終章　地域を救うのは誰か

1　人口移動を考える

人がどこに行くか、どこに住むかは自由である。自分の意思で住む場所や働く場所を決めることができるので、人口移動は自然な流れと思うのが普通だろう。最終的に、地域に誰もいなくなってしまうとしても、時代の流れとして許容されていくのかもしれない。

しかし、人口移動は人為的に作られてきた、と私は考えている。例えば、公共事業が減れば、建設労働者は大幅に減少し、仕事を続けたい人はほかの場所に移動する。農林業の兼業農家は建設業に就く人が多く、兼業農家の多い地域は人の移動が農業生産の減少に直接結びつくことになる。働き手の減少は、地域の農業そのものにも影響を与え、人口減少の悪循環が起こることになる。

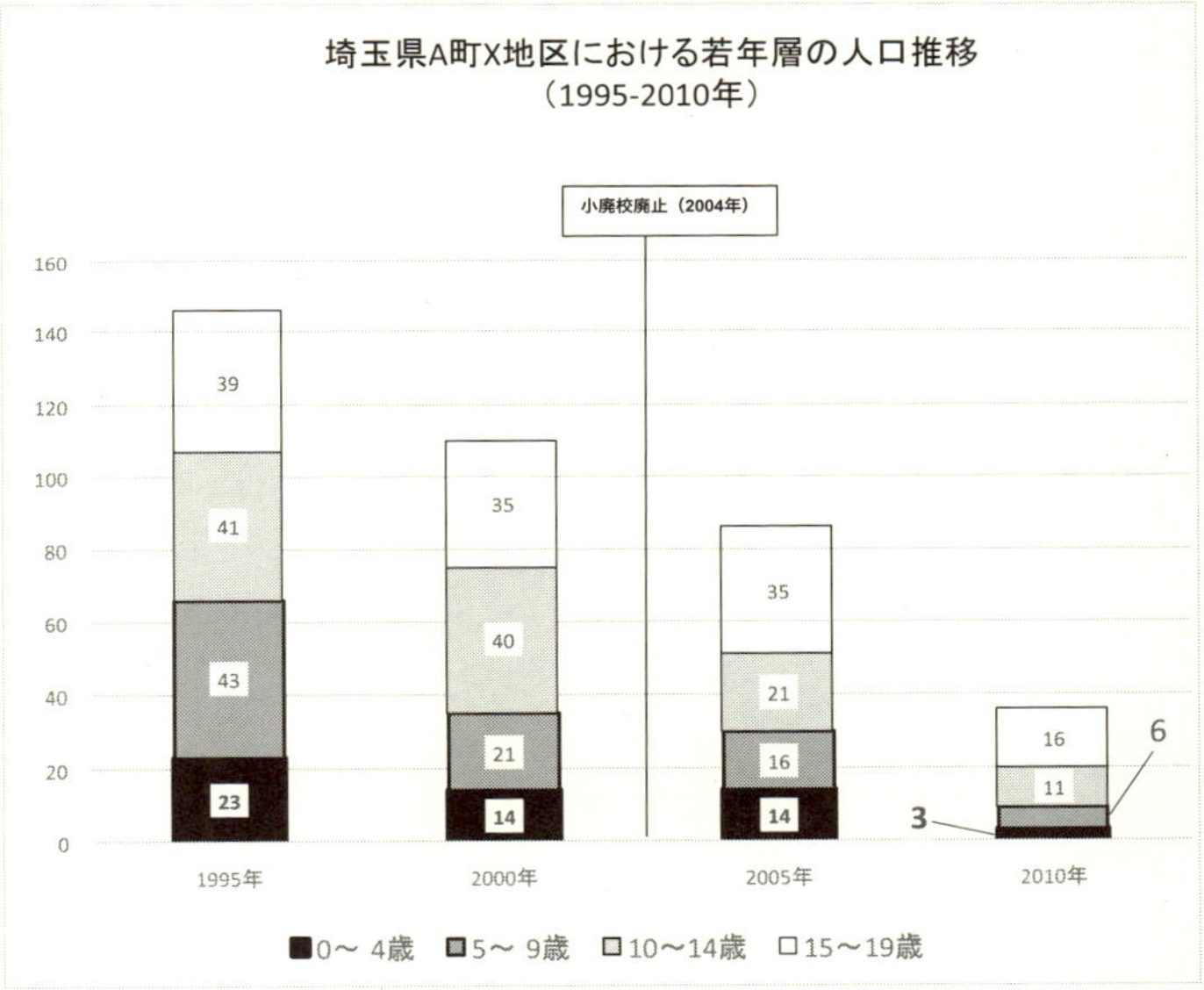

1995年-2010年国勢調査による

「選択と集中」という施策

市町村合併も人口移動に関係している。多くの合併市町村を尋ねたが、合併して支所となった元の役場は、周辺が閑散としていた。飲食店は、看板をそのままにして閉じているところが多かった。旧役場が発注していた事業は土木事業をはじめとして激減している。旧町村の区域で行われている事業量が、おそらく合併した自治体の政治課題となっている。どこかに偏っているのだろう[1]。仕事がなければ、町を出ていくしかない。地域にとっては切実な問題である。

中心市街地の問題も、人の動きと密接不可分といってよいだろう。都市がスプロール化していったのは、過密な都市から自然と人が移っただけでなく、郊外に大店舗が次々と作られその周辺が宅地化されたこととも関係している。中心市街地の商店の売り上げが激減し、閉店が相次いだ。大店舗が郊外に出店可能となった背景には、日米構造協議があり、国策があったといってよいだろう。それを今は、「選択と集中」という施策によって、再び、中心地域へ回帰を作ろうとしている(2)。

もし、被災地の復興がもっと早く進んでいたら、被災地の人口はこれほど減少しなかっただろう。復興にかかる施策が、たとえ悪意ではないとしても、人口移動を作り出したことは疑いがない。

多くの地域が抱える問題に学校の統廃合がある。特に、小学校の廃止は、地域に大きな影響を与える。グラフは、埼玉県西部の山間部にある町の、さらにその一番奥にある地区の若年層（0～19歳）についての人数の推移である。この地区は2004年に小学校が廃校となっている。全体が少人数化する傾向は、全国的なものだとしても、2004年を契機として学齢期前の子どもが大きく減っていることが分かるだろう。地元の人たちは、ことあるごとに廃校の影響を語っていたが、誇張ではない。

このように、一定の施策選択（政策判断）が人の移動に関係したことは確かである。ただこれまでも、その施策の決定に、住民が完全に無関係であったとはいえない。決定の判断を下したのは、住民が選んだ政治家であったからである。

しかし、住民はことの本質を見極めていたのだろうか。見極めにくいのは、身近な政府である市町村の決定ではなく、国や都道府県の決定であったことと関係している。もし、地域で施策を決めることができて（住民がそこに参加して）いたら、状況は変わったのではないか。分権改革の必要性は、まさにこの点にあったと思うのである。

2　分権改革の効果

グラフは、１９９０年以降２０１０年までの人口増加率を、地区別に見たものである。１９９０年から２０００年までは、全国の多くの地方の人口が増えている。ところが、２０００年以降の人口増加は、ほぼ南関東に集中している。東京圏への一極集中は、21世紀に入ってから、より強まっているのである。

問題は、この時期が分権改革の時期と重なっていることである。２０００年4月に地方分権一括法が施行され、自治体の判断権限は広がったと言われた。そもそも分権改革の目的の一つは東京一極集中の是正にあったというのに、それとは裏腹に、一極集中が進んだのである。

各地のヒアリングによる分権改革への評価は、散々であった。特に権限移譲の評判が悪い。市町村が要望していない仕事が来る。財源は足りない。市町村職員は激減しているのに、仕事が次々に

地方別人口増加率（1990～2010年）

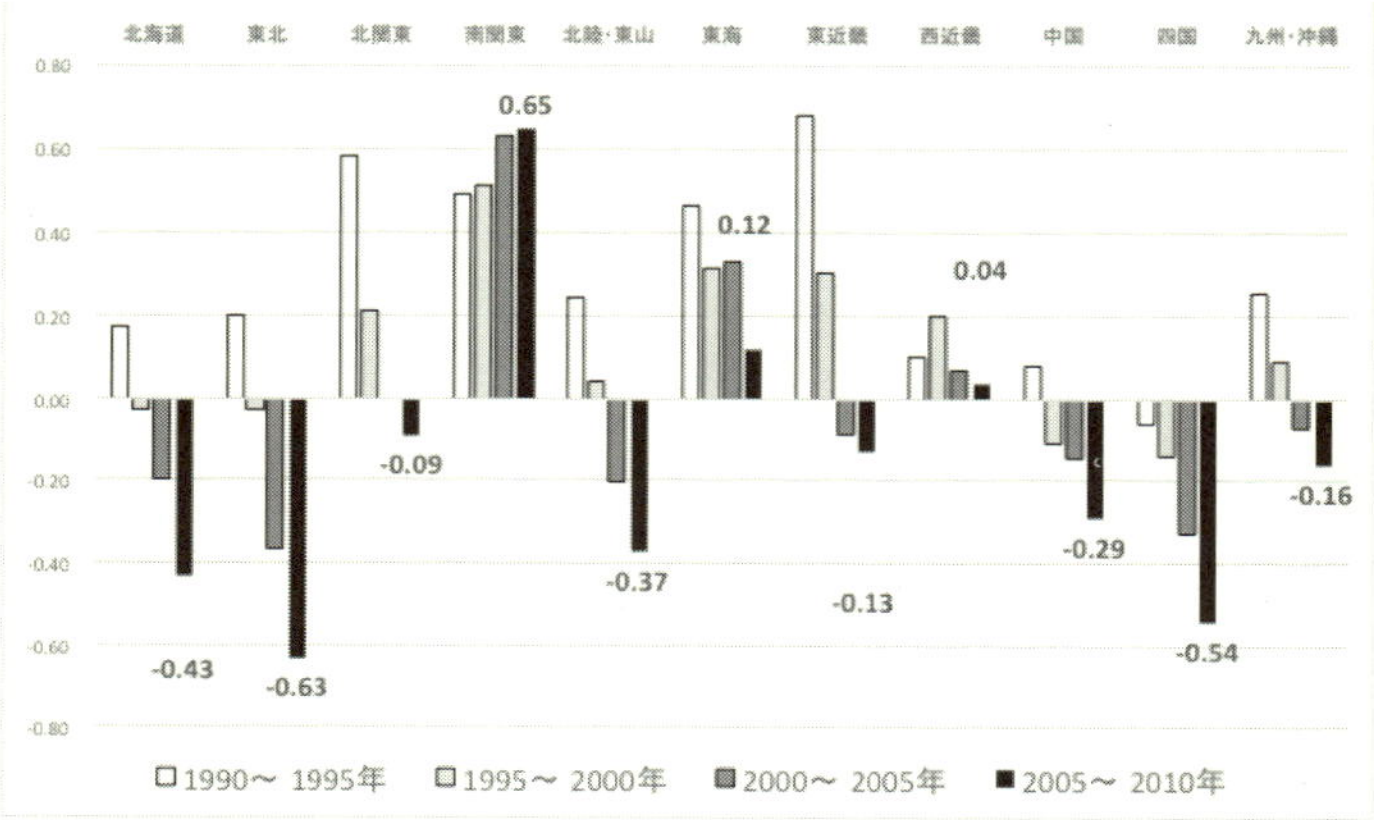

国立社会保障・人口問題研究所、人口統計資料集より加工
数字は、2005～2010年の増加率

増やされる。都道府県側の都合で事務を移譲している、としか思えないというのである。市町村側としても、できれば地域の事情を反映させた仕事をしたい。しかし、国が示す基準とは別に地域の基準を作るとなると、国が行うような作業を市町村でやらなければならない。仕事をこなすのに追われるような現状では、難しい。そもそも国が自治体に許した範囲は狭い、ということもある。

分権改革に関する最大の疑問は、都道府県と市町村との関係である。分権改革で国と地方は対等になったとされる。都道府県と市町村も対等になったはずである。しかし実際は、都道府県は国の出先機関のようで、対等はおろか、市町村を下部機関と思っているのではないか。市町村合併における都道府県の対応はその代表例であった。

3　旧市町村に代わる地域組織

分権改革に関わる最悪の改革が、市町村合併であった。国からくる財源を減らされて財政危機に陥り、市町村は合併に向かった。国や県に何度も脅されて、市町村は合併する道を選ばされた。市町村は、国や都道府県に逆らっては生きていけないことを、思い知ったのである。国は、こともあろうに「合併は分権改革のために必要なこと」と説いたが、国・県が市町村の上部組織であることが証明されたのである。

市町村合併によって、独自のユニークな施策を行っていた町村が姿を消した。周辺部となった地域は衰退し、激しい人口減少が起こっている。地域を代表する組織が無くなって、地域そのものが崖っぷちに立たされているところもある。住民がこれらのことを望んで合併したとは、とても思えない。合併が分権改革というなら、分権改革は住民生活をないがしろにするためのものだったことになる。

そして今度は、地域住民によって作る小さな組織の必要性が説かれている。合併で大きくなった市町村の中に、もう一度、地域を守る組織を作ろうというのである。合併市町や県、さらに国も動き始めている(3)。

島根県が、公民館を単位として県自らが施策を行っていることは、レポートしたとおりである。島根県の公民館（227）の区域を1950年代に行われた昭和の大合併前と比べてみた。するとほとんどが、昭和の大合併前の市町村（249）に当てはまることがわかった。公民館はほぼ昔の市町村単位にあり、今もなんらかの住民組織が生きているということだろう。

県が地域存続のために必要な施策を行っている、ということは理解できないわけではない。そのような施策をしなければ、地域は本当に消滅してしまうかもしれない。私の違和感は、県が合併を進めておきながら、今度は市町村の区域内に入っていくことにある。県は広域の自治体として、個別市町村とは別の観点で運営されている組織である。市町村の自治に分け入るのではなく、市町村自治を支え、尊重するのが県の役割ではないか。

4　地域を救う条件

たとえ村や町がなくなっても、その場所に暮らしている人がいる。その意味では、地域を救い得る最後の砦は住民である。

かつて村や町の人々の多くは、農林漁業を生業としていた。その人たちにとって、地域から離れることは生活の糧を失うことを意味していた。今でも、自然を相手に生活している人は、地域から離れようとはしないだろう。地域に強い愛着を持つ人々こそが、地域を救う資格を持つ。

しかし、現代では、ほとんどの人が農林漁業では食べていけない。兼業農家といっても、会社と田畑の二者択一を迫られれば、会社勤めを選ぶ人の方が多い時代になった。特に、若い世代は、収入の少ない農林漁業に就かない。親の世代も、仕事を継ぐことを望んでいない。あまりに収入が少なく、世代を継いで行う仕事と思えなくなっているからである。

そのような状況にあって、合併などがなくても、第一次産業を主産業とする地域に住む人が少なくなっている。このままいけば住む人はいなくなる。とりわけ都会から遠い山間部や沿岸部は条件が悪く、暮らしは厳しい。私たちの食など、生活の基盤は、農林漁業なくしては成り立たないというのに。

地域を救い得るのは住民である、と書いた。しかし、それが可能になるには条件がある。まずは仲間である。自然を相手に一人では困難なことも、仲間がいることで仕事ができ、生活していける。第一次産業は、ひとりだけで全てをやることが難しい。どこかで人の助けがいる。昔ばなし、に独り占めや欲深さを諌める話が多いのはそのためだろう。

しかし、住民団体やＮＰＯではできないことがある。住民から税金をとり地域全体のための仕事をするのは、自治体・市町村の仕事である。各地の町村が、役場の主導で農業の支援をしていたように、市町村という地域を代表する政府があるおかげで、地域の産業は維持できてきた。市町村は、災害など場合によっては住民に対して強制も行う。NPOに、それを任せるわけにはいかない。
市町村には出来ないこともある。道路や、農地、漁港などの整備、地域の公共事業について県が果たしてきた役割は大きい。福祉や医療など県全体でユニバーサルに保障すべき分野でも県は重要な役割を果たしている。

そして、国の政策も地域に大いにかかわっている。日本の林業は、60年代の木材自由化で大打撃を受けた。TPP（環太平洋パートナーシップ協定）の行方如何で、農業も再び転換を迎えるだろう。産炭地や原発立地地域は、国のエネルギー政策に振り回されてきた。大災害の復興を見ても、国の政策と地域が深くかかわっていることが分かる。そもそも、法律によってあらゆる分野の制度の根幹を作り、莫大な税金を動かしているのは国である。

つまり、市町村、都道府県、国、それぞれの役割がうまく機能して、初めて、住民は地域の主人公として、地域を救いうるのである。

住民が地域で暮らし続けられるよう、今一度、自治体と国、市町村と都道府県の関係を見直すべきでないか。それを分権改革というのであれば、そのやり方を含めてやり直しが必要だ、と私は思う。

(1) 合併の特例措置としての事業額（合併特例債の発行額）を旧市町村域ごとに把握しながら公開しない自治体が多いのはこのためだろう。

(2) 国が行う地方中枢都市への集中化施策については、第2章1の脚注1、参照。

(3) 小学校区程度の住民組織に法人格を与えようという自治体の動き（第1章4、脚注(7)は、国の動きと併行したものといえるだろう。（「ＲＭＯ（地域運営組織）による総合生活支援サービスに関する調査研究」２０１４年３月総務省）。

あとがき

本当のことは、現場に行ってみなければ分からない。今回ほど、そのことを痛感したことはなかった。地元の人々から話を聞くことの大切さにも思い知らされた。行くまでは想像もつかなかった人々の想いや出来事がそこかしこにあった。

私の旅の期間に異常気象による大きな被害が各地にあった。島根県の大雨もその一つであったが、2014年2月には記録的な大雪が東日本を襲った。太平洋側にも1メートルを超える積雪があり、交通遮断で孤立する集落まであった。都会における数十センチの降雪は四十数年ぶりのことである。このとき、都会と農村とで随分異なった様相があった。

長野県や福島県では、国道に立ち往生した車に地域住民が炊き出しを行い、ドライバーたちのために公民館を開放したところもあったという。一方、都会では、自分の家の前ですら雪かきをしない家が多かった。マンションでは、住民たちが玄関から駅方向に除雪をしたものの、駅から遠くなる方向の雪は放置した。通行人は、車道の轍の上を歩いていくしかなかった。

赤の他人のことまで考える人々、自分のことしか考えない人々、がこのとき見事なコントラストを描いたように思う。これから私たちの社会は、どちらの方向に向かっていくのだろう。

各地を訪れて感じたのは、当たり前だが人々が地域を愛していることである。数メートルの雪が積もる山深い処にも、木々や草花が一斉に芽吹く壮観な風景があることを教えていただいた。被災地には、他の場所にはない、人間同士の固いきずながあった。離島には、都会と全く違う時間が流れている。私たちが問題にしなければいけないのは、そうした「資源」を活かせていないことだろう。だいいち、社会全体としては、その価値を正当に評価することさえ出来ていない。

私は、まず地域が自立することが重要だと思う。他者に依存していると、自分たちの本当の価値が見えなくなってしまうからである。全国画一のプログラムでは、どこかで、自分たちをそれに無理やり当てはめることをやる。無条件に「全国画一」に従う人が多いが、それでは地域の個性は消えてしまう。国や県のカネやヒトを使う場合も気を付けないといけない。その切れ目が「終わり」を意味することが多いからである。

それに対して、自分たち自身で考えたものは、その過程を含めて、それ自体に価値が生まれる。たとえいっとき対立があっても、地域の人間関係はきっと強くなるだろう。地域の価値観を住民総出で作り上げる必要がある。

お話を聞かせていただいたすべての方に心からお礼を申し上げたい。地域の様子をうかがった方は、200人近くに及んでいる。大半は録音させていただいたが、オフレコを条件に話してくださった方もいた。いずれも、公にはなっていない、貴重な話であった。

取材を行った一年間、身柄を地方自治総合研究所に置かせていただいた。辻山幸宣所長をはじめ皆さんに感謝しなければならない。

最後に、協力してくれた家族に礼を言いたい。全国を飛び回って家を空けることが多かった。こうして成果を本にすることができたのも、家族のおかげです。本当にありがとう。

2015年5月

クレマチスの花が咲き、シジュウカラの雛の声が聞こえる日に

● 訪問先・一覧

	行き先	ヒアリング日時	行き先（個別）	備考
1	岩手県	20130424	花巻市東和町	元東和町長
2		〃	旧東和町役場	立寄り
3		〃	岩手大学（盛岡市内）	
4		20130425	岩手県立大学（滝沢町）	
5		〃	大槌町復興食堂	
6		〃	大槌町役場	
7		20130426	大槌町吉里吉里地区	
8		〃	岩手県庁	
9		20130510	川越市職員	2012 年 4 月より 13 カ月大槌町派遣
10	静岡県	20130520	浜松市天竜区役所	
11		〃	浜松市水窪協働センター	
12		〃	がんばらまいか佐久間	
13		〃	浜松市旧佐久間町役場	立寄り
14		〃	道の駅くんま	
15		〃	浜松市企画調整部	
16	福島県	20130605	飯舘村役場（福島市飯野出張所）	
17		〃	旧飯野町役場	立寄り
18		〃	ゆうきの里東和	
19		〃	旧東和町役場	立寄り
20		20130606	福島大学　うつくしまふくしま・未来支援センター	
21		〃	川俣町光風園	
22		〃	特養・いいたてホーム	
23		20140628	二本松市東和地区	
24		〃	地域資源循環センター	
25		〃	ふくしま農家夢ワイン	
26	北海道	20130702	函館市役所	
27		〃	旧戸井町役場	立寄り
28		〃	旧恵山町役場	立寄り
29		〃	旧椴法華役村場	立寄り
30		〃	旧南茅部町役場	立寄り
31		20130703	せたな町役場	
32		〃	せたな町大成総合支所	
33		〃	せたな町瀬棚総合支所	立寄り
34		〃	伊達市、市議	

35		20130704	伊達市役所	
36		〃	伊達市大滝総合支所	
37		〃	むかわ町役場	
38		〃	むかわ町穂別総合支所	
39		20130705	夕張市役所	
40		20130706	夕張夢再生館	
41	岩手県	20130819	ＮＰＯ遠野まごころネット	
42		〃	大槌町役場	
43		20130820	大槌町吉里吉里地区	
44		〃	岩手県庁	
45	島根県	20130903	島根県中山間地域研究センター	
46		〃	飯南町役場	
47		20130904	邑南町役場	
48		〃	川本町役場	
49		〃	島根県庁	
50		〃	出雲市役所	
51		〃	旧多伎町役場	立寄り
52		〃	美郷町旧邑智町役場	立寄り
53		未訪問	浜田市役所	電話とメールで取材
54		20130905	浜田市弥栄支所	
55		〃	移住者	
56		〃	元村長	
57		〃	益田市美都総合支所	
58		20130906	益田市役所	
59		〃	浜田市やさか共同農場	
60		〃	自治労島根県本部	
61	新潟県	20131110	新潟県上越市牧区「深山荘」	
62		〃	旧清里村	立寄り
63		20131111	牧区地域協議会	
64		〃	牧区総合事務所	
65		〃	上越市役所	
66		〃	上越市議会	
67		20131112	新潟大学農業生産学科	
68		〃	長岡市山古志　アルパカ村	
69		〃	長岡市山古志支所	
70		〃	長岡市役所	
71	広島県	20140121	広島県庁	
72		20140122	安芸高田市役所	
73		〃	旧八千代町役場	立寄り

● 訪問先・一覧

74		〃	安芸高田市高宮支所	
75		〃	川根振興協議会	
76		20140123	三次市作木支所	
77		〃	川の駅常清	
78		〃	元気むら　さくぎ	
79		〃	三次市役所	
80		〃	旧三良坂町役場	立寄り
81		〃	神石高原町役場	
82		20140124	星の里・いせき	
83		〃	福山市役所	
84		〃	NPO 法人鞆まちづくり工房	
85	長崎県	20140213	小値賀町議会議長（於：東京）	
86		20140218	長崎県庁	
87		未訪問	長崎市役所	電話とメールで取材
88		20140219	松浦市役所	
89		〃	佐世保市役所	
90		20140220	宇久行政センター	
91		〃	A さん	元宇久町職員
92		〃	B さん	元宇久町職員
93		〃	O さん	宇久住民
94		20140221	小値賀町役場	
95		〃	小値賀町議会、議員	
96		〃	小値賀町長	
97		〃	小値賀町総合センター	移住者交流会
98	岩手県	20150216	岩手県庁	
99		20150217	岩手県大槌町役場	
100		〃	旅館経営者	
101		〃	吉里吉里地区協議会	
102		20150218	江岸寺	
103		〃	一般社団法人　おらが大槌夢広場	
104		〃	岩手大学	

【著者紹介】

島田　恵司（しまだ・けいじ）

1955年東京生まれ
大東文化大学　環境創造学部　准教授　政治学博士　地方自治専攻

著書：『分権改革の地平』コモンズ　2007年
論文：「人口減少時代の集中・集住化政策─行政施策の成否と住民自治─」（『大東文化大学紀要』2015年3月所収）、「消された町村─平成大合併の結末」自治総研2014年12月号、「住民参加から住民間協議へ」（『参加・分権とガバナンス』敬文堂2013年所収）、「岩手県大槌町にみる東日本大震災の復興課題」自治総研2013年11月号、「中心吸収型施策から脱却できるか－周辺地域の未来」ガバナンス2013年2月号、「自治紛争処理制度・再考－我孫子市農用地利用計画変更不同意事件から－」自治総研2012年12月号、「住民参加は発展するか－制度改革の視点から－」（『早稲田法学』2012年3月所収）など

だれが地域を救えるのか　作られた「地方消滅」

2015年6月20日　初版第1刷発行

著　者　島田　恵司（しまだ　けいじ）
発行者　武内　英晴
発行所　公人の友社
TEL 03-3811-5701
FAX 03-3811-5795
Eメール info@koujinnotomo.com
http://koujinnotomo.com/
